知識形式與比較教育

Forms of Knowledge and Comparative Education

楊深坑　著

比較教育叢書總序

　　比較是一種普遍的心靈活動，任何具有進步意識的人，或多或少都會今與昔比，己與彼此，以爲自己在時空交織而成的歷史情境中，找尋合宜的安身立命之所。今與昔比事實上就構成了歷史層面的比較，己與彼比包括的不只是人與人之間的比較，也擴及於地區之間、國家之間，甚至於文化之間的比較。就歷史層面之比較而言，孔子從「周因於殷禮，殷因於夏禮」而推論出「其後百世可知也」，可以說是從歷史比較中，推演出人類典章制度之發展法則。就空間之比較而言，春秋時代吳公子季札從各國音樂風格之不同，而評析各國政教得失，可以說是不同文化風格之比較。

　　比較雖爲普遍的人類心靈活動，不過把比較提昇到科學方法層次卻是十八世紀末葉的事。十八世紀以降，承襲啓蒙運動探索可靠科學知識之訴求，各種學術研究領域也有導向科學化的要求。比較被認爲是建立客觀有效科學知識的方法，解剖學、語言學、法學與宗教學等，均曾試圖以比較方法來建立其本身的科學知識體系。教育研究也在這種學術氣氛下，將比較提昇到科學方法層次，試圖透過比較來建立嚴謹的教育科學。比較教育之父朱利安 (Marc-Antoine Jullien de Paris, 1775-1848) 在1816至1817年刊行的〈關於比較教育工作的計畫與初步意見〉 (Esquisse et vues preliminaires d'un Ouvrage sur l'education comparee) 中就指出：「比較解剖學已經促進了解剖學的進展，同樣的比較教育研究也可提供新方法，以導使教育科學趨於完美。」比較方法之運用即在於導引出眞正的法則，使得教育能夠建立成爲實證科學。

　　一旦眞正教育發展法則確立，朱利安認爲便可據以爲進行本國教育改革之參照。十九世紀的重要比較教育學者，如法國的庫辛 (Victor Cousin）、英國的安諾德（Matthew Arnold），與美國的曼恩（Horace Mann）等咸認稍作修正而移植他國的制度是可能的，因為其基本信念以爲教育通則既適用於各個民族與國家，其他國家的教育改革經驗亦因而可以運用於本國的教育改革。

1900年英國薩德勒（Michael Sadler）首先質疑教育制度移植的可能性，他認爲學校之外的事務較之學校之內的事務來得重要，學校之外的事務主宰並詮釋學校之內的事務。質言之，教育制度植根於民族文化，不可能作橫的移植。自是而後，比較教育開展了教育的民族性、因素分析、文化形式、影響因素與動力等的研究，1930年代以迄於1960年代的比較教育大家，如康德爾（I. L. Kandel）、韓斯（N. Hans）、許耐德（F. Schneider）和馬霖森（V. Mallinson）等均進一步的開展薩德勒的基本觀點，透過比較研究探討教育現象與社會及文化現象之間的基本關係。

對於教育制度與社會文化之間基本關係之探討，1960年代以降比較教育中的實徵論者嘗試以自然科學中的因果法則來加以分析。尤有甚者，過去以國家教育制度爲主要分析單位，澈底的實徵論者將制度肢解爲變項（variables）來處理。這種論述的方式，也遭致詮釋學、批判理論、現象學、以及俗民方法論等研究取向之批判。這些論爭的背後，隱含著一個比較教育的一個危機──比較教育在學術體系中的地位並不明確，無法確立自己本身的學科認同（disciplinary identity）。

不管比較教育研究的理論與方法有多紛歧，比較教育從朱利安以迄於當代的主要理論，均有一種改良主義的企圖。比較教育研究雖有建立解釋教育發展之理論知識之意圖，然最終終將研究成果轉而爲教育改革的政策。晚近世界各國教育改革均極重視比較教育研究，試圖借助於比較教育研究的成果，來釐定高瞻遠矚，而又具體可行之教育改革政策。

本叢書的編纂主要針對比較教育兩個發展主軸：理論知識的建構與教育決策的形成。本叢書的理論系列部分將以深入淺出的文字對比較教育中的重要理論，加以闡釋，使讀者對於比較教育這門學科的發

展有通盤的瞭解。另外，本叢書也將對世界主要國家的最新教育發展動態，進行分析，使讀者能夠掌握世界性的教育改革動態，而認淸我國當前教育改革之定位。因此，本叢書不僅可以提供專門研習教育者作爲基本讀物，對於關心我國教育改革前途者亦極具參考價值。

楊深坑　謹識

自序

　　知識分類與形式的探討可以遠溯古希臘的Plato與Xenocrates以及Aristotle，惟將知識形式之探討運用於教育改革之反省，則始自1925年Max Scheler在波昂教育學院所發表的「知識形式與教育」。比較教育研究領域近年來也對比較教育的知識性質及其教育改革、制度規劃之關係，進行廣泛的探討。比較教育所得的知識可否普遍化而具有「放諸四海而皆準」的效準？或者比較教育必須強調本土化的知識建構？教育改革是否有普遍規準可循？或者必須置諸民族文化，甚至於區域性的文化心理習性來加以考量？凡此問題，近年來在科技發展與後現代主義思潮衝擊下，不僅在比較教育學術界爭論甚多，在教育改革的實務界也有極紛歧的見解。

　　本書所輯之各個文選主要圍繞著的上述問題而發展。第一部分各文主要探討教育知識，特別是比較教育知識的性質，並就比較教育知識國際化與本土化之衝突與統合進行分析。第二部分以希臘和德國兩個國家教育制度來加以說明，特別是以高等教育來作爲例證，說明這兩個民族文化心靈，或P. Bourdieu所謂的Habitus對於教育制度形成之影響。第三部分更將知識形式理論分析具體運用於我國及美、英、德各國師資培育制度之比較研究。第四部分係世界比較教育學會聯合會、歐洲比較教育學會、國際教育史學會、薩斯堡教育會議等國際性教育學術社團年會論文的分析，由這些論文的分析，可以略窺當代教育研究的主要趨勢。本書各文由於撰稿時機不同，繁略不一，惟深信對於教育知識性質之分析、各國教育制度之探討以及國際教育學術動態之報導，仍不無參考價值。

　　本書各文主要係應各教育學術研討會發表專題演講改訂而成，少數係應各期刊之邀所撰專稿，最後一部分則主要得行政院國家科學委

員會補助，得以參與各項學術研討會，和各國重要學者深入討論，撰成深度報導。謹向國科會及各邀稿單位，敬致謝悃。各文體例的統一，由研究助理魏媛真小姐費心完成，並由研究助理王蔚婷小姐細心校讀，併此表達衷心感忱。各文撰寫期間，內子秋絨和小兒祁諶共同走過艱辛歲月，常為趕稿，全家徹夜在研究室度過，誌此以表謝意。揚智文化事業股份有限公司葉忠賢先生慨允本書的出版，併此致謝。

楊深坑　謹識

1999年9月

目錄

比較教育叢書總序　i

自序　v

圖表目錄　ix

第一部分　知識形式與教育改革　1

　　教育知識的國際化或本土化　3

　　知識形式與師資培育　23

　　現代科技發展對大學教育的衝擊　35

第二部分　德國大學教育與希臘教育　47

　　德國大學教育的發展背景與特色　49

　　德國大學師資等級結構及其晉用辦法　69

　　希臘高等教育的巨幅變革　103

　　希臘高等教育法案一波三折　107

　　兩岸大學教育發展的共同趨勢、問題與展望　111

　　希臘教育　119

　　希臘的高中教育　157

第三部分　師資培育理論與制度　169

　　當代師資培育理論的發展　171

　　德國師資培育制度之歷史回顧與展望　189

　　英美德各國師資培育制度及其改革動向　223

德國小學師資培育制度　235

現代化與後現代思潮衝擊下的師資培育　251

我國實習教師制度之規劃研究　273

第四部分　國際教育學術動態　327

教育知識、教育道德與專業倫理　329

比較教育理論與理論變遷　335

社會變遷、後現代與比較知識的多樣化　345

價值理論與教育哲學的新發展　355

多元文化下的教育與文化認同　359

教育史研究新動態　365

圖表目錄

圖目錄

圖1　我國師資培育制度改革建議之方法與概念架構圖　192
圖2　德國中小學教育發展背景與師資培育制度的發展　194
圖3　實習教師制度之研究步驟架構圖　276

表目錄

表1　希臘全國幼稚園教育發展情形　139
表2　1977年「國民小學課程標準」　140
表3　1980年「初級中學課程標準」　142
表4　1980年「普通高中與技術職業高中課程標準」　143
表5　1957年希臘職業技術學校由各部會管轄之情形　144
表6　希臘各獨立學院概況　146
表7　普通高中以及技術與職業高中課程比較表　165

第一部分
知識形式與教育改革

教育知識的國際化或本土化　❑3

知識形式與師資培育　❑23

現代科技發展對大學教育的衝擊　❑35

教育知識的國際化或本土化

前言

　　希臘神話中的巨人Antæus係海神Poseidōn和地神Gē之子。當其與人爭戰，每次觸及其母地神，勇力倍增，輒致對手於死。適Heracles欲往取Hersperides之蘋果，途經Antæus所居之所Libya，Antæus一如往昔，要求決鬥。Heracles將Antæus高舉於空，勿使其有觸及地母之機會，逮Antaus力竭，遂將之扭死。

　　Antæus神話故事象徵著任何生命實踐性活動，離開其賴以滋養的土地，均將枯槁而死。教育是人類存在之基本範疇，誠如康德 (Imm. Kant, 1724-1804) 所云，人與其他動物之不同，在於其他動物得恃其本能以為用，惟人類受教育方足以成為人〔註一〕，教育因而可以說是開展人類生命之實踐性活動，自不能脫離教育活動所處之社會文化環境。作為規範教育活動之教育知識也因而須植基於本土，才能使教育活動，如同Antæus那樣，觸及所賴以生長的土地，就獲得源源不絕的生機。也因此，教育改革，正如V. L. Masemann所云〔註二〕，必須重視本土知識形式在規畫與執行改革方案之潛能與衝擊。

　　然而，強調本土化的教育知識是否意味著否定一種放諸四海而皆準之普遍性的教育法則？這是一個頗為難以解答的問題。事實上，西方自啟蒙運動以來，科技蓬勃發展，人定勝天的理念甚囂塵上。只要人類理性完全開展，當可對自然與人作鉅細靡遺之探究，而以統一的法則來加以解釋。前舉康德《教育論》〔註三〕即在啟蒙精神的孕育

之下，試圖將「教育術」（Erziehungskunst）中的規則成分建立成為嚴格的學術體系，俾使代代相傳之教育有規則可資依循。1779年E. Chr. Trapp就任Halle大學教育學講座，即嘗試從人性的普遍性之認識上，建立一種嚴謹的教育科學（E. Chr. Trapp, 1780）。比較教育之父朱利安（Marc-Antoine Jullien de Paris, 1816-1817）的「關於比較教育工作的初步意見與計畫」更試圖從國際比較中，導引出教育發展的真正原則，以促使教育建構成為近乎實證的科學。

前述將教育知識置諸嚴格的統一科學法則來加以探究，基本上建立在歐洲人的理性邏輯思考上。西方自啓蒙運動以來的現代化運動，實即為理性克服神話思維，使得人類對於永恒進步充滿了憧憬。十九世紀以降，隨著西歐殖民主義的擴展，這種以理性思考為中心的現代化運動更擴及於世界各地。正如S. Latouche〔註四〕的分析，當西方建立進步（progress）為現代性的基石時，所有成為其犧牲品的國家們具皆感染了一種難以治療的病症——落後（backwardness）。為解除落後之苦，澈底的辦法是引進西方的價值——科學、技術、經濟、發展以及對自然的宰制。因之，西方價值幾廣被於全球，成為一種國際化的心理態度、生活形式以及文化組型。質言之，現代化幾乎等於西方化，教育研究的科學化也是西方化的一個環節。

文化的接觸，如果是一種平衡的互動，外來文化優良的質素融攝進本國文化中，而仍保有本國文化的認同，S. Latouche〔註五〕稱之為成功的涵化（successful acculturation）。如果文化的接觸是一種單方向的傾銷，接受的一方文化的特性幾有毀滅之可能，稱之為文化滅絕（deculturation）。西方價值的引進可以說是文化滅絕之基礎，有如Heracles將Antæus高舉於空，將本土文化連根拔除，而以一種西方理性、邏輯思考為中心的普遍性、國際性文化來加以取代。1960年以降，世界性的現代化運動，盛極一時，教育研究西方模式的借用，也成為一種世界性的潮流。其危險有如S. Latouche的分析，逐漸從物質層次的種的滅絕（genocide）走向精神以及象徵層次的族的滅絕（ethnocide）。

當西方現代化達於極點，全球幾乎建構成為N. Postman〔註六〕

所謂的「科技城」（technopoly），技術與科技成為文化發展的宰制力量時，一股反理性的邏輯、反歐洲中心的後現代思潮卻已興起，揭櫫對「其他」（the other）文化的尊重，反對建基在歐洲理性傳統的「後設敘述」，認其有落入集體主義之危險，這使得以歐美理性中心的所謂普遍有效性之教育知識面臨嚴肅挑戰。

弔詭的是，揭櫫反歐洲中心的後現代主義者大部分為歐洲人，而在西方Heracles式強勢文化籠罩下的亞洲教育研究者卻大多仍沿用西方理性思考的教育研究模式，尚未對其背後的方法論預設進行反省。筆者曾在第一屆亞洲比較教育會議中呼籲，建立適合亞洲區域的比較教育研究模式，庶免於泯滅亞洲的文化傳統。〔註七〕

正如德國比較教育學者Friedrich Schneider〔註八〕所云，歐洲統合的先決條件是歐洲意識之培育，歐洲意識之培育有賴於歐洲教育，而歐洲教育則須以歐洲理念的教育科學研究為前提。同樣的，要使亞洲文化認同不致於在國際化的浪潮中泯滅，須以建基在亞洲本土意識的教育知識體系為先決條件。問題是，本土化的教育知識是否和超越文化疆界之上的教育發展法則相悖離，則仍有待於深入的探討。本文嘗試從教育知識之性質、功能、類型，分析教育知識國際化和本土化之間的衝突與統合。據以檢討近年來台灣教育研究之得失，進而展望建立亞洲觀點的教育知識體系之可能性。

知識形式與教育知識的性質、功能及類型

Thomas S. Popkewitz曾經指出〔註九〕，「專業」的理念事實上是一種社會建構，教育知識作為一種專業知識而言，其產生及運用，亦須訴諸歷史文化與社會過程來加以了解。就教師一辭在歐洲不同語系字源上之不同，亦可知所謂的教育專業知識係社會文化的建構。英文Profession一辭源自拉丁文Profiteri，由pro和fiteri兩部分構成，前者指的是在前或在公眾之前，後者指的是宣稱。Profession就其字源義

而言，即在公眾之前宣講自己的主張與信念。

　　至於法文的教師métier則與mastery（師父資格）外有關，mastery隱含著mystery（神秘）的意義。métier從字源義來看，源自於中世紀的技藝或商業行會中的師父將本行業的奧秘私下傳授給學徒，而有別於Profession之公開宣講，接受考驗。

　　歐洲頗多國家中等學校以上的老師稱為professor，這個字與profession同一語根，故中等學校以上教師一向被認為較具專業訓練，可以公開接受考驗。而中等以下的教師則稱為school master或teacher。其中school master的master正如前述，帶有工商行會傳授技藝之私秘性質。至於teacher中的teach根據J. Payne的分析〔註十〕，其字根源之於中古哥德語（Moeso-Gothic）的teih-en，即現代德文的zeig-en，這些字根均源於希臘文$\delta\varepsilon\acute{\iota}\gamma\nu\nu\mu\iota$，其原始意義為直接指示應循之路。據此分析，teacher的工作應仍帶有工商行會師傅傳授的習藝色彩。質言之，歐洲傳統中學以上教師須受嚴格學術訓練，較具專業性質。小學教師之培育基本上頗類商業之學徒訓練，不需具備專業知識，其地位甚低。

　　教師地位之低落，以往W. Waller（1932），J. D. Koerner（1963）以及J. B. Conant（1963）等均有所批判，認其主要癥結在於教育知識大量借用其他學科的知識，不夠嚴格確實，師資訓練課程失之重複、沉悶、無聊、混淆不清，無法使得教師獲得嚴格的教育知識體系。教學之邁向專業化，正如M. Montané的分析〔註十一〕，可說意味著從私密性未具專業水準之學徒訓練，轉而成為可以公開傳布之教師知識，教學的知識也因而可以接受公開的學術考驗。私密性的師徒傳授，雖也有生活經驗的基礎，然終屬於非經檢證的信念，相當於柏拉圖（Plato）哲學中的doxa，屬於專業層次的教育知識，既可公開檢核，應已達到Plato所謂的有明確證據之episteme。這種可以訴諸公開學術考驗的教育知識之性質為何？則仍有待於從知識形式劃分之歷史演進作進一步的分析。

　　有關知識形式的劃分西方早在柏拉圖即已將知識依其確證與否為知識（episteme）與意見（doxa）。柏拉圖學園第三代負責人Xenocrates（約396-314B. C.）更將人類知識體系劃分爲三：辯證、物理與倫理。將知識依人類理性功能運作及對外在世界之作用加以區分，對西方世界影響至爲深遠者首推亞里斯多德（Aristotle, 384-322 B. C.）。

　　亞里斯多德認爲人類理性功能的運作有三種方式：理論沈思（theoria）、行爲實踐（praxis）和技術或藝術創作（poiesis）。理論沈思係以人類理性功能中最高直觀理性（nous）和智慧（sophia）來認知不可改變和永恆的存有，形成爲知識而知識的理論性知識（theoretike episteme）。實踐性知識（praktike episteme）係以實用智慧來探索實踐性問題（to prakton），並透過良善的行爲實踐（eupraxia），從而達致良善的生活（eu zen），以導向人類的善（anthropinon agathon）。製作的知識（poetike episteme）係以人類的理性中的製作或創作（poiesis）功能來導向作品（ergon）或技藝（techne）之完成。實踐性知識和製作的知識之不同在於前者之目的與動力在於實踐者自身，而後者在於完成外於人類之作品，想改變的是外在對象。〔註十二〕

　　亞里斯多德理論、實踐與技藝三種知識的劃分，當代詮釋學者G. -H. Gadamer（1979: 107）深爲激賞，認其爲闡釋現代社會專業下科學「奧秘」最偉大的眞理之一。亞里斯多德實踐性知識的提出，更預示了當代人文科學方法論宜具備與自然科學方法有所釐別的一種新導向。實踐性的知識源自於實用智慧，主要功能在於對情境作適切的認識，透過正確的實踐性推論（orthòs logizesthai），以作抉擇（proairesis）。抉擇對亞里斯多德而言，一方面指的是一種意向，以完成某種實踐的目標，另一方面也是足以發現實踐方法的能力。實踐智慧因而不能和情境分離，須將情境作審愼考量，以選擇適切的方法以完成導向善與幸福之活動。實踐因而不是將既有的規則或理論應用到生活世界而已，如此將有把實踐化約爲技術的危險，而使得社會實踐活動成爲「手段──目的」關係，斤斤計較的技術性活動。當技術性活動膨脹成爲社會生活的主流時，人際關係也就衍爲互相計算、互相控制的關係。人與人之間關係世界越來越疏離，甚至於導向自我疏

離。

　　西方自啓蒙運動以來，社會理性化的過程走的正是技術凌駕實踐之上，控制的慾望無限的擴展於社會生活各領域，不僅人類內在理性偏估發展，外在的社會生活也流於上下交征利，互相殘殺之境。十九世紀以來西方殖民主義的擴張，兩次世界大戰的浩劫，都是技術理性膨脹，控制慾望橫行的後果。

　　對於這種技術凌駕實踐，理性偏估發展的情形，1925年Max Scheler（1925）在波昂（Bonn）教育學院發表的專題演講：「知識形式與教育」即有相當深刻的批判與反省。他認爲西方啓蒙運動諸子對於人類精神成長認識不清，以致誤以爲用西方理性邏輯訓練所得之知識，即可以陶冶精神人格。Scheler認爲，西方理性邏輯訓練所得的知識只不過是一種宰制性的知識（Beherrschungswissen），其旨在於控制世界與講求績效。另外，爲求造就統整的精神人格，仍有待於「陶冶的知識」（Bildungswissen），爲求與最高的存有——神融通，則須透過神聖的知識（Heilswissen）或「救贖的知識」（Erlösungsswissen）。謝勒目睹1920年代第一次世界大戰後的蕭條、西班牙內戰和俄國革命所帶來的殘酷景象，其癥結在於啓蒙以來，理性邏輯過度膨脹，宰制意識橫行。從教育的觀點來看，應該開展「陶冶的知識」，以助長精神人格的統整發展，糾正時代精神的偏差。〔**註十三**〕

　　前述三種知識形式的劃分，法蘭克福學派（Frankfurter Schule）的集大成者哈伯瑪斯（J. Habermas）更從人類的知識興趣來加以分析。他在1965年的教授就職演說「知識與人類興趣」中就指出〔**註十四**〕，任何人類的知識均以「興趣」（或旨趣）爲基礎，認知的旨趣使得知識和社會生活世界結合。據其分析，技術的興趣旨在形成在科技上「有用」（Verwertbarkeit）的知識，知識的效用也因此在於技術性的控制。實踐的興趣所導引的知識形式係歷史詮釋學的知識，其旨在導向相互理解。解放的認知興趣（emanzipatorisches Erkenntnisinteresse）所導引而形成的知識形式是批判科學的知識，這種知識結合了理論與實踐，使得主體從社會意識形態的拘束中解放

出來，開展成熟、自主而獨立的人格。

問題是在高度科技發展的現代社會，技術凌越實踐之上，控制的慾望超越了人際之間相互關懷與了解。關於此，G.-H. Gadamer〔註十五〕在「何為實踐？社會理性的條件」中有極為精審的分析。Gadamer認為，當我們從現代科學理念作出發來討論實踐時，往往會認為實踐是科學的應用，實踐在現代科技社會中貶而為技術，貶而為一種宰制人類意識形態，使得人的自由抉擇空間越來越狹隘。在《眞理與方法》中，G.-H. Gadamer〔註十六〕更引述了亞里斯多德來批判現代社會中技術優位，理性偏估發展的情形。Gadamer認為，亞里斯多德道德哲學中的道德知識並非為完全和主體割離的知識，道德認識並非一種袖手旁觀與己無涉的客觀認知，道德認知本身就會影響認知者的行動。在「柏拉圖以及亞里斯多德哲學中的善之理念」，G.-H. Gadamer〔註十七〕更以為古希臘的理論知識和道德知識有不可分割的關係，其關係並不像科技那樣單純的將理論知識用在特定的問題之解決。現代科技將應用過度單純化。實踐性的知識實際已經隱含著一種自我認識，這種自我認識並未見諸技術性的知識。技術性的知識只考慮方法與手段之有效性，實踐性的知識除了方法外，尚須對目的作深度的省察。最後，從運作層面而言，技術性的知識為求有效達到目的，須求運用之靈巧。實踐性知識則須對整體情境作通盤的了解，實踐者本身即屬於情境，實踐過程不僅影響情境，也影響實踐者本身。

綜合前述知識形式與教育專業之分析，足可以發現作為一種專業的知識而言，教育知識是應以訴諸社會實踐過程公開論辯的知識體系，透過公開論辯而使得教育知識獲得合法性、有效性基礎。教育知識因而可以訴諸理論性的處理，並以理論為基礎作經驗性的檢證，而成為規範、指引教育實踐活動之原理。言及教育理論自然有其規則性的成分，西方自從啓蒙以來，以迄當今教育科學中的經驗分析的研究導向，一直試圖將教育中的規則性建構成為技術性的規則體系。Felix von Cube的「操縱教育學」（Kybernetische Pädagogik, 1965）和L.-M. Alisch以及L. Rössner（1978）的績效導向的教育技術學（Effektivitätsorientierte Erziehungstechnologie）均想將教育運

作過程中的規則用單純化的數理公式，甚至於電腦程式語言加以處理，使得教育過程更易於掌握績效。

這種教育理論的科技化，正犯了前舉Scheler與Gadamer以及Habermas等人所批判的現代科技社會中的嚴重錯誤：實踐化約為技術，窄化了社會實踐過程，其結果是控制的慾望橫行，社會實質理性無法開展。

教育活動，正如J. Oelkers以及H.-Elmar Tenorth的分析〔註十八〕，是一種具有真實功能的社會實踐。從亞里斯多德，以迄於當代詮釋學者Gadamer咸認為實踐活動恆與社會情境有不可分離的關係。在現代功能分化的社會中，教育實踐活動固然主要在專業化的組織中進行，但事實上，其他社會場所，如家庭、同儕關係、休閒場所、工作場所等也可能有教育活動的產生。因此，教育知識的產生並不限於完全見諸科學性、專業性的研究中，也見諸日常生活的活動中。家庭、工作場所、休閒場所所產生的教育知識，須有隱含的或明顯的教育學理，須有對於教育工作的可能、困難與界限的知識，才能將這些實踐性的活動作組織化的處理，成為系統化的知識。

教育知識產生之所既為多樣化，其功能亦然。由於教育係一種社會實踐活動，單就行動系統本身所涉及的不只是形諸語言文字之知識體系，它也涉及沈澱在社會過程中的潛在知識，實即相當於德國教育學者魏尼格〔註十九〕所說的第一層次的教育理論，係實際影響實踐者的運作性知識。當實踐者進行反省，用語言文字表述出來，即成為第二層次的理論。透過科學探究活動，建立教育知識體系，即為第三層次的理論。也就在第三層次的教育科學知識體系，使得教育知識具有解釋、預測及預先規劃的功能。這些功能用之於政策面，視科學理論導向之不同，而有對於教育政策合法化或進行批判的功能。

教育活動既為社會實踐活動，其旨在於個人人格陶冶，社會福祉之提昇與整體文化的發展，其知識類型也因制度層次不同而極為繁複多樣。單就制度化的教室情境而言，就包括了教學對象、教材、教師、教室環境等等因素的交錯複雜關係。再就制度層面而言，涉及了教育制度與其他社會制度的關係。擴大而言，教育與整個文化的關係也至

為紛歧。正如本文前已述及，教育知識本身即為社會文化的建構，教育過程從認知、個人、制度到社會文化不同層級的知識建構，在不同發展階段也非全然的取代，而是在原有知識上形成新的知識。教育的科學知識就其嚴格意義而言，只不過是整體教育知識的外緣而已。問題是不同的研究導向，往往會對教育知識會有不同的看法，也因而不同導向的教育研究強調的知識類型也並不一致。教育知識到底應強調其與文化的特殊性相聯結，或應建立成為不涉特殊文化價值普遍性規則，也成為近年來教育學術界爭論的焦點問題。

國際化與本土化教育知識之辯證發展

前節的分析說明了教學的專業化、教育組織結構與功能的分化及教育研究的科學化，均屬於西方啟蒙運動以來現代化運動的重要環節。

現代化也就意味著宗教與神話思維的突破，而以西方理性邏輯的思考來探究外在世界，進而控制世界。之所以能夠對世界作鉅細靡遺的探究在於假設人類的內在心靈秩序和外在自然秩序有相對應的關係。事實上，西方十八世紀啟蒙諸子就已有「人和自然依樣同受嚴格機械或因果法則支配」的基本思想。Jullien Offroy de la Mettrie (1709-1751) 1747年刊行之〈人即機器〉(Homme Machine) 就以為人類的所有官能 (faculties) 均可以用物質運動來加以解釋。1770年由P. T. d'Holbach所出版的《自然體系》(*Le Système de la nature*) 一書更以唯物論的嚴格因果原理來說明人類對於法則的認識。所有存有的核心是物質和運作，實在界是物質顯露於時空之中而已，任何複雜現象均是單純的運動。物理法則和社會法則無殊，均源自於物質運動。因果之間有密切的聯結，任何現象均有其必然的自然法則。把嚴格的因果法則運用於教育現象之探討者為C. A. Helvétius (1715-1771)，他死後一年所出版的《論人：其精神能力

與教育》就已提出了類似當代行為工學或教育工學的理念。認為人與人之間所謂精神能力之不同完全由教育所造成，教育知識之建構也就在於探討設計合宜的情境，使得所預期的能力和德性得以完全的獲得。〔註二十〕

如前所述，康德、特拉普等人的教育科學理念均孕育自啟蒙運動下的科學理想。這種理想隨著本世紀自然科學的蓬勃發展以及實證主義與新實證主義哲學的影響，推展於極點。教育研究中的經驗分析研究導向就在這種自然科化的科學理想下，視因果分析與量化數理為建構教育知識的重要途徑。Thomas S. Popkewitz〔註二一〕即曾指出，經驗──分析的教育研究導向係主導近半世紀來美、英、澳洲經驗的社會研究之一環。把教育與社會研究之目的類推於物理科學與生物科學。社會世界被視為明確的經驗變項系統，以形式語言和數學語言來表述社會關係與教育現象，方法論的問題被化約為技術問題。研究過程和統計處理被視為首要。類化與概括取決於取樣進行嚴格的統計考驗，有關教學、學校組織、學習、師生關係等的理論形成井然有序的變項系統。質言之，教育知識體系形成一個不涉及任何社會文化情境的變項系統，也因而成為一種普遍化、國際化的知識體系。

既然，教育知識可以建構成為一種超越文化疆界之普遍有效性體系，各國教育發展便可能用統一的法則來加以預測與解釋。功能主義的比較教育研究，正如A. W. Welch〔註二二〕的分析，將教育知識視為穩定而價值中立的知識，教育變遷是社會結構維繫平衡的一環，從社會變革當可以預測教育的變革。至於教育知識的社會建構及其與社會權力之糾纏不清之關係，則在所不問。

以功能主義結合歷史研究來解釋發展最典型的例證是，Fr. K. Ringer（1979）的《現代歐洲的教育與社會》一書。Ringer認為，經由比較得來的「分辨」（discrimination），才可辨明那些是某一國家歷史的特殊性，那些是結構的普遍性。在分辨中，原因的普遍性和結果的普遍性之間要建立關係，才足以解釋、說明教育制度之變遷。建立嚴格的因果解釋系統，來說明教育發展，不僅在制度層面，也延伸及於課程與學校知識內涵的國際比較。B. Holmes〔註二三〕在

〈社會變遷與課程〉一文就指出了，社會學法則之於人類社會環境，就像自然法則之於自然環境一樣，想要研究課程發展的機制，顯然是須先探討自然科學法則的機制，J. W. Meyer與D. K. Kamens以及A. Benavot〔註二四〕更想找出世界性的課程發展模式，他們發現二十世紀主要國家國小課程大綱有相當程度同一性，而一些特殊國家所宣稱課程變遷趨勢竟也有相同的地方，都一致的採取了世界性的課程類型（world curricular patterns）。顯然，B. Holmes以及J. W. Meyer等人認為有一種超越國家之上的教育知識類型。

激進的實徵主義者更認為因果法則必須置諸變項來處理，以形成有關於教育的測性的知識（nomological knowledge）〔註二五〕。H. J. Noah〔註二六〕就指出，比較研究基本上就是把制度（或國家）之名，用觀念或變項（variables）來加以取代，換言之，分析的單位，不是某個國家的教育制度，而應將之化約成數學變項，以進行假設考驗，以建立通則。G. Psacharopoulos〔註二七〕更對於比較教育中「主義」之爭感到不耐，他認為比較教育研究要能對教育決策與教育計畫有貢獻，必須能夠跳開主義之爭，從而著眼於概念的形成、方法的設計、統計的抽樣、嚴格的資料分析與假設考驗。

前述將教育知識建構成為超越文化疆界的數理系統，到1970年代以降電腦與資訊科學蓬勃發展以後更推展至極點。1973年Daniel Bell出版的《後工業社會之來臨》更以為在後工業社會中資訊將取代資本成為社會發展的軸心原則，理論知識的創發成為握有社會權力的重要條件。J. -F. Lyotard（1984）在1979年於巴黎出版《後現代狀況：一個知識的報告》更以為，主導後工業或後現代社會發展之主要動力在於科學技術知識，其中尤以「操縱學」（cybernetics）、資訊學（informatics）、遠距控制（telematics）及電腦科學更為重要。知識因而必須能夠作數量化的處理，能夠透過電腦語言傳布，否則即被淘汰。

再者，資訊高速公路的建立，世界網路之聯結以及遠距會議、虛擬實境技術的進展更使得建立全球化、國際化的教育知識體系成為可能。教育知識既然沒有任何文化疆界的限制，任何人只要能夠運用網

際網路，均可取得必要的知識。教育知識的人格陶冶功能已經大不如從前，用Gadamer的術語來說，技術性的知識取代實踐性的知識，知識的產生也為了交換，效用邏輯（logic of performativity）和商品邏輯（logic of machantile）成為知識運作的原則。

不僅知識的學習和傳播，即便是知識的產生也在壓縮的網際空間完成。Roy Ascott就提出了星球學院（Planetary Collegium）的構想。這個學院是個沒有階層、非線性結構的學習組織，將全世界的人及其思想理念整合在一個電子空間，變成一個全球性的社群，每一個人在社群中均有同等權力與權威，透過合作式的探究、平等的互動，傳布知識，也產生新知識。正如M. Peters〔註二八〕所云，二十一世紀的University很可能變成為Interversity教育知識的產生、傳布均在無遠弗屆的國際化網路互動中完成。

有鑑於網際網路的影響日益擴展，有些比較教育學者，如Ronald Goodenow〔註二九〕就主張，教育學者宜與其他專家合作，設計全球性的教育資料庫，透過世界性網路連線，各國政府、民間、專業社團等的教育資訊均可整合成數位化教育知識體系，教育知識更是澈底走向國際化。

教育知識國際化所賴以發展的資訊科學與電腦技術基本上是西方理性邏輯思想的開展，因而國際化與現代化實質上就意味著西方化。吊詭的是，主張主宰後現代社會發展是資訊科學的後現代主義者，如J.-F. Lyotard卻揭櫫反歐洲中心、反理性中心的思想。知識也因而不要求普遍有效性，而只要求局部性。

受到後現代思潮的影響，教育知識之建構也迥異於西方理性傳統知識形成方式。G. Cornwell與B. Johnson〔註三十〕在〈課程改革中傳統與後現代知識論的衝突：一個對話〉一文中就指出，後現代教師並不是以知識基礎的權威走入教室，不是教學生透過教科學或課文讓學生獲得永恆不變的客觀真理，而是讓學生自行體驗其信念與價值之暫時性。學生必須體認到其本身所處的文化遺產，只不過是許多文化遺產之一，而任何文化遺產也不單純是知識或價值的累積，而只不過是歷史過程中開展出來的一種「形構世界」（configuring the world) 的方式之一而已。課程內容因而不應是累積的知識或價值之儲存，而應是一組結構化的「境遇」 (encounters) ，使學生親歷各種不同的形構世界的方式，從而擴展視野，覺知到自己視野的局限性。但這也並不意味著用其他文化遺產的形構世界的方式來取代自己的方式，而是用自己本身的視野來面對各種各類不同的視野，從而達到自我的解放。基於此本土化的教育知識建構是相當重要的。

「美國比較與國際教育學會」 (Comparative and International Education Society, CIES) 會長V. L. Masemann (1990) 在1989年的會長演說中就指出，西方邏輯思考下所產生的知識，雖稱為有效的科學知識，其實只是片斷、孤立化的知識，並不能真正的反映真實的教育情境。為了使比較教育所得知識更能切近整體情境，有必要尋求新的認知方式；本土的知識形式亦應視為合法的、有效的知識，比較教育對於此種類型的知識之研究是必要的。Masemann (1990) 的〈教育改革：本土知識形式的衝突〉一文，更批判過去西方殖民主義者將西方教育體制強加於第三世界國家，其結果不僅產生了價值衝突，西方體制下的邏輯認知形式的知識也不能契合本土的認知方式。因此，Masemann認為，未來的教育改革不能強行移植外來的制度，教育改革應植基於一種較為含容的環境與全球觀點的哲學，將本土的知識含攝其中，才能有更適切的教育改革。1990年V. Rust (1991) 在美國比較與國際教育學會的會長演說中，也強調未來的比較教育研究宜傾聽「其他」的聲音，換言之，比較知識的建構也宜從本土觀點來加以建構，才能避免理性知識的專斷。

然則，教育知識的國際化和本土化是否矛盾和衝突。正如V. Rust所指出的〔註三一〕，資訊技術的發展固有其宰制人類思想的危險，但從另一個角度來看未嘗不帶有一種解放的潛能，使人更能藉助於資訊擴展視野。同樣的，一種普遍有效的科學知識，只能是動態的知識結構之一環，透過這一環節的知識使得人與人之間的溝通較為容易，但不能以此種知識來取代本土的知識，透過本土觀點的知識形式，參與了其它知識形式的對話，才能覺知到本土知識的局限性，而更能以平等的精神參與一種國際化、全球化教育知識的建構，而這種知識才能

與本土化的知識契合，而開展出源源不斷的生機。

台灣教育研究之反省與亞洲教育知識體系之展望

從前述理論、實踐與技術知識形式的分析，與教育知識國際化與本土化的辯證發展之探討，來檢視台灣近年來的教育研究，可以發現台灣教育知識的建構幾乎在追趕國際的流行，作全盤的西方理論的移植，而未考慮到西方教育理論係建構在西方理性邏輯的思考模式或心靈狀態〔**註三二**〕。尤有甚者將西方理論技術化而主導整體教育研究，甚至實際措施也將西方理論肢解爲技術性規則，來作爲指引教育活動的準據。忽略了教育實踐必須考慮的情境，必須植根於本土文化，才能獲得生機。

典型的例證是1960年代引進了能力本位（competency-based）教育及「行爲目標」的教學理論，使得教學研究與實際的教學活動深受其影響。深一層檢視則可以發現其實只是形式的移植，並未落實到教育實踐的活動中。頗多教師儘管行爲目標的教案寫得頭頭是道，但實際敎學實則又完全未依敎案進行。

1970年代又引進了J. Piaget和L. Kohlberg的認知發展和道德判斷理論，使得Piaget和Kohlberg廣泛的應用到課程、教學、道德教育與科學教育等各領域，而孕育Piaget和Kohlberg理論背後的文化形態和心理態度，殊少文獻加以深入探討。

尤爲嚴重者，台灣近四十年來的教育研究主要趨勢，幾乎是西方實徵主義技術宰制下的翻版。用數量化、變數化的處理，來進行具有實用性假設之考驗，其結果流於枝節教育問題之解決，談不上本土教育知識之建構。

近年來雖然有不少學者反省「量」（quantitative）的研究之缺失，「質」（qualitative）的研究有越來越多的趨勢。然則，質的研

究先決條件須就教育所植根的文化形態與認知基本類型作深度的省察，顯然台灣教育學術界在這一方面的功夫仍有所不足。

基本上，台灣教育的制度與外顯層次帶有強烈的西化色彩，思想與觀念層次則深受儒家思想及民俗、民德及民間信仰之影響。欲使台灣教育在亞洲區，甚至在整個世界教育趨勢有一個適當的定位，必須在本土的認知基本形式上建構屬於本土的教育知識，才能與鄰近國家的教育知識體系進行對話與整合。

問題是台灣的教育研究不僅自我認識不清，即使連鄰近國家教育的表面現象之研究均仍嚴重不足。以教育經費為主要來源的國科會和教育部而言，從1993到1997年間，國科會補助的450件教育研究計畫中，亞洲教育研究僅15件，占3.3%；教育部在補助的715件研究中，亞洲研究僅16件，占2.2%。其中，國科會的15件幾乎全屬於東亞技藝教育研究，而教育部補助的研究也以中國大陸教育知識研究為主。此均屬於政策導向的研究，難以對亞洲國家教育制度作全面性的描述，更不用想對制度背後的深層結構進行瞭解了。〔**註三三**〕

整體而言，亞洲各國教育，如台灣教育制度層面西化色彩相當濃厚，制度背後的思想與觀念，各國雖因歷史傳統不同而互有差異，但基礎結構仍以儒家思想為主導。這種思想強調物我一體、主客融合，自非習於冷峻邏輯的西方思想家所能欣賞與接受，Aristotle和Hegel就曾鄙夷亞洲人（東方人）的思想。

事實上，西方理性邏輯思考模式是開展理論知識和技術規則的利器。惟如前述的分析，啟蒙運動以來，西方理性偏估化的發展的結果，卻是理論與實踐的割離，技術凌越實踐，使得教育偏離正道，無法開展健全人格。儒家思想以仁為核心，強調人我和諧，雖有分辨，但卻不是出於冷峻的理性邏輯，而毋寧說接近於M. Scheler（1925）所謂「陶冶知識」（Bidungswissen）的源頭——「愛的序階」（ordo amoris）。仁和「愛的序階」較能夠彰顯真正（authentic）的教育精神。因此，在亞州人的特殊教育知識體系上，這似乎是一極為重要的線索，有必要由此線索探尋屬於亞洲教育發展基礎的亞洲意識。

正如比較教育學者Fr. Schneider所述〔**註三四**〕，在歐洲理念下

有兩項教育研究相當重要，即教育史研究與比較教育研究。同樣的，為了建構亞洲的教育知識體系，亞洲教育史與比較教育研究實為首要條件。史的研究才能進入亞洲各個地區與國家特殊的心理態度，認知模式的歷史形成過程。透過比較，正如前引 Fr. K. Ringer（1979）在《現代歐洲的教育與社會》一書所說的，才能分清那些是某些國家的歷史特殊性，那些是結構的普遍性，而有助於亞洲教育知識體系的建立。關於此，台灣暨南國際大學比較教育研究所已準備開始初步的奠基工作。其設計之要旨即試圖以歷史研究和比較方法交互為用，想探究亞洲各地區教育與文化的特殊性，也希望從結構的共同性之探討中，建立亞洲公民教育與文化發展的理論模式。如此一來，不僅台灣教育在亞洲與世界教育的發展中找到合理的定位。進一步而言，更期能建立具有亞洲特色之教育理論模式，庶幾亞洲教育與文化特色不致在西化的浪潮中消失於無形。在此種獨具特色的亞洲教育知識體系指引下，使得亞洲教育不僅能夠培養亞洲意識，更能培養含容、欣賞其他文化的世界觀意識，如此，才能透過教育，促進世界和平，提昇整體人類的幸福。

註釋

註一：Imm. Kant, *Immanuel Kant über Pädagogik in KantsWerke* Bd. IX, Berlin: Walter de Gruyter, 1968, p.466.

註二：V. L. Masemann, "Educational Reform: Impact of Indigenous Forms of Knowledge" in Husén, Torsten & Postlethwaite, T. Neville (eds.) *International Encyclopedia of Education*, 2ed., vol. 4, 1990a, pp.1848-1857.

註三：同註一，pp.437-499.

註四：Serge Latouche, *The Westernization of the World*, trans. By Rosemary Morris. Cambridge: Polity Press, 1996, p.69.

註五：同註四，pp.54-55.

註六：N. Postman, *Technopoly*, N.Y.: Vintage Books, A Division of Random House, Inc, 1993, pp.40-55.

註七：Shen-Keng Yang, "Asian Perspectives in Comparative Education for the 21st Century", *Comparative Education*,vol 44, 1997, pp.97-100.

註八：Friedrich Schneider, *Europäische Erziehung*, Basel Freiburg Wien: Herder, 1959, pp.127-131.

註九：Thomas S. Popkewitz, "Professionalization in Teaching and Teacher Education: Some Notes on its History, Ideology, and Potential", *Teaching & Teacher Education*, vol. 10,(1), 1994, pp.1-14.

註十：Joseph Payne, *Lectures on the Science and Art of Education*, London: Longmans, Green & Co., 1880, p.62.

註十一：M. Montané, "Professionalization of Teaching: the Outcomes of an ATEE Seminar" *European Journal of Teacher Education*, vol. 17, 1994, nos, pp.119-126.

註十二：參閱拙稿，〈美育與實踐智慧〉，《通識教育季刊》，第五卷，第一期，

民國87年3月，頁129-130。

註十三：Max Scheler, *Die Formen des Wissens und die Bildung*, Bonn: Friedrich Cohen, 1925, pp.25-26.

註十四：J. Habermas, "Erkenntnis und Interesse", in ders. *Technik and Wissenschaft als "Ideilogie"*, Frankfurt am M.: Suhrkamp, 1968, pp.146-168.

註十五：Hans-Georg Gadamer, *Vernunft im Zeitalter der Wissenschaft*, Frankfurt am Main: Suhrkamp Verlag, 1991, pp.54-77.

註十六：Hans-Georg Gadamer, *Wahrheit und Methode, Grundzüge einer philosophischen Hermeneutik*, Tübingen: J. C. B. Mohr, 1986, pp.322-324.

註十七：Hans-Georg Gadamer, Wahrheit und Methode, Grundzüge einer philosophischen Hermeneutik, 1986, p.170.

註十八：Jürgen Oelkers & H.-Elmar Tenorth, "Pädagogisches Wissen als Orientierung und als Problem" in Oelkers, Jürgen & Tenorth, H.-Elmar (Hrsg.) *Pädagogisches Weinheim:* Beltz Verlag, 1993, pp.13-15.

註十九：Erich Weniger, *Die Eigenständigkeit der Erziehung in Theorie und Praxis*, Weinheim/Bergstr: Julius Belts Verlagsbuchandlung, 1953, pp.7-22.

註二十：參閱拙稿，〈教育學經驗科學化之歷史評述及其後設理論分析〉，載於楊深坑著，《理論、詮釋與實踐》，台北：師大書苑，民國77年，頁193-194。

註二一：Thomas S. Popkewitz, *Paradigm and Ideology in Educational Research*, London: The Falmer Press, 1984, pp.31, 36-40.

註二二：Anthony R. Welch, "Knowledge and Legitimization in Comparative Education" *Comparative Education Review*, 35, (3), 1991, pp.508-531.

註二三：B. Holmes, "Social Change and the Curriculum". In G. Bereday and J. Lauwerys (eds.) *Yearbook of Education: The Secondary School Curriculum*. London: Evans Brothers, 1958, pp.373-375.

註二四：J. W. Meyer, D. H. Kamens & A. Benavot, *School Knowledge for the Masses World Models and National Categories in the 20th Century*, Washington D.C., 1992, p.165.

註二五：Shen-Keng Yang, *Comparison, Understanding and Teacher Education in International Perspective,* Frankfurt am Main: Peter Lang, 1998, p.122.

註二六：H. J. Noah, "Defining Comparative Education: Conceptions In R. Edwards, B. Holmes & J. Van de Graaff (eds.), *Relevant Methods in Comparative Education.* Hamburg: UNESCO Institute for Education, 1973, pp.114.

註二七：George Psacharopoulos, "Comparative Education: From Theory to Practice, or Are You A:\neo.* or B:*.ist?", *Comparative Education Review,* 34, (3), 1990, pp.369-380.

註二八：Michael Peters, "Cybernetics, Cyberspace and the Politics of University Reform" *Australia Journal of Education,* 40, (2), 1996, pp.162-176.

註二九：Ronald Goodenow, "The Cyberspace Challenge: Modernity, Postmodernity and Reflections on International Networking Policy" *Comparative Education,* 32, (2), 1996, pp.197-216.

註三十：Grant Cornwell & Baylor Johnson, "The Conflicts of Postmodern and Traditional Epistemologies in Curricular Reform: a Dialogue" *Studies in Philosophy and Education,* 1991, 11, pp.149-166.

註三一：Val D. Rust, "Postmodernism and Its Comparative Education Implications" *Comparative Education Review,*35, (4), 1991, pp.610-626.

註三二：參閱葉啓政，〈社會科學論述的移植與本土化的根本問題〉，載於杜祖貽編，《西方社會科學理論的移植與應用》，香港中文大學社會科學及教育理論應用研究計畫出版，民國82年，頁19-20。

註三三：參閱拙稿，〈教育學門東亞區域研究發展現況、推動策略與優先議題〉，載於朱雲漢等人共同主持，《推動東亞區域研究之規劃：社會科學部分》，國科會專題研究計畫成果報告，民國86年，編號：NSC-86-2418-H-002-007，頁137-154。

註三四：同註八，頁128-131.

知識形式與師資培育

緒論

　　康德（I. Kant）在「學院之爭」中曾經指出，任何人為的制度（Künstilche Einrichtungen）均非已經發生事件的雜湊堆積與任意組合而成，而是本之於理性理念（Vernunftidee），這個理念則又可依經驗對象來證明其具有實踐性。衡此以觀，康德認為，大學中的組織與結構也絕非偶然，而是本之於理念所開展出來的先驗原則（a priori Principien）〔註一〕。

　　康德理性原則之提出，旨在說明當時大學之中，學院與學院劃分之依據，實質上則隱含著啓蒙運動以來知識分類之理性原則。師資培育也在啓蒙運動之後逐漸邁向制度化。正如特哈德（Ewald Terhart）所指出的，隨著教育的制度化與專業化，教育的專業知識也進一步的開展，而有別於一般對教育之常識性認識〔註二〕。此所以康德在其《教育論》中主張將教育中技巧運作，轉化為前後連貫的科學理論，以為教育工作者提供可資遵循之專業法則〔註三〕，俾免教育工作陷入嘗試錯誤的泥淖。質言之，康德教育科學的構想旨在將平常人對教育的粗疏認識（Laienwissen）轉化為專業知識（Professionswissen）。這種教育知識專業化的努力自赫爾巴特（J. Fr. Herbart）以降，頗多教育學者或從嚴格的自然科學理想，或從教育的人文與精神陶冶為著眼點來建構嚴格的教育知識體系，其對師資培育化自有極為深遠的影響，尤其赫爾巴特理性教育科學概念，影響遍及歐美各國本

世紀之交的師資培育學程規劃〔註四〕。

　　然則，正如康德在論〈論一般規範〉中所云：「理論上可能是對的，但卻無裨於實踐」（Das mag in der Theorie richtig, taugt aber nicht für die Praxis）〔註五〕，教育科學理論之探究對於師資培育專業之實際落實，並未如康德、赫爾巴特等人的理想那樣成功。整個師資培育專業化的歷史進程，正如紐曼和歐爾克爾斯（D. Neumann & J. Oelkers）所指出的，是一個充滿艱辛緩慢開展的奧德賽式的歷程（Odysee）〔註六〕。本世紀三〇年代華勒（W. Waller）出版《教學社會學》就指出了教學是社會上失敗的一環（failure belt），其主要癥結在於師資培育的課程規劃令人不敢恭維〔註七〕。事實上，直到目前仍有不少學者，例如柯納（J. Koerner），對教育學科提出強烈的批判，以為大部分的教育學科模稜兩可、平淡無奇、一再重複、無補於學術〔註八〕。

　　這些批判固然隱含著一個對於教育專業知識的誤解，誤以為教育不過是一些老生常談（Alltagswissen）的堆積，不必有任何專業的理性原則，來建構教育的知識體系。另一方面，從國際比較來看，頗多國家的師資培育學程規劃未依教育知識所據之理性原則，而將師資培育獻上政治角力場作為權力爭衡下的祭品，或者將師資培育用市場機能的商品邏輯來調節，無視於專業原則的存在〔註九〕，這或許是師資培育課程久為人詬病的重要因素。以我國「師資培育法」而言，初檢與複檢的專業資格測試，卻在政治角力過程下寬鬆流為以檢覆代替考試，而「教育學程」設置標準也未有強有力的專業原則，以釋群疑，以致引發不少爭論，而作為專業之相當重要的實習階段，近來也有從一年減縮為半年的研議。凡此均有賴於對教育知識的性質、結構與功能作更深入的分析，以尋繹強有力的專業原則，作為師資培育改革的準據。本文嘗試就知識形式劃分的歷史進程，說明教育知識的性質與地位，進而從教育知識的產生、結構、功能說明未來師資培育學程規劃應有的走向。

知識形式劃分之歷史探源與教育知識之特質

　　知識形式之劃分可以遠溯古希臘柏拉圖（Plato）的知識的等級劃分，本於其理念世界與感覺世界二分的概念，將知識依認識對象層級不同劃分爲：想像、信念、推證知識和理性知識等四個層級。前兩者是有關於感覺世界的知識，柏拉圖名之爲「意見」（doxa），後兩者是有關於理念世界的眞實認識，柏拉圖名之爲「眞知」（episteme），其中理性直觀的知識是人類透過理性直觀，而非間接透過符號來掌握對象，在知識層級上最高〔**註十**〕。

　　柏拉圖弟子亞里斯多德（Aristotle）打破了理念與感覺世界二分的二元世界觀，而就「存有」與「善」的多樣性來加以探究，爲探討存有的多樣性，亞里斯多德已經體認到，不同對象宜以不同研究方法來加以探討。而不同的探究方式則又反映了人類理性功能不同層次之運作，理論沈思（Theoria）即以人類高級理性功能來探索不可改變和永恆的存有，探索之目的完全爲了知識，不爲其它目的，其結果形成理論知識。人類理性活動面對可改變的存有即形成了實踐的以及製作的知識。實踐的知識旨在導致良善的生活，完成人類的善。製作的認識（Poiesis）最終則導向作品（ergon）或技藝（techne）。實踐與技藝之不同，在於實踐之目的以及動力在於實踐者自身，而技藝則係製作者改變了客體對象，其目的是外在的作品。透過這三個層次理性功能的運作，人類才能對自我以及外在世界作明確的認識，也完成了自我實現〔**註十一**〕。

　　亞里斯多德的知識形式的劃分，對於人文科學方法論有其不容忽視的貢獻。嘉達美（H. -G. Gadamer）就盛讚亞里斯多德的知識劃分方式是希臘人在闡明現代社會專業化下科學「奧秘」最偉大的眞理之一〔**註十二**〕。嘉達美在〈詮釋學與社會科學〉一文中更進一步的指出，亞里斯多德將實踐理性和理論知識與技術之間的區分已經預見了

當代科學文化的困境，過去兩世紀來科技發展的結果，實踐已被扭曲為將科學應用於技術性工作，實踐理性被誤解為技術控制〔註十三〕。

技術宰制可能導致的實踐理性扭曲的情況早在1920年代謝勒（Max Scheler）即已提出批判性的反省。1925年，當時俄國革命未久，西班牙飽受內戰之苦，歐洲一時籠罩在山雨欲來風滿樓之大戰前夕之緊張氣氛中，謝勒在波昂教育學院發表專題講演：「知識形式與教育」中指出，當時時代之弊病主要在於啟蒙運動以來技術控制理性過度膨脹，宰制性的知識（Beherrschungswissen）凌越陶冶的知識（Bidungswissen）和救贖的知識（Erlösungswissen）之上，以致當時的宰制意識橫行，使得世界充滿了侵略掠奪的行徑。他認為宰制的知識旨在對世界進行控制，要開展一個人的精神人格則有賴於「陶冶的知識」，欲與最高存有契合則須求之於「救贖的知識」〔註十四〕。

這種知識三分的概念，哈伯瑪斯（J. Habermas）更從人類認知的旨趣來加以說明。建基在人類技術與興趣的知識，旨在導向對世界的控制，產生了經驗分析的科學。建基在實踐興趣的知識旨在了解產生了歷史——詮釋的科學，命題的有效性並非依照技術控制的架構來建立。實踐興趣因而旨在透過互動，導向相互了解。建基在解放興趣的知識則在於透過批判與自省（Selbstreflektion）使個體突破技術控制與虛假意識之侷限而達到成熟獨立負責人格之形成〔註十五〕。

現代社會在科技快速發展下，技術宰制興趣凌越其他興趣之上，正如前引嘉達美的批判，實踐理性已橫遭誤解為技術控制。技術宰制理性滲透進師資培育的結果，可能導入了反專業主義的技藝系統。格倫第（S. Grundy）就曾以哈伯瑪斯的知識形式劃分來說明教師專業知識系統，他指出教師的工作如果藉由技術興趣來提供知識時，其工作往往會流於工匠技藝之表現，教師工作必須取決於實踐者的實踐判斷（practical judgments），才能展現其專業精神〔註十六〕。謝富樂（Israel Scheffler）也指出，如果我們把師資培育不單純視為教室情境中的執行者，而是發展一群在自由社會中極為重要的知識分子，我們將可更清楚教育學術與理論分析在師資訓練中的重要地位〔註十七〕。換言之，師資訓練不只是一些教學技巧的訓練，而必須透過理論

來省察對於教育實踐的大目標、情境及意義。

　　綜合本節分析顯示，近年來雖然技術控制理性成爲主導社會發展的理性，技術性的知識也凌越各種知識形式的知識之上，使得師資培育充滿了技術主義的色彩。然而，正如舒曼（Lee Shulman）所云，教學是實踐推理（practical reasoning）的結果，教師須對教學能妥適的推理，因此在師資培育學程中提供合宜的知識基礎，以作爲實踐推理論的準據，實爲必要〔註十八〕。師資培育制度化所依據的理性原則，非僅爲一組技術性規則而已，而應是本之於整全人格之實質推理。師資培育的基本內涵應是融貫了理論沈思、實踐智慧與技術規則的特別的教育專業知識體系，這種體系化的專業知識並不是常識之堆積，而是具有獨特結構與功能的知識形式，以下將進一步的加以分析。

教育知識結構與功能

　　前已舉述嘉達美盛讚亞里斯多德將知識形式劃分爲理論、實踐和技術在現代社會科學之重要貢獻。事實上，亞里斯多德深悉一旦人類要遵循某些不可移易的規則時，需要有智慧與判斷能力，以決定規則是否可以運用於特殊的案例〔註十九〕，這種運用於特殊案例的判斷力，亞里斯多德名之爲實用智慧（phronesis）。

　　就教育領域而言，早在1806年赫爾巴特出版的《普通教育學》即已提出「圓熟的教育智慧」（Pädagogischer Takt）作爲教育成功的先決條件。所謂「圓熟的教育智慧」有如亞里斯多德的實用智慧，是指可以善用普遍的教育原理，對特殊的教育情境作明快而睿智的判斷與處理。因此，圓熟教育智慧的養成，須以堅實教育理論爲基礎，而在實際的教學情境中不斷琢磨而成。赫爾巴特這種圓熟教育智慧的主張，影響歐美各國師資培育既深且遠〔註二十〕。即就當代師資培育理論學者而言，笛克（Andreas Dick）仍主張，師資培育宜使未來教師發展其自身的理論概念架構，俾使其能融貫專門學科知識與教育知

識（Pädagogisches Wissen）於實際的教育過程〔註二一〕。

　　然則，什麼是教師應具的教育知識類型，學者之間仍然仁智互見。特哈德從專業理論觀點認為，教師的知識包括了實踐知識和人格知識，兩者不相統屬，各有不同的來源、基礎及運用模式。以其結構而言，含攝了複雜的認知、信念、表象、隱喻、態度、判斷、規範、情感、箴規等的集合體。分析而言，主要有三個層面：(1)嚴格的認知層面：包括教師所應有之專門學科、專科教學與教育專業的知識要素，其語言表達的方式是Wissen dass……，換言之，是事實內容的認知；(2)導向、判斷或意願的層面：即規範與判斷的知識，其語言表達方式是Wissen wozu……；(3)實踐——過程行動知識之運作層面（die operative Dimension des praktisch-prozeduralen Handlungwissens），其語言表達方式是Wissen wie……，換言之，是技巧的知識〔註二二〕。這三個層面的知識，用亞里斯多德知識三分的說法，實際可謂教師的專業知識已經融貫了理論、實踐和技藝，而非僅為片面的某種知識形式而已。

　　舒曼則從教學是一個實踐推理的觀點來分析教育的專業知識。據其分析，教學包括了一個推理與行動的循環，這個循環包括了對教材的透徹了解，轉化教材使學生了解、教導、評鑑、反省以及新的了解等七個推理與活動的過程，故其知識至少基於三個知識範疇，用三種知識形式表達出來，而其來源至少有四。

　　所謂的三個範疇的知識指的是涉及教什麼（內容與教學內容的知識）、如何教（普通教學知識），以及為何教（教育基礎的知識）。至於知識的表達形式則有三種：

1. 命題的知識（propositional knowledge）：指用法則的方式表達教學的普遍原理，主要包括原則、箴規與規範。
2. 個案的知識（case knowledge）：是指透過豐富的文獻、特殊的情境描述，而對特殊案例的認識。
3. 策略的知識（strategic knowledge）：是一種實踐的行動知識形式，其旨在於認識普遍教育原理運用於特殊案例之可能

性。

上述知識的主要來源有四：

1. 內容的知識：主要來自對任教學科知識性質的歷史與哲學研究，教材知識結構、概念組織原則與探究原則的深入了解。質言之，教師須嫻熟其教學科目之歷史與邏輯結構。
2. 教育知識的第二個來源是學校教育過程、教與學過程之學術探討文獻，包括經驗研究的發現及其方法，以及教育的倫理、規範與哲學基礎。
3. 教育知識的第三個來源是直接來自於教學材料和教育情境的涉入。
4. 教育知識的第四個來源是教師運用理論知識於實際情境互動所琢磨出來的實踐智慧〔註二三〕。

以上教育知識的獲得或培育之功能可分兩個層面來加以分析：就教師個人層面而言，教師可以藉之以發揮其專業能力，從而建立其專業的認同。就制度層面而言，教育知識形式與體系的建立，可以給予學校、家長以及師資培育機構共同的期待，使得教師有一個合宜的公共專業形象。

教育知識的產生與師資培育的策略

上述的分析說明了教育知識融貫了理論、實踐與技術而成為一個整合的知識形式。因此，教育知識的產生並非僅止於學科內容和教育理論知識的獲得而已，也非教學技巧的嫻熟，而應是教育知識結構的整體洞悉與睿智的價值判斷力，和圓融教育專業人格的陶成。

就教育知識的認知層面而言，固可以在大學中透過教育學程的精心設計，傳授必要的教育原理原則，但原理原則的嫻熟仍有待於在教

育實際情境中實地運用，才能內化為教師專業人格的一部分。至於態度的養成、教學技巧之熟練更非幾門教育專業科目所能濟其功，而應有長期的實地經驗逐漸琢磨而成。

因此，從教育知識類型的分析可以發現，師資培育學程的規劃並不只是幾門教育專業科目、專門科目以及教材教法堆積而成，更應考慮作為適任教師應具備的知識與能力結構，而妥慎的規劃課程。再者，也宜對學科所處之環境氣氛之營造，以及實習學校之選擇，作周詳的考慮。

衡此以觀，我國新「師資培育法」公布以後，未來師資培育的發展，實令人憂心忡忡。先是「大學校院教育學程師資及設立標準」在各方殷切期待的壓力下，匆促公布，硬性規定教育學程應修科目及學分，未留各校專業自主以自由規劃學程的空間，未來各校只要符合學程規定之形式條件即可開課，修畢規定學分，不必經專業知識與能力檢測即可進入實習學校實習，令人擔心實習學校學生將成為實習教師嘗試錯誤下的犧牲品。再者，「高級中學以下學校及幼稚園教師資格檢定及教育實習辦法」雖然規劃了師資培育機構、教育實習機構，以及教師研習機構應合作規劃實習教師整體輔導計畫，共同擔負實習輔導之責。惟其中實習學校之選擇、實習輔導教師之甄聘及培訓，以及實習輔導課程仍未見有詳細的規劃，令人難免質疑實習是否真正能夠落實。

從教育知識形式與結構的分析結果，今後我國師資培育宜由以下六個方面來加以改進：

1. 審慎研究教師所應具備之教育專業與專門學科知識及能力，釐定教育學程所應具備的知識與能力範疇及結構。
2. 教育學程不必硬性規定教學科目，只依前述研究結果，規定教育學程所應包括的知識與能力範疇即可。
3. 初檢應以嚴格的考試來檢測教育專業與教學專門科目的基本知識與能力，以免不適任者進入實習學校實習。
4. 審慎先擇實習學校，使得實習教師有合宜實地教育情境來反

省，並熟練其在教育學程中所習得之教育原理原則。

5. 實習輔導教師應慎重甄選，並給予輔導知能訓練，使實習教師在實習過程中能得到合宜的專業指導，並有一個足供楷模的專業認同對象。

6. 複檢宜以試教與口試為主，檢測實習教師之實際教學能力及專業態度。

正如前舉康德所言，任何制度設計應建基於理性理念所開展出來的理性原則。我國未來師資培育制度的規劃，也應本於教育知識類型背後所具的專業理性原則，不畏於政治強權與利益團體之壓迫，堅守專業原則，才能使師資培育制度邁向合理化，才能培育年輕且具有專業知識、能力與專業人格的健全師資。

註釋

註一：I. Kant, *The Conflict of the Faculties*, trans & intr. by M. J. Gregor, N. Y.: Abaris Books, 1979, p.31.

註二：Ewald Terhart, "Pädagogisches Wissen: Überlegungen zu seiner Vielfalt, Funktion und sprachlichen Form am Beispiel des Lehrerwissens", in J. Oelkers & H. -E. Tenorth (hrsg.), *Pädagogisches Wissen*, Weinheim und Basel: Beltz Verlag, 1993, p.129.

註三：I. Kant, *Pädagogik, Akademieausgabe Bd. IX*, Berlin, 1968, pp.437- 499。

註四：Shen-Keng Yang, "Dialectic of Modernism and Postmodernism as Cultural Dynamic of Globalizing Teacher Education", *Paper Presented at the 1995 Annual Meeting of the Comparative and International Education Society*, Boston, Massachutts, U.S.A. March 29-April 1, 1995, pp.4f.

註五：I. Kant, "Über den Gemeinspruch", in ders. *Immanel Kants Werke*, (hrsg.) von E. Cassirer u.a. Bd. VI, Berlin, 1923, pp.337-398, esp. p.388.

註六：D. Neumann & J. Oelkers, "Verwissenschaftlichung als Mythos?" in *Zeitschrift für Pädagogik*, 30. Jhrg. Nr.2 (1984), p.61.

註七：W. Waller, *The Sociology of Teaching*, New York: John Wiley, 1965 (1932), p.61.

註八：J. Koerner, *The Miseducation of American Teachers*, Boston: Houghton Mifflin, 1963, pp.55-56.

註九：cf:

(1)J. Elliott, *Reconstructing Teacher Education: Teacher Development*, London: The Falmer Press, 1993, esp. chaps. 2-5.

(2)Th. S. Popkewitz, *A Political Sociology of Educational Reform*, New York: Teachers College, Columbia University, 1991.

(3)Shen-Keng Yang, op. cit.

註十：參閱楊深坑，《柏拉圖美育思想研究》，台北：水牛，民國76年，再版，頁70。

註十一：參閱楊深坑，《理論、詮釋與實踐》，台北：師大書苑，民國77年，頁87-88。

註十二：H. -G. Gadamer, "Problem of Historical Consciousness" in P. Rabinow & W. M. Sullivan (eds.), *Interpretative Social Science: A Reader*, Berkeley: University of California Press, 1979, p.107.

註十三：H. -G. Gadamer, "Hermeneutics and Social Science", *Cultural Hermeneutics*, vol.2 (1975), p.312.

註十四：Max Scheler, *Die Formen des Wissens und die Bildung*, Bonn: Pädagogische Akademie, 1925.

註十五：J. Habermas, *Erkenntnis und Interesse*, Frankfurt am M.: Suhrkamp, 1968.

註十六：S. Grundy, *Curriculum: Product or Praxis?* London: The Falmer Press, 1987, pp.180-181.

註十七：Isráel Scheffler, "University Scholarship and the Education of Teachers", in Scheffler, *Reason and Teaching*, Indianapolis: Hackett Publishing Company, 1989, pp.92-93.

註十八：Lee Shulman, "Knowledge and Teaching: Foundation of a New Reform", *Harvard Education Review*, Vol.57, no.1 (1987), pp.3-4.

註十九：H. L. Dreyfus & E. S. Dreyfus, *Künstilche Intelligenz*, Reinbeck bei Hamburg: Rowohlt, 1986, p.270.

註二十：參閱拙稿，〈文化意識與各國實習教師制度的發展背景〉，收錄於楊深坑等著，《各國實習教師制度比較》，台北：師大書苑，民國83年，頁110。

註二一：Andreas Dick, *Vom Unterrichtlichen Wissen zur Praxisreflexion*, Bad Heilbrunn: Verlag Julius Klinkhardt, 1994, pp.121-122.

註二二：Ewald Terhart, op. cit., pp.133-134.

註二三：參閱拙稿，〈當代師資培育理論的發展〉，刊於黃政傑主編，《當代師資培育的發展與趨勢》，台北：漢文，民國86年，頁1-18。

現代科技發展對大學教育的衝擊

前言

　　康德（Imm. Kant）在1789年刊行的「學院之爭」（Der Streit
der Fakultäten）〔註一〕中，探討他那時代的大學從爲統治者而服
務的機構，急劇轉而爲導向眞理與自由之學術機構（Institution der
Wissenschaften）之重大原因。據其分析，最主要的原因，在於各門
學術間的關係，以及大學學院（Fakultäten）與等級（Klassen）高
低的劃分悉依理性原則。也因而開明的政府之統治須本諸科學理性，
庶免於阻礙眞知與科學之進步。康德此種論見的前瞻意義，正如C.
Menze〔註二〕的分析，在於突破了啓蒙運動中狹隘的應用觀點，而將
大學的任務嚴格的導向對眞理探索與自由的訴求。對於眞理之自由探
索的大學基本精神具體的體現在現代大學先驅——柏林大學之建立。
柏林大學章程起草人中兩位相當重要的哲學家F. D. E. Schleierma-
cher和Wilhelm von Humboldt對於大學之自由探索精神均有其極
爲精審的詮釋。Schleiermacher在1807年所撰的〈德意志意義下的大
學〉一文即指出，大學主要的任務在於喚醒青年的科學精神，提昇其
意識至於澄澈之境〔註三〕。學術儘管不斷分化，最終將走向動態的統
合，因此，獨立自主之研究相當重要。W. von Humboldt在1810年的
〈論柏林高等學術機構之內外組織〉一文也指出，科學內在原則在於
眞理之探索，眞理則爲尙未被發現，也可能是永遠無法全然被發現的
某些東西，基於此，大學必須強調永不止息的獨立自主之研究〔註

四〕。

　　哈伯瑪斯〔註五〕在海德堡（Heidelberg）創校六百週年紀念演講中，對於Schleiermacher和von Humboldt大學理念進一步加以闡釋，認爲兩氏共同關心的課題，均在於大學脫離教會與政治控制以後，如何在現有的學術體制下保障其獨立自主，其法乃在由國家組織大學自治，以避免政治介入與社會需求干擾高等教育機構〔註六〕。同屬海德堡建校六百週年紀念演講，H. -G. Gadamer在「大學理念——昨日、今日、明日」中就對大學不受政治與社會需求的干擾表達了悲觀的看法，他認爲我們所處的是個工業社會時代，大學與社會實際生活處於一種非比尋常的新的緊張關係。研究已並不全然在大學中進行，想在大學中進行可以讓學生參與，而有助於其陶冶其人格的研究已經相當困難。研究在工業社會中需有龐大的經費，經費有賴於政府或企業，政府或企業則又不得不作經濟上的考量。科學技術越專精化，大學教育乖離教育理念也就越來越遠〔註七〕。

　　現代科技發展對於大學教育之衝擊，經濟合作開發組織在1992年的「高等教育與就業會議背景報告書」中指出，科技不斷發展的結果造成就業人力需求不斷改變，高等教育在此壓力下，必須不斷調整，以促進經濟成長〔註八〕。再者，正如前引Gadamer所云，新興科技已非大學所能獨立研究，使得大學不得不重組，以應付新科技發展之需求。資訊技術之發展，特別是「遠距會議」（Teleconferencing）的發展，也澈底的改變大學組織型態與教育過程。以下先說明當代科技的發展，再據以說明其對大學教育之影響。

從機器到資訊、從工業到後工業

　　Helmuth Albrecht〔註九〕在〈科技、社會與未來〉一文中，曾引述前羅馬俱樂部（Club of Rome）主席Aurelio Pecci的說法，認爲人類的未來既非命定，也不是受偶然因素的影響，更非取決於不可

知的神秘力量。人類的未來取決於由科技所型塑的現在。因此,可以說現在的科技實質上影響了人類未來。科技自亞里斯多德以來,一直被視為人類知識類型之一,大學係創發與傳遞知識最重要的場所。科技既為型塑未來之重要動力,探討當前科技發展之特色,成為當前決定大學教育走向之重要課題。

有關現代科技發展特色,根據N. Postman〔註十〕的分析,人類已經從「工具使用」(Tool using)的文化,過渡到了「技術控制」(Technocracies)文化,現在已經到了全球聯結成一體的「科技城」(Technopoly)文化,在這個全球化的「科技城」中,所有的文化形式均臣服於技術與科技。

將全球聯結成一體的科技社會的發展,H. Albrecht〔註十一〕也有極精審的分析,他認為人類已經從機器時代(Maschinen-zeitalter)邁向資訊時代(Informationszeitalter)。這可從下述三種顯著特徵顯示出來:

1. 資訊技術(Informationstechnik)的重要性凌駕傳統的材料與能源技術(Material-und Energietechnik)之上,這使得就業市場的組織型態需重新調整,資訊相關的行業其重要性與日俱增。

2. 腦力的工作(Kopfarbeit)比起手工以及機器工作(Hand-und Maschinenarbeit)來講,是越來越重要了;而腦力的工作也逐漸為腦力的機器("Kopf"-Maschinen, Albrecht的用語,亦即電腦)所取代。電腦也控制、規劃並補充傳統的動力機器("Kraft"-Maschinen)。

3. 電腦逐漸將傳統的機器與技術媒介整合而為一個新的、彈性而複雜的單位。透過網際網路的連線,世界幾乎聯結成一個無遠弗屆的網路系統。

資訊取代資本成為社會發展的軸心原則之社會(Axial principle),Daniel Bell〔註十二〕名之為後工業社會(Postindustrial Society)。後工業社會之理念早在1917年Arthur Penty首先提出

〔註十三〕。就在法國巴黎大學潮之後一年，法國社會學者Alain Touraine〔註十四〕出版《後工業社會》（*La société postindustrielle*）。這本書寫於法國社會動盪、各種思潮澎湃之秋，Touraine否定所謂的新形式的生活方式，和經濟組織會使傳統的階級與階級完全消失的論點。相反的，他卻預測會有更多新類型的社會運動，以及次級制度層面的抗議運動會發生，即將形成的新社會類型Touraine名之為「後工業社會」，或名之為「技術控制的社會」，或「規劃的社會」，以說明權力結構類型，以及生產方式特質。據其分析，資本累積和經濟成長不再直接與生產本身有關，而更可能是社會與文化因素的結果，特別是科學技術知識創生的結果。因此，教育、消費、資訊等社會生活的各領域將整合入生產領域，而大學既為科技知識主要創生之所，將來更可能成為社會衝突或統合之焦點所在。

　　四年後，美國社會學者Daniel Bell同樣以「後工業社會」為名，出版《後工業社會之來臨》，分析的角度不同於Touraine之生產方式，而從社會結構面來進行分析。他從三個組成因素來分析後工業社會之變遷：(1)經濟層面漸漸從生產轉向服務業的興起；(2)科技上，以科學為基礎的工業成為社會發展的核心；(3)社會階層的分化上，新的科技秀異分子興起，新技術的擁有成為社會向上流動的重要條件，主導社會發展的軸心原則也因而是新科技的發展，特別是理論知識的創發。資訊取代資本成為新經濟最重要的運作動力。在工業社會，主要的經濟問題是資本的籌措，在後工業社會中，主要的經濟問題，卻是科學與技術的組織。大學與研究機構的組織結構及其與國家、企業機構之間的互動關係，也因此成為後工業社會中必須審慎處理的核心問題。

　　同樣以資訊（information）的發展為未來社會發展的軸心原則，李歐塔〔註十五〕在1979年於巴黎出版的《後現代狀況：一個知識的報告》一書中，卻採用不同的論述方式。他認為西方社會急劇步入後工業，或所謂後現代社會最主要的原因是科學技術知識之發展。主導當前社會發展的主要科技是「操縱學」（Cybernetics）、資訊學（informatics）、遠距控制（telematics）、電腦科學等。知識因而

必須能夠數量化處理，否則即被淘汰。知識的生產也在於能夠銷售或消費，才能再進一步的刺激生產。「知識的目標在於交換」〔**註十六**〕，知識的普效性原則也因此產生根本的動搖。效用邏輯（logic of performativity）和商品邏輯（logic of mechantile）主導科技與社會的發展。

在商品邏輯和效用邏輯的主導下，科技管理模式也面臨重大改變。1960年代建基在泰勒（F. Taylor）科學管理以及福特（Henry Ford）汽車公司規格生產的所謂福特主義（Fordism）已經漸爲強調個性化、精緻化的後福特主義（Post-Fordism）所取代。戰後，福特汽車公司運用廉價的能源、半技術工人、巨大的生產設備、高效率的集中管理，生產出規格化而便宜的商品，影響所及擴及於企業各領域。

福特主義的管理模式到1970年代以後，漸走下坡路。一方面工會勢力增強，廉價勞動力便不可行，1973年石油危機以後，使得能源價格飛漲。而更重要的是生活方式轉變，個人主義抬頭，更使消費形態澈底轉變，福特主義下規格化商品已難符合市場需求。個性化的商品與服務成爲消費的主流，巨型工廠已經生產這種個性化的商品與服務，代之而起的是電腦的運用，以設計符應個性化的商品。過去福特主義自上而下，層層節制的企業管理模式已不適用，生產責任與決策逐漸下放到基層生產線，也因此過去的中層管理人才便不需要，而基層工人也因而需具備多樣化、彈性的專門技術，以便隨時準備承擔新的角色。這種人才需求的變化，無疑的，也會影響未來大學教育的發展。

除了從機器到資訊、從工業到後工業、從福特主義到後福特主義等科技與社會文化關係的動態發展以外。科技內在的多種創新趨勢，也會影響大學組織型態的轉變。

首先，從事尖端而突破的所謂「鉅型科學」（big science）其所需的資金與設備遠非某一所大學所能負荷。有些設備如超導加速器、人造衛星、超級電腦、超級望遠鏡等從事尖端科學所需的研究設備，甚至連一個國家的預算都不可能支應，需要尋求國際合作。有些大型

的尖端科研計畫,例如:International Geosphere Biosphere Program與Human Genome Program以及World Climate Research Program不僅需要巨型設備,更需要不同國家、不同領域的科學家共同參與。

其次,有些新興的科技,如微電子、生物技術、材料科學等,不僅涉及了科技本身的突破,更涉及難以數計的商業利益。因此,大學與大學、大學與企業之間,甚至國家與國家之間,在這些領域內的研究與發展,存在著既競爭又合作的關係。大學在這多角關係中的角色定位,亟待審慎考慮。

最後,電腦科技的發展,資訊高速公路的建立,世界網路之聯結,以及遠距會議、虛擬實境技術的進展等均改變了大學教育過程,以及大學內部的組織結構。

以下先行說明大學與社會關係之變遷,再說明在科技影響下,大學內部結構之調整。

大學、國家與企業的新關係

正如前述,隨著科技不斷發展,大學已經不再是唯一傳遞新知、探索真理之所。R. Barnett〔註十七〕曾指出,很多大型企業的實驗實際上也在進行新知識、新技術的開發,最顯著的例證是一些生物科技和微電子科技,大學有時需仰賴企業界的設備與人才。再者,前已分析,頗多尖端科技的研究設備,不僅大學本身無法負擔,即便是國家預算的支應,也非常的困難,而有賴於大企業的支援。然而,企業在商言商,無助於其企業發展之研究是否會全力資助,很值得懷疑。國家基於整體發展考量,是否聽任企業與大學利益結合,而發展符合商業利益之研究,對於無裨商業利益之研究棄置不管?換言之,國家在釐定整體國家政策,具體而言,也就是釐定國家科技發展政策時,如何協調大學與企業關係,是未來高科技社會所亟待面臨的嚴肅課題。

次就大學本身而言，在後現代社會強調商品邏輯、市場機制主宰社會過程的情況，大學爲了在學術商品化的自由市場中求取生存，勢必盡量發展有市場價值之科研與教學領域。相對而言，較無商業價值之科系則不再發展，如此一來，人文科系可能越來越萎縮，對於國家整體發展恐非有利。國家如何運用其資源分配手段，輔助人文科系發展，以提振人文精神，亦爲當前大學教育發展的重要課題。

再就大學教育之國際化而言，很多重型的研究設備已非單獨某一國家所能負荷，頗多大型的研究，也需有多國不同學科領域的專家共同參與，國際合作也成爲高科技化社會大學教育發展必須採取的策略。正如 M. Skilbeck 與 H. Connell〔註十八〕的分析，在國際合作上，大學固然可以直接尋找國外對等大學合作，也可能由國外的企業輔助本國大學成立教學或研究講座，例如，日本企業界在美國麻省理工學院（Massachusetts Institute of Technology）成立講座。不過，近年來很多國家的教育改革都強調國家競爭力之提昇。科技發展正是提昇國家競爭力量重要的環節之一，國際科技的關係因而必須處於一種既合作，又不得不競爭的緊張關係。國家在協調大學參與國際合作計畫中，也因而扮演著極爲重要的角色。

綜言之，在高科技化的後現代社會，國家已經無法扮演完全規劃、分配資源、強力干涉的角色。但大學的教學與研究如果走向唯利是圖，甚至於和企業利益掛鉤，不顧國家整體發展，國家基於整體利害的考量，爲保持國際競爭力，國家仍宜在大學與企業間扮演積極協調者的角色，國家更應主動積極釐定高瞻遠矚的科技發展政策，以作爲大學以及科研機構發展的準據。

大學功能、組織與結構之調整

隨著科技的發展，不僅大學與國家及社會關係需重新調整，即便是大學本身的功能及其內部的組織結構也面臨嚴肅的挑戰。在講究實

效、重應用的後工業社會中，W. von Humboldt所提出的透過學術研究，以陶冶人格之古典人文教育理想，已經失落〔註十九〕。取而代之的卻是功利導向的大學功能之強調。1987年經濟合作開發組織出版的報告書就在檢討後工業社會中高等教育的目標與功能（the very purposes and functions of higher education in postindustrial society）〔註二十〕，據其分析，後工業社會中的社會鉅變，已使大學體制難以符合社會需求，有必要進行改革。改革的政策重點有如下述：提供更多的生涯導向的課程（Career-oriented courses）、強調應用研究與發展、開展和過去截然有別的大學功能、規劃有效的技術轉移和知識傳布、更多的政府參與和大學績效責任的加強，以及大學效率與生產之提升〔註二一〕。

在這些改革建議中，實用性、績效性、生產性無疑地成為大學規劃的重要策略。為有效執行這些策略，建立成就指標（Performance indicator）成為政府對大學施行品質、績效與生產控制的主要技術性方法〔註二二〕。成就指標的運用可作為大學資源分配與未來發展的準據。

為了使得資源得到充分有效的運用，大學須利用新科技重新調整組織型態。行政電腦化是調整大學組織型態的初步工作。其結果將使大學運作更有效率，而淘汰一些冗員。網路選課更打破了過去的班級型態，節約不少開課成本。也間接的對授課師進行評鑑，使授課教師對於課程規劃，不敢掉以輕心。其負面的效果則是授課教師不敢對學生作嚴格的要求。

遠距教學的施行，更使校際合作，甚至國際合作成為可能。同樣一門課只要一個學校開課，很多學校即可同時收播，運用遠距會議技術，仍可達到雙向溝通的效果。如此一來，既可節省經費，又可有餘裕開發新課程。

遠距會議與電腦網路的進一步發展，更產生了所謂的沒有「校址」（physical site）的網路大學。1994年，美國德州大學（University of Texas at Austin）天文物理學教授Joseph Wang成立了全球網路學院（Globewide Network Academy），將課程開放給所有

可以運用國際網路的人。其最後目標，希望能夠給予學分的認可，甚至授予學位。

Roy Ascott更提出了星球學院 (Planetary Collegium) 的構想。這個學院是個沒有階層、非線性結構的學習組織，將全世界的人及思想理念整合在一個電子空間，變成一個全球性的社群，每一個人在這社群中，成員或多或少都有同等權力、同樣的權威，透過合作式的探究、平等的互動傳布知識，也形成新知識。正如M. Peters〔註二三〕所云，二十一世紀的University很可能會變成Interversity，教學與研究型態也不像傳統大學那樣自上而下的教學，而是在網路上的互動中，不斷開展新的知識領域，傳統學科界線也將面臨嚴肅的挑戰。

隨著Interversity的出現，網際網路的發達，電子學報 (Electronic Journal) 亦將應運而生，大學中的研究功能也將以新面貌出現。網際網路中互相討論、互相激盪出來的觀點，其著作權的歸屬問題，亦將成為將來極為棘手的法律難題。

網際網路的運用也使得未來大學或所謂Interversity的人員與設備需重新定義。過去以多少萬冊圖書、多少一流研究或教學人員作為評估大學優劣標準，恐需面臨挑戰。而改以有多少可以提供最新訊息的網點 (node) ，和多少具有創意的討論網站，作為Interversity優劣的標準。

由於科技不斷發達、新知不斷產生，終生學習亦將為未來社會成員能夠繼續不斷生存發展所必須。不管是有校址的University，或沒有校址的Interversity，將來均將成為提供終生學習機會最重要的據點。

結語

現代科技的發展從新機器的發明到電子視訊之廣泛使用，已經澈底改變了大學與社會各部門，特別是與企業之間的關係。在一個商品邏輯、效率邏輯宰制的後現代社會，國家更有責任善於運用新科技，

調整大學與產業界的關係，使得國家能以最經濟有效的方式，謀取整體均衡的發展。在發展科技的同時，國家更應以經費調整的方式，補助人文科系，提振人文精神，使得整體社會不致步入「唯利是圖」、「上下交征利」、沒有人性的社會。

再者，電腦與微電子視訊的發展，不僅改變了大學的組織型態，甚至於整個大學的教學過程也澈底變遷。網路教學、遠距教學，甚至於Interversity的出現，更使得在大學中，師生的面對面互動成為不可能，人際關係的疏離與冷漠將難避免。強化大學的通識教育，特別是新科技通識教育，使學生能以更宏觀的識見，開闊的心胸來面對未來高科技發展，以提昇生活境界，亦為當前大學教育中相當重要的一環。

註釋

註一：Imm. Kant, "Der Streit der Fakultäten" in ders *KantsWerke*, Akademie Textausgabe VII, Berlin: Walter de Gruyter & Co., 1968, pp.18-23.

註二：C. Menze, "Die Universität aus dem Geist der Philosophie" *Vierteljahrsschrift für wissenschaftliche Pädagogik*, 1989, H. 1, pp.35-36.

註三：F. D. E. Schleiermacher, "Gelegentliche Gedanken über Universität im deutschen Sinn" in E. Anrich (hrsg), *Die Idee der Deutschen Universität*, Darmstadt: Wissenschaftliche Gesellschaft, 1964.

註四：Wilhelm von Humboldt, "Über die innere und äußere Organisation der höheren wissenschaftlichen Anstalt in Berlin" (1810) in *Gesammelte Schriften* Bd. X (hrsg.) von der Könglichen Preußischen Akademie der Wissenschaften, Berlin, 1920, p.250ff, esp. p.260.

註五：J. Habermas, "Die Idee der Universität-Lernprozess" in *Zeitschrift für Pädagogik*, 1986, 32. Jhrg. Nr.5, pp.703-718.

註六：(1)楊深坑，〈西德大學師資等級結構及其晉用辦法〉，刊於《國立編譯館館刊》，1985，第十六卷，第二期。

　　　(2)楊深坑，〈評我國當前的教育哲學〉，刊於淡江大學教育研究中心及二十一世紀基金會主編，《二十一世紀我國高等教育的發展趨勢》，台北：師大書苑，1988，頁505-511。

註七：H. -G. Gadamer, 1992, pp.47-59, esp. 49-50.

註八：OECD, 1992.

註九：H. Albrecht, "Technik-Gesellschaft-Zukunft" in H. Albrecht & C. Schönbeck (hrsg.), *Technik und Gesellschaft*, Düsseldorf: VDI Verlag 1993, pp. 449-474.

註十：N. Postman, *Technopoly*, New York: Vintage Books, 1993, p.22 & pp.40-55.

註十一：同註九，頁453-454.

註十二：D. Bell, *The Coming of Postindustrial Society: A Venture in Social Forecasting*, N. Y.: Basic Books, 1973.

註十三：M. Peters, *Poststructuralism, Politics and Education,* London: Bergin & Garvey, 1996, p.127.

註十四：A. Touraine, *La société postindustrielle*, (Paris, 1969), trans L. Mayhew, New York: Random House, 1971.

註十五：J. -F. Lyotard, *The Postmodern Condition: A Report on Knowledge,* Manchester: Manchester Unriversity Press, 1979.

註十六：同註十五，頁4.

註十七：R. Barnett, (1993) "Knowledge, Higher Education and Society: a Postmodern Problem" *Oxford Review of Education,* 19, (1), 33.

註十八：M. Skilbeck, & H. Connell, "International Education from the Perspective of Emergent World Regionalism" in P. Blumenthal, et. al. (eds.) *Academic Mobility in Changing World,* London: Jessica Kingsley Publishers, 1996, pp.69-70.

註十九：A. Aviram, "The Humanist Conception of the University: a Framework for Post- Modern Higher Education" *European Journal of Education,* 1992, 27, (4), pp.397-415.

註二十：OECD, 1987, p.3.

註二一：同註二十，頁99-104.

註二二：M. Peters, "Performance and Accountability in 'Post- industrial Society' : the Crisis of British universities" *Studies in Higher Education,* vol. 17, no. 2 (1992), p.127.

M. Peters, (1995) "Education and the Postmodern Condition: revisting Jean-FranÇois Lyotard" *Journal of Philosophy of Education,* 29, vol. no. 3 (1995) , pp.387-399.

註二三：M. Peters, "Cybernetics, Cyberspace and the Politics of University Reform" *Australian Journal of Education,* vol. 40, no. 2 (1996) , p.174.

第二部分

德國大學教育與希臘教育

德國大學教育的發展背景與特色　❏49

德國大學師資等級結構及其晉用辦法　❏69

希臘高等教育的巨幅變革　❏103

希臘高等教育法案一波三折　❏107

兩岸大學教育發展的共同趨勢、問題與展望　❏111

希臘教育　❏119

希臘的高中教育　❏157

德國大學教育的發展背景與特色

緒言

　　大學職司知識與眞理之鑽研、創發與傳遞，具有主導社會文化發展之重要功能。這項功能的適切發揮，必須將大學置諸其歷史文化發展的脈絡之下，作一種深度的批判以及省察。哈伯瑪斯曾在〈大學的理念——學習的過程〉 (Die Idee der Universität-Lernprozesse) 一文中指出，科學批判的自我反省 (wissenschaftskritische Selbstreflexion) 才能使研究過程與生活世界之間的關係 (lebensweltliche Bezüge der Forschungsprozesse) 顯得更爲澄澈。其中不只是對於科學知識運用的關係而已，更廣泛的含蓋了對整體文化、一般的社會化過程、傳統之延續以及公眾的啓蒙之間的互動關係的清楚理解，須以批判性的反省作爲先決條件〔註一〕。質言之，大學精神的開展與大學體制的更新必須植基於對於歷史文化的深度省察，才能使大學展現生生不息的創造活力，以提昇文化發展的新境界。

　　我國新修訂「大學法」已於民國83年完成立法程序，大學組織結構更趨彈性自主。民國85年12月行政院教育改革審議委員會公布「教育改革總諮議報告書」，在「鬆綁」的訴求下，更建議大學學術、人事、經費的自立。惟在自主的訴求下，我國大學組織運作效率不彰，派系運作介入學術主管選舉等弊端。正如前引哈伯瑪斯的偏見，大學改革須以對整個歷史文化之省察爲基礎。德國大學之法律性質、行政運作、教授與學生之權限等基本特色，自有其賴以生長發展之文化土

壤，我國大學組織與行政運作是否可以據此作橫的移植，實有待於對當前社會文化作整體的評估，方不致產生「淮橘爲枳」之惡果。

基於前述之考慮，本文試就歷史發展觀點探討德國大學體制與精神之形成，並就當前大學體制之特色作一種詮釋學之理解，俾以擬具建議，以供我國未來大學改革之參考。

歷史發展

德國早期大學之發展與歐西各國大學無殊，均源自於教會團體之知識傳遞與教育之基本要求，宗教改革以後各侯國各自擁有勢力而形成各自的大學形態，普法戰後，文化國家理念形成而有德意志精神下大學之建立。1960年代以降，隨著高等教育急劇擴張，人力需求理論抬頭，企業界開始大量介入高等教育政策之擬定。1970年代以降申請入學人數快速增加，高等教育之品質控制與整體規劃之要求更形迫切，1976年元月26日公布「聯邦大學及學院基準法」（Hochschuh-lrahmengesetz）通過，聯邦在規劃高等教育制度上扮演了更爲積極的角色，1985年10月26日「聯邦大學及學院基準法」三度修訂通過確立當前大學組織形態。茲將此歷史發展過程，分爲以下八個發展階段，略予評述。

德國大學教育之萌芽──中世紀時期

在德語世界中，最早的大學創建於布拉格（Prag, 1348），厥後維也納（Wien, 1365）、海德堡（Heidelberg, 1386）、科隆（Köln, 1388）、耶爾福特（Erfurt, 1392）等大學相繼成立，均脫胎於寺院學校（Klosterschule）和教堂學校（Domschule）。由於中世紀的一些思想運動，如唯名論之論爭、亞里斯多德哲學之新詮釋、阿拉伯世界科學之傳入等，均非傳統寺院學校和教堂學校所能處理，因而有些教

師──當時均為神職人員在教皇特別授權下，獨立於現有體制之外別立了所謂的「學程」（Studium），或是「通識學程」（Studium generale）以進行教學，這種學程吸引不少學生，聚到相當大的數量便成為制度化的組織，成為學者講學集團，大學之名universitas的原始含義不過為合作社（Genossenschaft）、行會（Zunft）或是社團（Gemeinde）。經由教皇之教授，這種講學團體獲得兩項特權：其一為可以自己立法，並設機構管理內部事務，這是現代大學自治權之原始根芽；其二、可以授予「任教許可狀」（licentia docendi），是項許可通行於基督教世界，亦即當前大學學位制度之根源。值得注意的是所謂的大學自治權與今日的大學學術自由並不相同，大學組織附屬於教會，教師悉為神職人員，學生或已為神職人員，或追求神職地位者，大學經費由教會補助，課程與教學亦以教義之講習為主，故所謂大學自治仍受教會相當的控制。直到中世紀晚期宗教改革與新興獨裁國家出現，教會控制力量才告沒落。

從宗教改革啟蒙精神之大學（1500-1800）

中世紀末期，教會控制權限逐漸消弱人文主義與宗教改革，更使德國大學徹底改變，人文主義的發展使得以古代作家為宗的理性思維取代中世紀大學之經院哲學。馬丁路德（Martin Luther）甚至以為大學是傳播教皇「邪說」（die falsche, die papistische Lehre）之機構，而對大學大加撻伐。在宗教改革浪潮中，特別是1520年到1530年之間大學生人數急遽減少，大學教學事業幾告停頓。1520年海德堡大學學生甚至少於教授，1526年耶爾福特大學學生僅只14名，特利爾（Trier）大學情況更慘，乏人問津，只好關閉大學講堂〔註二〕。

宗教改革所帶來的新興中小型權威主義侯國林立，帶來了政經情勢的新發展，在以農業為主的小的城邦國家仍維持中世紀封建體制，限制了非農業生產方式。另一方面較大的國家以及新興的市鎮，由於手工生產與貿易而興起中產階級，其思想方式較強調人文主義、語言學習和自然探究。再者，宗教改革與反宗教改革思潮之激盪也使得信

仰逐漸分化爲新教與天主教之間的對立，因而也促進了各個不同教區的侯國各自設立自己的大學。1495年，馬克西來良一世 (Maximilian I) 皇帝要求各侯國均至少設立大學一所，因而十六、十七世紀之間大學之設立如雨後春筍般，總計達23所之多〔註三〕。這也是現在德國每一大城均至少有大學一所之歷史原因。由於大學係由各侯國所新建，或加以重建，大學組織形態亦與中世紀有所不同，中世紀學者團體 (Scholaren-und Magisterkorporation) 的形態轉而爲國家機構，是德國現行大學兼具法人性質與國家機構之歷史根源。大學之法規受制於各侯國之法令，大學教授成爲國家公務員，學生也爲未來成爲國家服務而預備大學更須受嚴格的測試，甚至爲侯國的信仰作忠誠的宣誓，中世紀講學自由精神橫遭破壞，而爲一股濃厚的權威主義所籠罩。

這種權威主義直到十七世紀末、十八世紀初才逐漸爲一股啓蒙精神所突破，布蘭登堡大公 (Kurfürst von Brandenburg) ，亦即爲後來的腓特烈一世 (Friedrich I) 在1694年創辦哈勒 (Halle) 大學時即秉持啓蒙精神強調眞理的探索與自由研究，大學授課改以德文，並引進不少新的學科。以哈勒大學爲範例之哥廷根 (Göttingen, 1734) 更放棄了權威導向之虔敬教派信仰，特別強調講學自由。再者，啓蒙運動對實用性之講求，也使得專門技術學院開始發展。

文化國家的理念與德國精神下的大學發展 (1800-1914)

十八世紀德國思想發展以觀念論 (Idealismus) 哲學爲主導，結合了新人文主義，蘊育出德國十九世紀以來，對於科學研究之新理念，早在十八世紀末歐洲各國，如波蘭、瑞典、法國爲應付革命而手忙腳亂之際，德國卻也引起一股強烈的學校批判的浪潮。1760年甚至有一未署名的「黑函」 (Dunkelmänner Brief) 刊布，強烈的要求解散所有大學，其精神殆有類於當代的反學校運動。另有些學者強調以觀念論哲學重建德國大學，有些則基於啓蒙運動之理性，樂觀與進步，要求大學融入自由主義的觀念。

在這樣的「精神氣候」下，普魯士的強權國家理念卻在1806年受挫於拿破崙軍隊的鐵蹄之下，腓特烈·威廉三世（Friedrich Wilhelm III）即沉痛的指出，國家在物質力量的損失，需用精神力量來加以彌補。這種理念配合了當時的「精神氣候」開展出所謂的「文化國家」（Kulturstaat）的理念，在此理念下，國家與學術是同一個統一的理性原則之不同性質，兩者應作密切的聯結，大學之學術探討是國家行爲不可分割的整體，其旨在於理性的開展。國家的運作亦須嚴格的遵守理性原則。基此理念，洪保德（W. von Humboldt）提出了「沉潛」（Einsamkeit）以及「自由」（Freiheit）作爲大學教育的基本原則〔註四〕。雪萊爾馬赫（F. E. D. Schleiermacher）在〈偶思德意志意義之大學〉（Gelegentliche Gedanken über Universität im deutschen Sinn）一文中即曾指出，分殊的學術可以返歸整體的學術宇宙（Kosmos der Wissenschaften），個別現象之科學研究可以統之於一個大系統。大學之基本任務乃在於使學生具備獨立自主的探究精神〔註五〕。哈伯瑪斯詮釋洪保德和雪萊瑪赫之大學理念時曾指出，其大學理念包含下述兩項要義：其一，兩者均在於關心現代科學從宗教與教會束縛解放後，在學術制度下仍不危及科學的獨立自主。其解決辦法係由國家組織學術的自治，以防止政治的侵入（politische Eingriffe），以及社會的要求（gesellschaftliche Imperative）干擾高等教育機構；其二，兩者均試圖解釋基於國家本身利益的考量下，大學外在的組織仍能保障大學內在無止境的自由。兩者均相信，只有把科學工作置諸不斷探求之動態的研究過程，也只有把科學視爲並非完全已經被發現，也非可以完全被發現的某種東西，那麼高等教育機構才足以成爲道德文化（moralische Kultur），甚而至於整個國家精神生命（das geistiger Leben der Nation）凝聚的焦點〔註六〕。

哈伯瑪斯進一步提出，前述兩種要義所熔鑄之大學理念可以清楚的說明了德國大學傳統之獨特的特色：其一爲大學學術研究面對國家權威之非政治化的獨立關係；其二，大學研究與教學統一的原則，不因職業訓練的要求而遭危害；其三，哲學院居大學核心地位，並特別強調科學在文化與社會整體之貢獻〔註七〕。

前述植基於文化國家的大學理念具體體現於1810年柏林大學之建立，其重要特徵包括將大學視為獨立自主的學術研究場所、講座教授制度、教授治校原則、超然之總務管理、學生自治權之行使等〔註八〕。這些特徵成為現代德國大學綿延不絕之精神傳統。這種文化國家的理念到了十九世紀下半葉工業化的結果，漸漸為工業化的威權國家所取代。德意志帝國的建立（1870/1871）助長了民族主義、帝國主義、權威主義的蔓延，1914年1,300餘名大學學生參與請求參加第一次世界大戰，更顯示了德國文化國家大學精神的墮落！

從威瑪共和到納粹執政——德國大學精神之沉淪（1915-1945）

第一次大戰結束後，威瑪共和成立，貝克（C. H. Becker）兩度擔任教育部長，對大學改革之重點強調回復洪保德柏林大學獨立自由之精神傳統，強化工科大學人文陶冶，提昇國民學校師資培育至大學水準，擴充非正教授級之中層教學人員參與校政之機會等，均為其重大改革。

1933年希特勒奪得政權，是項改革又告重挫，大學自治權被取消，代以「領袖原則」，大學校長、各學院院長均由帝國教育部指派作為大學及學院領導人，大學教師資格與任教權的授予分開處理，以遂行思想控制之實，學生人數也基於政治理由進行大幅削減，從1933年的100,000降至1939年的58,000人〔註九〕，大學自由講學橫遭破壞。

戰後大學之重建（1945-1957）

戰後德國銳意於經濟復甦工作，工會與企業界也開始對高等教育政策扮演主動積極角色，工會的學生組織逐漸成立，1956年德國全國工會會議表示熱誠歡迎，而工會也促請大學當局強調研究與發展的結合。至於企業界由於戰後重建工作需求人才殷切，特別是有關企業領導人才之培育，西德聯邦工業聯合會（Bundesverband der Deutschen Industrie) 建議需具備綜合的基本的理論知識，而這只有接受大學教育才有可能，也因而大學中開始有企管方面的科系，而與強調人文陶冶之傳統大學理念產生一些理念上的衝突。

　　就大學本身內在的發展而言，由於納粹恐怖餘悸猶存，因而特別強調科學研究之自本自根的原則，以及知識的社會批判功能，1947年，在美國占領區下的「許瓦巴赫指導原則」(Schwabacher Richt-linien)，以及1948年英國占領區的「藍皮建議書」(Blaues Gutachten) 均要求國家減少對大學的干預，以保障學術自由。各邦的大學立法也均包括研究與講學自由保障條文，邦教育廳長的監督權也被解釋為法律上的監督，至於大學的公法人社團之法律地位也在這個階段引起廣泛的爭議。

高等教育擴充與學術整合的新需求 (1958-1965)

　　西德高等教育在1950年代中葉以後急遽擴充，學生與教學人員在1955年至1965年之間增加均達兩倍之多。面對急遽擴張的高等教育，兼以美國人力資源規劃理念之引入，因而國家與經濟體制大力介入高等教育的規劃，1960年科學評議會 (Wissenschaftsrat) 以及1962年聯邦科學與研究部 (Bundesministerium für Wissenschaft und Forschung) 之成立，皆是聯邦與各邦，以及大學協同規劃高等教育發展的具體努力。

　　再者，由於科技的不斷發展，頗多新興的研究領域已非傳統講座教授為主之Seminar或Institut所能應付，而開始有打破學科界線，以研究重點形成新的學域，作一種新的學術整合，康斯坦茨 (Konstanz)、烏爾姆 (Ulm) 和畢勒費特 (Bielefeld) 等大學即開始實施學域為基本單位之科際整合研究，其對傳統大學組織形態無疑的是一項極為嚴肅之挑戰！

學生運動與大學之民主化 (1966-1972)

　　面對上述挑戰，兼以1960年代中葉以後學生運動風起雲湧，對於傳統大學講座教授大權在握之階層體制提出批判，要求大學低層教學人員、職員與學生均能參與校政。1968年至1973年之間，各邦紛紛制定大學法，實現大學民主化理想。有些邦例如：布列門（Bremen）、西柏林等甚而要求所謂的學生、職員與教授均享同等權力之權力三分制（Drittelparität）。學生與職員的過度要求，教授權力大為削弱，因而有下薩克森邦（Nieder-Sachsen）398名教授聯名控告該邦大學法，聯邦憲法法院於1973年5月29日判決該邦大學法部分條文違憲，認為大學教授以其資歷與職責應享有較高決策權，任何學術事務均需經教授過半數票而後可以作決定〔註十〕，可謂在民主化之餘，也兼顧專業判斷。

聯邦與各邦協同合作之文化聯邦主義 (1973-　)

　　前述判決的基本精神融入了1976年1月26日公布之「聯邦大學暨學院基準法」。是項法案成為各邦大學法立法參照架構，使得聯邦政府積極的與地方合作形成文化的聯邦主義。新頒法案的基本特色在於將教學人員職稱加以統一、校長任期由兩年延為四至八年、學術行政與庶務行政一元化、建立大學成員參與校政之權限，學院改為學域等1985年第三次修訂「聯邦大學學院基準法」更提升教授級之學術決策權限，也為天分穎異者提供所謂的速成課程（Steilkurs），使得大學教育邁向更為彈性化。

現行大學體制特色分析

根據前述歷史發展之分析，可以發現德國大學之自治權、大學行政之民主化師資資格審定之兼顧專業判斷與普遍參與，以及學生權力與義務之適當分際等特色，均在德意志精神文化傳統的長遠發展過程孕育而成。以下進一步將此四項特色置諸於其文化發展脈絡作一種歷史詮釋學之透視：

大學自治權與大學法律地位

德國大學享有高度的行政自主權，這項自主權可以遠溯至中世紀教皇授權大學自訂管理規章，自行頒授任教許可。

近年來大學體制雖迭經變革，然基本上仍未脫中古大學遺規。大學組織中的基礎學術單位——學院（Fakultät）即脫胎於中古教團（Ordo）。教團的成員稱之為Ordinarius，這也是德國傳統精英大學正教授之名稱。正教授均有其獨立自主的助理與設備，可以個別的與教會或政府機構磋商經費與人員的補助，而毋須假手於大學當局。厥後，由於大學事務的紛繁，以及大學的教學與研究與整個社會產生了密不可分的關係。大學才由正教授推選出一個共同的對外代表，稱之為「校長」（Rektor）。因此，所謂的「大學自治」（Selbstverwaltung）實與大學的產生同其古老。

十八世紀以來，由於科學技術的蓬勃發展，專業化、技術化與職業分工使得國家與社會對於大學學術研究的倚賴益深。國家以經費支持學術研究，並規劃大學發展的要求也更為殷切。在此情形下，學術自主與國家管理之間的分際，便成為大學教育中極難解決的課題。

對於此問題的解決，十九世紀初德國現代大學體制的奠基者洪保德提出了極具前瞻性的看法：國家須透過組織的方式來保證學術自

由。氏在1809年（或1810年）所發表的〈論柏林高等學術機構的內在與外在組織〉一文中即指出，科學之內在原則是真理的探索，而真理是某些尚未全然發現，也不可能完全發現的某些東西。這種論見在當時的學術界是一種革命性的突破，因為在此之前，十七、十八世紀的歐洲一直為一種自然法的、絕對論的世界觀所籠罩，科學被視為封閉的、具有穩固結構的知識規範。大學的學術研究主要的也在於這些規範的詮釋。洪保德知識開放性原則之提出，使得真理探究者體認到共同合作與溝通之必要。國家也體認到為使知識進步，國家有義務把各種外在的形式與媒介加以組織以發揮社會協同促進科學發展的力量〔註十一〕。基於這樣的理念，大學獨立自主的學術研究與教學之範圍，及國家規劃組織大學之中的科學發展事務，兩者之間適當的分際，便顯得非常重要。國家不僅給予大學經費，也賦予大學以各種法規，俾便大學學術事務之獨立運作。

　　1810年柏林大學在洪保德的規劃下宣告成立，即本於前述之理念，將大學有關經費、人事、財產等直接由國家管理，國家則以派駐大學之教育部長代表Kurator掌理其事。至於單純的學術事務，如教學組織、考試與學位授與規程，博士與教授資格的頒受等均由大學自行管理。而大學中各項組織結構及其運作，則由國家所通過的規程來加以協調。1949年法蘭克福（Frankfurt）的保羅教會憲法（Paulkirchenverfassung）和1850年的普魯士憲法（preuβische Verfassung）均本於此種理念，明揭學術自由，但亦不否定大學對國家之依賴。

　　1900年以後，學者之間鼓吹強化大學自治權益殷。其中尤以斯孟特（R. Smend）在1928年所發表的〈言論自由的法律〉一文，對於大學自治權法理學理論依據的討論更具前瞻性。他詮釋保羅教會憲法所謂的學術自由，並不只是個人的權利而已，也是大學的基本權利，國家有責任保障大學的這項基本權利〔註十二〕，這種理念也是1973年聯邦憲法法院判決之重要立論根據，是項判決指出基本法第五條第三款所說的，學術自由不僅止於個人防衛國家干預研究與教學而已，它也是一種為自由學術所作的價值決定，根據此決定國家有義務提供

人員、經費及組織，以保護學術之成長與發展，同時它也擴展了大學學術工作者參與由國家組織的學術事業之基本權利〔**註十三**〕。

　　1933年納粹執政以後，大學自治權橫遭破壞。各學術單位的自主原則被領袖原則（Führerprinzip）所取代，校長爲大學領導人（Führer），院長爲學院領導人，評議會與院務會議退爲諮詢委員會，實質權力被剝奪。1933年更需「重建職業官員法」，以政治力量介入大學教學人員的任用。對於不從納粹意識形態之大學人員予以解聘，將大學教授資格與「任敎權」（veni legendi）之授與兩者分開，前者仍屬於大學，後者由政府掌理，凡不服納粹政治理念者均難獲「任敎權」。大學行政也改由帝國敎育部統一管理。第二次世界大戰以後，納粹迫害學術之餘悸猶存，大學自治之要求更爲強烈。在這種強烈的要求下，大學自治權的運作方式可分爲兩種模式：其一爲柏林自由大學模式：1948年柏林洪保德大學的部分成員不滿於蘇聯占領下的加強政治管制，移居達勒姆（Dahlem）另建柏林自由大學，特別強調大學自治權，其權限廣泛的涉及大學人員任用、大學財政等，容許學生參與大學各項委員會，共決大學行政，爲大學生參與校政開了先例；其二爲基森大學模式：1950年基森（Gieβen）大學成立，即將學術行政與一般行政加以劃分，前者屬於大學自治權範圍，不受國家干涉，後者則爲國家事務。

　　柏林自由大學之擴充大學自治權限雖較少爲各邦大學法所依循，但其所提之讓非正教授人員及學生參與校政的理念，卻爲1960年代以來大學民主化運動的主要要求。尤其，1968、1969年在學生運動的推波助瀾下，大學成員均有平等權力參與大學校政之理念更是甚囂塵上，部分較爲激進的邦，如布列門和西柏林市等更要求正敎授爲一組、非正敎授之學術人員爲一組、學生與職員爲一組，在學校各項行政會議及各項委員會中各占三分之一投票權。

　　由於學生與職員之要求過高，有些邦的大學法大量削弱教授權力，引致頗多教授的不滿。因而爆發了1971年，下薩克森邦（Niedersachsen）398名教授聯名控告該邦大學法部分條文違憲。1973年5月29日聯邦憲法判決，雖也肯定大學自治權之普遍參與原則，但參與的範

圍依各級人員之資歷、職務、責任與大學組織之決定性質而定。依此
規準，獲有「教授資格」（Habilitation）者在大學組織結構中有較
高的權力與地位。尤其直接與教學、研究以及教授任用等的決定更需
正教授過半數的票決〔註十四〕。

1976年1月26日公布「聯邦大學及學院基準法」，即採1973年聯邦
憲法法院判決的基本精神，將大學自治權組織與運作原則作較爲詳細
的規定。

現行「聯邦大學暨學院基準法」第五十八條規定：「大學爲公法
上的社團，同時也是國家的機關」（Körperschaften des offentli-
chen Rechts und Zugleich Staatliche Einrichtungen）。就其爲公
法上的社團而言，其成員可以以直接參與或選舉委員組成委員會方式
決定社團事務，此即大學自治權之行使。就其爲國家機關而言，又須
受國家監督與管理。大學自治權與國家管理權之適當分際，實亦爲西
德大學之一大特色。

稽諸現行各邦法令規定，德國大學自治權行使的權限包括下述諸
項：

1. 研究與教學之規劃、組織與執行。
2. 教育、訓練、大學之內的考試、學位及榮譽學位之授予及教授
   資格之認可。
3. 學術後進人員之培育。
4. 教學與研究人員、助理人員等任用資格之審定及建議任用人選
   （邦教育廳例須加以任用）。
5. 訂定有關大學成員權力與義務規章。
6. 規劃大學發展與設備。
7. 大學本身財產管理。
8. 大學建築事務之建議。
9. 公開教學。
10. 學術人員進修。

至於屬於國家事務者包括人事行政、財務管理、大學所使用之國

家財產之管理、大學中的公共健康管理、入學人數的檢查與控制。特別涉及大學之有關訓練及考試（如國家考試之執行）。其他國家亦可以透過各種方式來加以監督。

大學內部行政之特質

上述大學自治權之行使係透過大學內部各項行政組織之運作而完成。大學行政之獨立自主在中世紀已開其端。洪保德之柏林大學之規劃，更強調大學行政獨立原則，將學術行政和庶務行政分開。這種行政二元化的做法在戰後引發相當大的批評。1960年以降，在助教、學生與職員之極力爭取下，大學行政邁向民主化。1973年聯邦憲法法院判決，教授職級有更大的決策權，可謂民主與專業判斷兼籌並顧，1985年新修「大學學院基準法」強調行政統一原則（Prinzip der Einheitsverwaltung），亦即學術與庶務均統之於同一行政主體〔註十五〕。

現行大學行政體制，由大學校長代表大學，也領導大學。其任期採Rektor制者四年，採Präsident制者八年，由大評議會（großer Senat）選舉。大評議會成員包括校長、副校長、各學院院長；大學總務長為當然評議員，其餘依教授：其他非教授之學術人員：學生：職員＝3：1：1：1的比例選出代表，大評議會總人數不得超過42人，其職責除選舉校長、副校長，並接受與討論校長及評議會送來之年度報告，及相關事務評議會組成成員亦類如大評議會，其職責在於決定大學發展計畫，大學附屬機構之設立，教學人員任用之建議、考試及學程之審議等，行政會議則以審議庶務行政為主。

學院之最高權力機構為院務會議，院務會議代表除院長及學院附屬機構主管為當然代表外，另有六名教授代表、三名非教授級學術人員、三名學生及一名職員組成。

上述各級行政組織顯示，德國大學行政民主公開與專業判斷兼籌並顧。

師資等級結構及其晉用

德國大學教師早期均為教會團體（ordo）之成員，稱為Ordinarius，這是德國1960年代大學改革前正教授之名。1810年雪萊瑪赫承命起草柏林大學章程時，即提出了以正教授為主軸的Ordinariusuniversität之組織形態，只有正教授才是大學成員，可以獨立主持一個Seminar或Institut，自己向政府磋商財務，大學校長只不過是正教授互相推選出來之對外代表而已，通常任期一年。厥後教團之法律與國家法律重疊，才開始引進「教團之外」（extra ordinem）之成員任教，稱之為Extraordinarius不被視為大學成員，無法享有學術行政及決策之權力。

至於大學任教資格，柏林大學創校之初，四位章程起草者意見並不一致。雪萊瑪赫認為具博士學位者即可，洪保德認為博士之外尚需經過一種在學院之前的資格之考驗；稱之為Pro facultate docendi，這項測試仍沿襲至今，為取得大學教授資格本須先經所謂Habilitation的資格考驗，撰寫Habilitationsschrift，經過學院審查、通過口試並作公開演講，才能取得「任教資格」（venia legendi），有此資格雖可以獨立在大學以自己的名字任教Vorlesung，但在未經大學教授任命手續之前，仍非屬大學成員，未能享有特權，亦不能支領薪水，其授課費用由私有財產支助或聽課者繳交學費，稱之為Privatdozent，Privatdozent經一段時期未被任用為教授，常授與Ertaordinarius或auβerordentlicher Professor之職，其權力與待遇與正教授相去甚遠，因而有十九世紀末的「非正教授運動」出現，以爭取其本身的權益。

至於大學中助教係十九世紀以後才開始出現。由於科學快速發達，大學研究亟需大量助理人員，Assistent之名因而首先出現於1825年，初僅為「助手地位」，以後才有一些資格上的規定，名稱亦因資格與待遇不同而互有差異，最主要的有Assistent，wissenschaftliche Mitarbeiter和Hilfskräfte等名目，均附屬於講座或教授，不可獨立開

課。前二者可以在教授指導下進行初級的「練習課」或「初級討論課」，其主要工作在於預備撰寫教授資格論文。後者無開課權，主要工作協助教授處理學術性事務，也在教授指導下預備博士學位論文。助教之權益在1960年代經過積極爭取，在1976年公布之「聯邦大學及學院基準法」中已規定，可以擁有學術決策權，1985年該法三度修訂，壓低非教授職級之決策權，同時將名目繁多之教學人員加以統整，分為兩類：專任人員及兼職人員。前者包括教授、大學助教、藝術與學術助教、高級助教、高級技師及大學助教授，後者則無明文規定。

教授之任用除了必須取得博士學位以及資格外，尚需經過競爭激烈的「徵募手續」（Berufungsverfahren）以及「任命手續」（Er-nennungsverfahren）。前者係大學自治權之行使，指大學中的學院本身組成教授甄選委員會，公開向外徵求教授人選，經過自訂之審核測試手續後，提供包括三個人選之建議名單給邦教育廳。後者係大學係國家機構性質中國家行政權之運用，邦教育廳例依大學建議之第一優先人選加以任用，使具有國家公務員資格。至於大學教授所享有之佐理人員及設備之多寡，仍需與大學當局磋商另訂合約，待遇因教授個別的學術聲望而有所不同。

教授享有終身職之保障，教授以下各級教學人員，除部分大學助教授和高級助教外，均有任期上之限制，且又規定欲晉升較高職級，不得在原服務學校申請，因此，非教授級人員不得不兢兢業業追求學術表現。

綜言之，大學師資資格之審核與晉用權操諸大學，教授除公務員之一般待遇外，個別所享有大學設備與人員因學術聲望而有不同，中低層教學人員之晉升高層教學人員非依年資，而以學術表現為主要考量且不得在原服務學校升等，可以說是德國大學師資結構之重要特色。

學生的權利與義務

早期大學係一個學者講學團體，成為這個團體的成員即具有

Matrikel之角色，亦即所謂的種族角色（Stammrolle）或母親角色（Mutterrolle）。註冊之名Immatriculation即由此而來。在大學註冊後隨即擁有作為大學成員之權利與義務。

如前所述大學既為公法上的社團，大學生亦因而享有選舉與被選舉為大學各級大學自治團體，如大評議會、評議會、行政會議、院務會議、各學科諮詢委員會之成員的權利，學生亦可以自行組織學生議會。

其次在法令規定下，可以享有對大學各項設施與活動之應用權（Nutzungsrecht）。但有些活動，如某些課程之提供，如基於科學研究本身限制人數或資格的考慮，可以透過學制的規定來加以限定。

再者，註冊也意味著進入一種義務關係，以維護團體之合理的運行。就學生身分之性質而言，其在大學這個法人團體之主要目的在於學習與研究。因而，學習與研究是法人成員之一項權利已無可懷疑，至於其是否為義務則仍有爭論。惟可以確定的是，基於某些學科成就以及國家考試的基本要求，參與討論、撰寫報告，有些科甚至認為上課出席仍視為學生的義務。

結語

德國大學規制起源於十四世紀，經過長期在德意志觀念論精神傳統下孕育出其獨特的特色。近年來，在工業化、現代化與民主化的要求下，大學組織形態雖有重大改變，然其基本特質仍然保存，其重要者如下：

1. 大學兼具法人社團與國家機構雙重性質，既享有充分的自治權，又受國家管理與監督，兩者之間的權限在相關法令的規定上有適當的平衡。
2. 大學教學研究人員學生與職員，享有充分的學術自主權，大學

內部行政自主，各級行政主管由大學成員選擇可免外來勢力之干預。

3. 大學教學研究人員資格之審定由大學自行辦理，任命則歸諸邦教育廳。除教授外，各級教學人員均無終身職保障，且取得更高級之任用資格，悉取決於學術成就，故不得不兢兢業業從事學術研究，故能帶動蓬勃之學術研習風氣。

4. 學生權利與義務之間的關係法有明文規定，且可以選舉或被選舉為學校各級委員會成員的方式參與校政，惟雖可以參與討論表決，但由於在各委員會中所占人數甚少，故其決策權限大受限制。

註釋

註一：Jürgen Habermas, "Die Idee der Universität- Lernprozesse" in ders. *Eine Art Schadensabwicklung*, Frankfurt am M.: Suhrkamp, 1987, pp.73-99, esp. p.9.

註二：參閱，W. Thieme, *Deutsches Hochschgesetz* 2. Aufl., Köln: Carl Heymanns Verlag KG, 1986, p. 25.

註三：H. -W. Prahl, "Geschichte der Hochschule bis 1945" in *Enzyklopädie Erziehungswissenschaft, Bd. 10. Ausbildung und Sozialisation in der Hochschule* (hrsg.) von L. Huber, Stuttgart: Klett-Cotta, 1983, pp.151-168, esp. p.158.

註四：W. von Humboldt, "Über die innere und äußere Organisation der höheren wissenschaftlichen Anstalt in Berlin" (1810), in *Gesammelte Schriften* Bd. X, (hrsg.) von der Königlichen Preußischen Akademie der Wissenschaften, Berlin, 1920, p. 250ff, esp. p.260.

註五：F. E. D. Schleiermacher, "Gelegentliche Gedanken uber Üniversität im deutschen Sinn" in E. Anrich, (hrsg.), *Die Idee der Universität,* Darmstadt: Wissenschaftliche Buchgesellschaft, 1964, pp.219-308.

註六：J. Habermas, *op. cit,* p.81.

註七：同註六。

註八：參閱許智偉，〈德國大學教育改革的動向〉，刊於中華民國比較教育學會主編，《世界教育改革動向》，台北幼獅，民國65年，頁110。

註九：H. -W. Prahl, *Socialgeschichte des Hochschulwesens,* München, 1978, p.382.

註十：*Entscheidung des Bundesverfassunggerichts,* 35, pp.126ff.

註十一：同註四。

註十二：R. Smend, "Das Recht der freien Meinungsau βerung" in ders., *Staatrechtliche Abhandlungen und andere Aufsätze,* Berlin, 1968, p.89ff.

註十三：同註十。
註十四：同註二，頁453。
註十五：同註二，頁456。

德國大學師資等級結構
及其晉用辦法

緒論

　　1986年，哈伯瑪斯在海德堡（Heidelberg）大學建校六百週年的專題講演：「大學的理念——學習的過程」（Die Idee der Universität-Lernprozesse）中曾經指出，自從洪保德以來的大學理念實即為一種促使理想生命形式具體實現的規劃。這種理念除了具有其它的基礎之外，其重要的特色在於所指涉者並非早期市民社會中諸多職業分化中的某一特殊的生命形式。相反的，由於大學與科學和真理有密切的關係，而指向多元化的普遍社會生活方式。質言之，大學理念即為一種型塑客觀精神的形成法則。為達此功能，大學目標的確立，須與其成員的動機和行為緊密聯結。〔註一〕

　　睽諸哈伯瑪斯，大學既為整個分殊化學術制度之重要部分，其功能之踐履與完成自有賴於大學成員的動機與大學組織目的相互協調。大學成員動機之激勵則有賴於組織中的成員能各適其位，使其能力能夠完全開展，以達自我實現。在大學各種成員中，教師動機的激勵尤居首要。因為大學教師不僅以其教學活動培育學術以及社會文化發展所需人才，更以研究與推廣服務，直接獻替於國家社會文化之建設。以此，歷來言大學教育革新者，莫不重視大學師資結構與晉用辦法之合理調整，俾能人盡其材，材盡其用，使大學更富於活潑的生命力，發揮其主導社會文化發展的功能。

　　調整大學教師結構及其晉用辦法自宜考慮師資結構發展的歷史背

景與時代需要。世界各國大學師資結構均各有其文化的根源，也隨著社會變遷而適作調適。德國大學師資結構之發展自不例外。從歷史發展的過程來看，德國大學教師已經形成一個植根於其民族文化而為獨具特殊知識體系的獨立自主之專業社群。透過其專業自主權的運作，大學教師成為主導文化發展的主要動力。因此，有些學者如林格（F. K. Ringer）認為，任何人如想研究大學教師在歷史過程中的自我觀念及其世界觀，幾乎必須把整個思想史的發展列入考慮〔註二〕。胡伯和波特列（L. Huber & G. Portele）更以為，大學教師的社會地位之分析必須置諸一種知識分子的理論下才能彰顯其意義〔註三〕。大學教師兼具國家公務員與獨立自主學術研究人員雙重角色，透過其特殊的專業能力，透過教學、研究與推廣服務等對社會文化肯定或批判性的迴應，而獲取了專業特權（Macht und Privilegien）。

　　這種專業特權隨著六〇年代以降高等教育之急遽擴充與高等教育民主化、平等化的要求而面臨挑戰。單就大學教師人數而言，德國在1860年代到1960年代之間，教授一級的人數的增長幾達二十多倍。大學教授在十九世紀約三分之二出身上等階層家庭，到1970年代僅有37％左右來自高階層公務員子弟〔註四〕。再者，德國工科大學（technische Hochschule）向無頒授博士學位（Promotion）和教授資格（Habilitation）之權，經過多年奮鬥，在1899年始獲這項權力〔註五〕。其次，德國教育學院（Pädagische Hochschuhle）在1960年代以前並不能視為與大學同等地位的高等教育機構，1960年代後期學術研究也成為其重要任務，教育學院也開始設有博士課程，甚至有權認可「教授資格」，其為學術性的高等教育機構，殆已為人所確認〔註六〕。不過，教育學院「教授」名銜（Amtsbezeichnung）是否可與一般學術性的大學等值，猶在激烈論爭之中〔註七〕。這些發展使得大學教師這個專業社群面臨了尼茨（W. Nitsch）所謂的「珍奇地位失落」（Verlust der Seltenheit）與「平等要求的焦慮」（Angst vor Nivellierung）〔註八〕。質言之，在教授人數急遽增加、教授資格來源多元化的情形下，如何維護教授名器之尊嚴，以提高學術研究水準，實為德國高等教育的重要課題。

一般而言，專業社團提高其專業地位的辦法，不外乎向外拓展其專業活動領域，向內統整其專業階層結構，以嚴格的考試或晉用辦法來提昇其成員的品質。就大學教師這個專業社團而言，前者係以高品質的學術研究成果推廣公共服務。後者，則以教師等級結構之調整及各級教師資格與晉用之嚴格審查來加以管制，以免失之浮濫。德國大學師資也在其歷史發展過程中，逐漸統整其結構，發展其植基於其社會文化之獨特的晉用辦法，以便嚴格控制大學師資素質，提高大學教師的專業地位。

　　我國自新大學法公布後，在副教授與講師之間增列助理教授一級，助教改列為非教學研究人員，惟師資結構的調整當非增減教師升進的某一層級即可達到素質提高之目的，而須考慮社會文化以及學術發展上的需要，輔以其它相對應的學術審議辦法。關於此，德國大學師資在長遠歷史發展過程中所形成之獨特之制度，當足供我國作為借鏡之資。本文即試就文化發展的觀點，評析德國現行大學師資結構及其晉用辦法，以供我國未來改進大學師資素質之參考。

德國大學師資結構

歷史發展

　　德國現代大學體制頗多仍沿襲中世紀大學遺規，師資等級及其名稱亦與此有關。中世紀大學教學操諸僧侶團體之中，這種團體直到十九世紀被稱之為Ordo，其成員則稱之為Ordinarius（複數為Ordinarien）。這也是1960年代大學教育改革前正教授的名稱。1810年名哲學家與教育家雪萊瑪赫（F. E. D. Schleiermacher）承命起草柏林大學章程，即本於其1808年刊印之〈偶思德國意義之大學〉（Gelegent-liche Gedanken über Universität im deutschen Sinn）〔註九〕，

提出了以正教授為主的Ordinariusuniversität之理念。只有正教授才是大學各學院的成員，大學各學院的基本單位是Seminar或Institut，每一個Seminar由一位正教授總其成，正教授可以直接與政府相關部會磋商財務支持，而毋須假手大學當局。有關學術事務之決定，如學位之頒授，則操諸由正教授選舉也由正教授組成的評議會。大學的對外代表校長（Rektor）亦由正教授中選任，也只有正教授才具投票資格，得絕對多數票為校長，任期兩年，不得連任。傳統以正教授為主的大學組織形態，正教授握有學術事務之最高決策權力。

厥後，教團的地位漸與國家公務的法律關係重疊，大學也開始引用「教團之外」（extra ordinem）之教職人員，這是德國大學改革前「副教授」，（Extraordinarius）之名稱的由來。Extraordinarius無法被選為教團之成員，也不能享有教團成員之權力。降及近代，這種「正教授」與「副教授」之間的劃分仍然保存；前者，被認為學院成員，有權參與學術決策及被選為學術行政人員之資格，後者則無。再者，兩者之薪資也有顯著差異〔註十〕。

關於大學任教資格之認定，十九世紀初柏林大學即將成立時，四位大學章程起草委員的意見並不一致。雪萊瑪赫主張博士已經足夠，洪保德則認為維護學術水準，必須提高教師資格，僅有博士學位者，實難堪其任。第一次大學臨時章程委員會採取洪保德的意見，認為凡取得博士學位者，意欲任教於大學，須在全院教授前通過一項特殊的測試，稱之為Pro facultate docendi。教育部不同意，另任由四位教授組成之諮議委員會草擬永久章程，希望具有博士學位者即可任教育大學，但為委員會所反對。委員會認為，各學院有權拒絕具有博士學位者至大學任教，不用說沒有學位而欲躋身大學講堂，根本不可能。委員會提出了「教授資格」（Habilitation）的考驗作為大學教師資格認定的標準。這項考驗後來逐漸形成三項基本要求：(1)撰寫「教授資格論文」（Habilitationsschrift），通過學院審查；(2)主持一次全院成員參與論辯之學術討論會（Colloquium），而有成功的結果；(3)作一次公開演講，其旨主要不在於測試，而是將其教授資格公之於衆。這項教授資格審定辦法在1838年正式為柏林大學所採用，大學開始有

權頒授「教授資格」（venia legendi），形同博士之後的另一學位，因為取得此資格後，其名銜可稱之為Dr. habil.，有權在大學授課，直到目前為止，這項資格仍為絕大多數大學視為任命教授、副教授之必要條件之一。

　　具有「教授資格」者，雖可以用自己的名字在大學講課（Vorlesung），但在被任命為教授之前，若非學院的成員，不能從國家支領薪水，其授課費用由私有財產支助，或由聽課者交付學費（Kolleggeldern）。因而在大學之內又興起了一類非編制內的教學人員，名之為privatim docentes（拉丁文）或Privatdozent（德文）。這類教學人員中文習慣譯為「私人講師」，實際上並不達意，因為：(1)就授課資格而言，須在博士學位之後，再撰寫「教授資格論文」，取得「教授資格」，才有可能，其資歷應已超越我國講師資格；(2)就費用而言，雖大部分取之於聽課者，然並非私相授受，而係由大學會計當局代收；(3)就課程而言，這種講課內容成為大學課程整合的一部分，在很多的情況下對於學生預備考試助益甚大；(4)最後，有時正教授也可以在義務授課之外另行在大學提供所謂的「私人講課」（private Vorlesung），收取正規薪水之外的額外收入。基於前述原因，本文擬採法龍（Daniel Fallon）譯法，將Privatdozent譯為助教授（assistant professor）〔註十一〕。

　　大學中的所謂「私人講課」在德國的學術思想發展史上有極為輝煌傳統，十九世紀初哲學家費希特（J. G. Fichte）有名的「告德意志同胞書」即是此種方式的演講。或許由於此種優越的傳統，有部分的Privatdozent之職銜仍舊保留下來，且在大學人員中占相當大的比例。Privatdozent在經歷一段時間後未被任命為正教授，常被授以Etraordinarius，或auβerordentlicher Professor之職。其與「正教授」之別不僅在於待遇較低，且無權參與大學學術行政。由於有這些不平等的待遇，且非正教授教學人員的人數急遽增加。因此在十九世紀中葉興起一股所謂的非正教授運動（Nichtordinarienbewegung），冀求在學術事務上有更多參與的權力。在當時菁英主義的大學理念下，這項運動自難成功。然而，低階層教學人員的要求仍

然有增無減，因而有1909年「普魯士副教授協會」（Vereinigung auβerordentlicher Profesoren Preussens），次年，「德國助教授協會」（Verband deutscher Privatdozenten）也宣告成立。1912年兩個組織合併爲「德國非正教授聯盟」（Kartell deutscher Nichtordinarien），以積極爭取他們的權力。

上述可以隸屬於獨立在大學授課人員之歷史發展中。至於非獨立之「助理人員」之發展，主要係源自學術研究上的需要。早期大學以神、法、醫、哲四學院爲主體。十九世紀以後科學急速發展，學術研究之要求益形孔殷，方能有突破性的創獲。無論人文研究上的資料搜集與整理、自然科學實驗室工作、醫學上的醫療處理等等均需大量助理人員。大學中「助教」（Assistent）之名，根據可徵文獻顯示，最早出現於1825。初僅爲「助手地位」（Gehilfstelle）以後才有一些資格上的規定，而名稱也因資格的待遇之不同而逐漸分化。最主要有助教（Assistenten）、學術助教（wissenschaftliche Mitarbeiter）以及助理人員（Hilfskräfte）〔註十二〕。這三者之共同特色是必須附屬於講座，沒有參與學術事務之權，亦不可獨立授課。其不同在於前二者須具有博士學位，可以在教授指揮下進行初級的「練習課」（Übung）或「初級討論課」（Proseminar），工作之餘則在於預備「教授資格論文」。後者，則具大學畢業資格即可，無權授課，主要工作在於幫助教授處理學術性事務，也在教授指導下進行博士論文之預備與撰寫。

1960年以後，大學不斷擴充，原配屬於高級中學作爲大學推廣服務的人員學習顧問（Studienrat）或校長（Studiendirektor）等亦轉而爲大學教學人員，而有Rat（顧問）、Oberrat（高級顧問）等職銜的出現。其職責專司教學，無權參與學術事務，與助教構成了大學之中層結構（Mittelbau）。

除了上述人員之外，1960年代以後，鑒於學術分工日益精密，有些學術領域非大學現有人員所專司，可以特約方式聘任特約講師（Lehrbeauftragte）、兼任教授（nebenamtlicher Professor）。亦可請學術聲望崇高者爲支薪教授（Honorarprofessor），並非專職，僅領

授課薪資。再者，爲了輔導學生某一專業領域的學習，亦可以自高年級優秀學生中聘用「導生」（Tutor）。惟這並非大學編制內人員。

前述德國大學教學人員結構之歷史發展顯示，德國大學敎師以正敎授爲主導之職階體系（Hierachie），與其菁英主義之大學傳統有密不可分的關係。近年來由於學術益形分化，兼以大學組織日益龐大，平等化的要求益爲迫切，因而改革大學師資結構的呼籲時有所聞，不同的師資結構模式也被提出來檢討其可行性。這些改革的努力可以歸納爲兩種策略：其一爲澈底摧毀大學敎師之嚴格階級劃分之組織形態，採取較爲民主的開放方式，學術行政訴諸各級教學人員共同決定；其二仍維持體制，但是擴大低層人員學術事務之參與權。這兩種改革策略均因1973年5月29日聯邦憲法法院（Bundesverfassungsgericht）採取對教授有利的判決而告失敗〔**註十三**〕。該判決宣稱爲維護敎學與研究自由，有關學術事務以及各學術委員會之重大決定，應取決於過半數的教授票決。這項判決未明確的界定所謂的「敎授」，只說這些敎授應爲同質的，因而開啓了未來改革，非正敎授敎學人員參與學術事務之可能契機〔**註十四**〕。

1976年元月26日通過之「聯邦大學及學院基準法」（Hochschuhrahmengesetz）〔**註十五**〕更向統一各邦大學師資結構、大學組織民主化邁進了一大步。就師資結構而言，取消了傳統大學所謂的Ordinarius，所有正敎授均具同質性，擴大非正敎授人員之學術參與範圍，提高「大學助敎」（Hochschuhlassistent）之地位。然則，由於「聯邦大學基準法」對於各邦並無約束力，各邦基於其政治考慮，各邦仍有極爲紛歧的規定。以下即就德國現行大學師資結構加以評述。

現行師資結構及其問題

「聯邦大學及學院基準法」將大學學術人員劃分爲二：「專職學術人員與兼職學術人員」（hauptberuflicher und nebenberuflicher wissenschaftlicher Personal）〔**註十六**〕。前者包括「教授」（Professor），「大學助敎」（Hochschuhlassistent）、「藝術與學術助

教」（wissenschaftlicher und künsterischer Assistent）與「特殊
課題之教學人員」（Lehrkräfte für besondere Aufgaben）。1986
年新修訂之「聯邦大學基準法」並將學術與藝術助教、「高級助教」
（Oberassistent）、「高級技師」（Oberingenieur）以及「大學助
教授」（Hochschuldozent）也列入專職人員。至於兼職人員「聯邦
大學基準法」則並未作詳細之列舉。茲將各類教學人員之法律地位略
予評述如下：

教授

　　從前述大學教學人員之歷史發展及現行法令規定來看，教授
（Professor）係大學之核心人物。不過，教授已與傳統菁英大學組織
形態之Ordinarius有所不同，在於他已不是單一的學科領域代表（Fa-
chvertreter），而只是在大學組織中，各類學術人員之一，居於最高
層級，絕大多數的教授薪資上亦屬C_2或C_3級，再無人可高出此級。聯
邦憲法法院判例所判定之學術自由範圍中，大學教師可以獨立研究、
獨立講學〔註十七〕，實質上，指的是教授一級而言。1986年新修訂
「聯邦大學與學院基準法」並將獨立研究及講學之自由廣泛擴及於大
學助教授（Hochschuhldozent），惟在大學組織法律上之地位仍有
極大差別，例如，大學助教授除少數例外，均只有六年任期，只有醫
科助教授任期可以延長四年〔註十八〕，不若教授可有終身職的保障。
　　現行「聯邦大學及學院基準法」以及多數邦的「大學法」雖然規
定專職大學教授均有同等權利參與各學術委員會，亦有同等權利被選
為大學自治行政主管職務〔註十九〕。不過，由於現行大學教授僅以代
表身分參與各項委員會，其決策權力大受限制，且由於現行大學學術
行政事務較前煩冗，對於多數學術導向之教授已較不具吸引力。因此，
所謂的同等權利的參與已較無重大意義。再者，教授之間平等地位的
法律規定，實質上也不盡然。1973年聯邦憲法法院的判決，即明白強
調學術性大學與專科學院（Fachhochschuhle）的教授地位顯然有所
不同〔註二十〕。這項判決或許足以引為我國對大學以及專科學校教
授升等辦法分別考慮之借鏡。

其次，教授由於任用合約之不同，以及學術聲望不同所獲致之各項專題研究支持亦有所不同。因此，有些教授能得到極為充足的設備，助理人員、秘書也繁多，有些則一無所有。形成悌美（W. Thieme）所謂的同在表象平等屋簷下「貧富懸殊」的狀況〔註二一〕。不過，這也並不足為訴，反而顯示出德國大學教授在平等化的要求下，個人努力與成就仍舊獲得相應的回饋，這對於學術水準的提昇與進步，實有莫大的助益。

大學助教與學術助教

1971年2月25日「聯邦大學及學院基準法草案」，初次提出所謂的大學助教係以Assistenzprofessor出之〔註二二〕。1973年5月29日聯邦憲法法院的判決，基於教授的「同質性原則」（Homogenitäts-prinzip）認定Assistenzprofessor不能列入教授階層〔註二三〕。因此，1976年1月26日「大學及學院基準法」公布時遂將其接尾語——professor取消，而稱為「大學助教」和「學術助教」。不過，柏林（Berlin）、萊茵蘭——法爾茨（Rheinland-Pfalz）、斯列斯維希－霍爾斯坦（Schleswig-Holstein）及布列門（Bremen）各邦大學法仍維持Assistenzprofessor之名。現行制度下的大學助教類似傳統菁英大學的Assistent，這種規制的主要目的在於培育學術後進，因而大學助教僅有少數的練習課（Übung），其最主要的工作在於準備教授資格論文，就研究工作而言，仍有高度的自主性。至於新修訂「聯邦大學及學院基準法」所引進之學術助教與藝術助教，則兼具培養學術後進與充當教授助手之雙重功能，其任期只有三年，得延長一任〔註二四〕。

新修訂「大學及學院基準法」也引進了高級助教、高級技師及大學助教授三種教職人員。三者均以具有大學教授資格證書為任用條件。尤其後者的任用條件實質上與教授相同，但尚未經教授任命之各項手續（下一節將詳細討論），故未能享有教授之權利。

由大學助教要想升任教授最重要的關鍵是——「大學教授資格」之取得。現行「大學及學院基準法」又容納不少大學助教職位，亦即

容許其進行教授資格之預備。然而，實際上教授的缺額有限，而且在取得教授資格之後，不得在本大學被任為教授（亦即所謂Hausber-ufungen）。因此，很多取得資格者，常有教授一職難求之歎，造成高級人才的浪費。

學術與藝術助理

「學術與藝術助理」（Wissenschaftliche und Künstlerische Mitarbeiter）這類人員比較接近於我國現行體制下的助教。具大學畢業資格即可任用，配屬於教授個人（有些配屬大學助教授），專門提供學術上的服務〔註二五〕。他們沒有教學與研究之權利與義務。通常配屬在圖書館、實驗室、檔案資料室等作學術支援的工作。亦有幫助教授個人搜集教學與研究資料者。其與一般行政人員之不同，在於其工作性質均直接與學術有關，不過，在現行科層體制下，很多非屬學術領域的事務，往往也落在學術助理身上。

特殊課題之教學人員

「特殊課題之教學人員」（Lehrkräfte für besonderee Aufgaben）在於傳授非屬於大學任用資格內所必須具備的知識與能力，例如外國語文講師（Lektor），以及運動教師（Sportlehrer）等。

兼職的學術人員

現行的「聯邦大學與學院基準法」對於所謂的「兼職的學術人員」（Nebenamtliche Wissenschaftliche Personal）並無明確規定。從現有規制來看，略可分為兩類：其一為具有「大學教授資格」者，其二為助理人員。前者包括：「特約教師」（Lehrbeauftragte）、傳統菁英大學意義下的「助教授」（Privatdozent），以及「編制外教授」（außerplanmäßiger Professor）。後者則包括：兼職助理（Nebenamtlicher Mitarbeiter）以及導生，其中「助教授」和「編制外教授」在1976年的「聯邦大學及學院基準法」中被取消。1986年新修訂的法案中又重新列入。部分邦的大學法中並列有支薪教授

(Honorarprofessor)、客座教授（Gastprofessor）、客座助教授（Gastdozent）的規定。

綜合本節之分析可以發現以下四項事實：

1. 德國大學並沒有我國現行體制意義下的教師升等制度。教授之任用排除同校較低階層升任的可能，且除了教授有終身職的保障之外，少有類似我國終身助教或終身講師、副教授的情形出現。且各級教學人員之任用均公開對外徵求，並非自本校較低階層拔擢，因而，我國現制下的「升等」觀念，並未見諸德國大學體制。

2. 德國大學各級教學人員的職稱與任務各有其傳統。1960年代以來的大學改革雖然試圖廢除以「正教授」（Ordinarius）為主導的封建體制。在教授同質性原則下（Homogenitätsprinzip），廢除「正教授」之名稱。但實質上，大學仍以「教授」為主，領導教學、研究。且教授與教授之間，由於個人努力與學術成就之不同，其所獲得之人員配備、經費資助、圖書設備亦往往有極大的差異。

3. 從德國大學師資結構來看，中世紀「基爾特」學徒制的遺跡猶存。「大學助教」、「學術助理」可視為「學術工會」下的學徒，其本身除了幫助教授教學研究工作外，最主要的任務在於預備「教授資格論文」與「博士學位論文」，因而有些學者名之為教授之「培養學校」（Pflanzschuhle）〔註二六〕，任何人想擔任教授均需經此兩階段，由於在實際參與教授的各項教學與研究專案中，得到經驗的歷練，因此，德國大學教授中大部分具有學術領導之統合能力。我國大學教師之升等多以年資和論文為主，缺乏學術領導之磨練。因此，多數教授統合能力稍嫌不足。形成大學學術研究單打獨鬥、各行其是的局面，難以提昇學術研究水準。

4. 「教授資格」與「博士學位」是大學晉用教授必須具備的條件，但具此兩項資格者未必皆能升任教授，亦不能在原服務學

校升等。這種制度一則可以避免少數學閥把持的弊端，二則在限定的任期下可以督促中、低階層教學人員兢兢業業，不敢懈怠。最後，最重要的是可以吸收不同學術背景的人才互相砥礪與切磋，以活潑學術的生機，以免在沒有異質學術思想刺激下所造成的學術僵化現象。

教授的職責、任用資格與任用程序

根據前節的分析顯示，德國大學教師結構一向以教授為主軸，而形成以講座或學域為單位的職階體系。1960年以降，在平等化的要求下，傳統「正教授」之名雖已取消，然而，教授在高等教育機構之核心地位並未改變。尤其，1973年聯邦憲法法院判決大學各項委員會之議決均須取決於教授過半數之票決，使教授地位益形鞏固。

現行法令規定教授可以獨立執行大學法及相關法令所賦予的教學與研究事務之權，其他教學人員或只能部分執行，或只能附屬於教授而執行其職務。實際上，大學教授在躍登教授寶座之前，也已經歷經各級教學人員之磨練。因此，大學教授雖然不像其他公務人員的升遷管道有跡可循，然其需歷經各項資格考驗之困難情形實倍蓰於公務員之升遷。

由於大學教授地位崇高，其工作關係學術文化發展至鉅，要求的資格也相當的嚴格，因而，「聯邦大學及學院基準法」對於大學教授的任用程序有一般性的規定〔註二七〕。至於其他各級教學人員任用辦法則付諸闕如，有些邦的「大學法」較低階層教職人員的任用程序則比照教授之任用辦法〔註二八〕。本節先就教授之職責、任用資格及程序加以討論。以次各節再說明其他各級教學人員的任用規定及升任教授的重要關鍵——「教授資格」測試程序。如此，當可以顯現德國大學各級教學人員任用的基本精神。

大學教授的職責

在說明大學教授任用資格之前宜先就其所需擔負之職責加以討論。有關大學教授之職責，「聯邦大學及學院基準法」第四十三條有詳細的規定〔**註二九**〕。不過這項規定只適用於一般的大學教授，至於不同性質的大學或學院，不同學門教授的個別的特別要求，仍有待於邦的立法，各大學的大學章程，甚至教授個別的任用合約加以具體的規定。

教授職責之個別差異受到大學種類、任教學科以及個別的契約三種因素所決定。各類型專科學院教授之特殊職責留給邦大學法作特殊規定。例如，教育學院與藝術學院教授的特殊職責可見諸各邦的教育學院和藝術學院法。再者，有些學科的教授則由於須由實務來驗證學理，因而在大學任教之同時亦要求其為實務參與者，如醫師與律師。由於這些特殊的職責，使得其任用資格上亦有相對應的特別要求，如醫學教授須為合格的醫師，教育學院教授須有三年的學校經驗（詳如下）等即是。

撇開前述個別差異不談，各大學教授均依法獨立執行下述的共同職責：

教學

根據「聯邦大學及學院基準法」第四十三條及各邦大學法相關條文的規定〔**註三十**〕大學教授有責任依服務法規對所有學生提供其專門領域的各項教學活動（Lehrveranstaltungen）。亦即大學教授專修的領域如為多種學科所必須學習，教授有義務提供必要的教學。舉例而言，教育學可能為主修教育者之主科，而為修哲學者之副科（Nebenfach），教育學教授對於兩個領域的學生均有義務在其規定授課時數內提供必要的教授。在綜合學院（Gesamthochschuhle）中的教授甚至有責任提供非大學水準的課程給予專科生。至於教學任務的分配則訴諸各專門學科諮議會之決定。屬於教學領域的職責尚有學

生學習的諮商與課程的改革，主持學生的考試事宜，擔任博士學位論文，或教授資格論文的指導或評審等。

研究

大學的功能之一在於創新知識，推動學術之進步。爲完成此功能，需透過研究與發展，大學教授既居高等教育的機構主導地位，自亦以研究爲其主要職責。問題在於研究對教授的義務性的約束力到何程度常爲學界所爭論，有些學者本於學術自由的理念認爲，缺乏研究就法理觀點而言並未構成教授之瀆職〔**註三一**〕。惟「聯邦大學與學院基準法」規定：大學絕對應承擔研究的任務〔**註三二**〕，可見研究應爲大學教授的義務。既云義務，自然相對應的有其要求的權利，換言之，有權要求不以其他繁雜的工作影響其研究。也因而多數邦的大學法均有明文規定，定期給予教授所謂的「研究學期」 (Forschungssemester) 〔**註三三**〕，在此學期中教授可以不必從事教學或行政工作，而專心於研究。再者，由於學術研究自由也包括了教授選擇研究問題之自由，因而所謂的研究義務並不包括需參與政府或大學當局所推展的研究計畫〔**註三四**〕。

參與大學自治事務

「聯邦大學及學院基準法」及各邦大學法均規定，大學有責任適度的參與大學自治事務。所謂的適度，不只是參與的時間而已，也包括範圍的考量。在一個大型的大學中，並非每一種委員會每一位教授均事必躬親參與，因此就構不成義務的要求。再者，教授也沒有義務被選爲某一委員會的成員，但是，教授由於職務關係屬於某一委員會的話，則有義務與委員會共同合作。最後，由於大學係一個法人組織，因此大學教授可以任意自任何委員會辭退職務，換言之，大學自治各項委員會的職務不同於公務人員任用辦法下的公職，委員會的職務對教授而言，並沒有義務的約束力。

其他專業活動

　　除了前述職責以外，大學教授也以其專業知識參與各項專門領域的活動，一則擴展其專業影響範圍，再者，也從實際活動中印證或充實學理知識。

大學教授的任用資格

　　從前述教授職責的分析，可以發現教授具有多元的角色，爲完成其職分必須具備相當的能力。因此，德國從聯邦以迄於各邦的大學法對於教授任用資格也有相當嚴謹的規定。以下就「聯邦大學及學院基準法」第四十四條，及各邦大學法相關條文分別以基本資格、任用資格和特殊資格三項加以評述：

基本資格

1. 大學畢業：指已完成國家考試或大學考試而言，不過這只是最基本的資格而已，實際上要想被任命爲教授仍需以博士學位及教授任用資格爲先決條件。
2. 教育能力之證明（Pädagogische Eignungen）：由於大學教授主要職責之一爲教學，故要求資格亦特別強調有教學能力。不過具體的內容並未詳予規定，只大略的規定「提出在教學或教育上的經驗之證明」。這個規定也說明了只具有理論上的教育知識並不足夠，而須有實際參與教學工作的證明方可。
3. 博士學位：由於大學教授必須從事研究，以創新知識，必須有特殊的學術研究能力，其最具體的證明是博士學位。有些邦的大學法甚至規定博士學位的成績必須「特優」（magna cum laude）才有可能。未具有博士學位者僅有少數例外被任爲教授。

任用資格

由於德國大學教授的任用實際上已經是對於被任命者學術地位的肯定，因而除了前述的基本資格以外，還需有足以證明其獨立研究、教學與運用科學方法的資格。這項證明主要的有三種：

1. 教授資格證明（Habilitation）：教授資格證明常是在博士學位之後，在一位教授指導下就某一專題進行研究，撰寫教授資格論文通過審查、測試後取得（其細節將於下節討論）。少數邦的大學法，例如巴登——浮登堡（Baden-Wüttemburg）、北萊茵——西法倫（Nordrhein-Westfalen）的大學法雖也規定可以用等值的學術成就或大學以外的活動來代替〔**註三五**〕，不過以此資格被任為教授者仍為少數。
2. 特殊的藝術成就：藝術學院的教授可以用藝術成就來代替「教授資格」。
3. 五年的實務經驗：這是對於專科學院教授任用的特殊規定，旨在瞭解應徵為教授者是否能成功的運用科學方法於實務。就專科學院教授而言，有時可以教授資格證明取代實務經驗，但學術性大學教授絕不能以實務經驗代替教授資格證明。換言之，欲擔任學術性大學教授，教授資格證明為一絕對必要性之先決條件。

特殊資格的規定

除了前述基本資格與任用資格外，尚有一些特殊資格的規定。如欲擔任醫學、牙醫、獸醫等科教授，必須先取得各該科的合格開業執照，想擔任師資培育機構有關教育學或專科教學法教授，必須有三年以上的學校經驗。再者，「聯邦大學及學院基準法」第四十四條也規定，具有特殊學術成就者可以不受前述基本資格與任用資格之限制而加以晉用。惟循此途徑以晉任教授者少之又少。

大學教授之任用程序

大學教授之任用程序可以區分為兩種：其一為徵募手續（Ber-ufungsverfahren）和任命手續（Ernennungsvefahrea）。後者與一般公務人員的任命手續無異，屬各邦教育廳之權限，任用當局就擬用人員之健康、守法紀錄、國籍等一般公務員所需的基本資格詳予查核〔**註三六**〕。前者係屬於大學自治權相當重要的一部分，透過教授的公開徵募，大學可以甄選其所希望的優秀人材前來任教，亦可以透過任用合約，確定教授的工作條件。而所謂的「徵募」（Berufen）就其技術性的含義而言，即大學當局公布所擬填補之教授缺額，供具備任用資格者申請，經過選擇的手續及與邦教育廳的任命磋商手續而完成大學教授的任命。其步驟詳如下述：

決定待補之教授空缺

大學教授因故出缺時，由大學評議會開會決定是否遞補與出缺同一學門之教授，或將該缺額移給其他學門，甚或取消該缺額不予遞補。大學擬開設前所未有之學門亦由評議會議決。評議會組成分子除大學校長、副校長、各學院院長、大學總長為當然評議員外，另由教授、其他學術人員、學生及其他助理人員中選出十八名以內的評議員。教授、其他學術人員、學生及其他助理人員應選的比例為3：1：1：1。

公布擬補之教授空缺

評議會決定擬補的教授職位後，大學有責任將之公布於相關學科的學報。通常評議會在決定擬補教授時，也同時決定擬公布之學報公告之內容及申請限期。公告內容應包括擬徵募的教授名稱、薪級、工作種類及範圍等〔**註三七**〕。這項公告對於大學當局具有約束力，亦即某一應徵者一旦入選為教授，大學當局與之訂定任用合約時，工作條件不能逾越原公告規定範圍之外。再者，透過公告，大學當局也希望更多具有資格者前來應徵，造成競爭局面，以便拔擢更優秀的人材。

成立教授甄選委員會，決定建議名單

擬選任教授之所屬學科應成立各該院之教授甄選委員會（Berufungskommission），審核各申請者的資格，提出一個按優先順序排列的三名候選人由評議會報請邦教育廳任用。邦教育廳例須選任第一優先順序人選。

這個委員會的組成分子包括：(1)院長或由院長指定的教授爲主席；(2)至少兩名本學院教授；(3)至少兩名其他學院的教授；(4)一名非教授級之學術工作人員；(5)一名學生〔註三八〕。

如果所擬選任之教授橫跨兩個學門，則由兩個學門合組甄選委員會或由兩學門各提建議名單交由大學評議會議決。如爲新成立學門，則甄選之責交付大學評議會。1985年第三次修訂之「大學及學院基準法」又賦與教授在決定教授人選時有更大的權力，即所有教授對其所屬學科教授之任用均具有投票權〔註三九〕。不過，這項投票權僅在院內委員會行使。至於大學評議會有關大學教授之任用事宜，如非評議員則無權參與。

教授甄選委員會除了審核申請者各項資格文件外，尚可自行決議依下述方式測試申請者之能力：(1)邀請申請者到校作專題演講或主持師生共同參與之學術討論會（Colloquium）；(2)委員會成員親往申請者現任職務所在地參觀其實際教學情形，加以評鑑；(3)要求申請者提出有關學科教授之推薦函（Gutachten）。

綜合申請者所提出的各項申請文件及委員會本身的評鑑結果，委員會討論議決一個按優先順序排列的三名候選人名單，但已爲本校成員者不得列名其上〔註四十〕。如果委員會認爲三者無分軒輊，亦可以並列方式（Pari Passu）提出建議名單。

委員會所提建議名單須取得委員會中教授級委員的過半數票決才有效〔註四一〕，也就是除了組成委員多數票外，還須得到教授級的多數票才可。這麼一來，若委員會全體得到過半數票，而教授一級的票數卻未過半數，這樣的議決仍屬無效。須再重新投票再議，如尚未能決定，則由委員會中的教授級票決，以過半數爲決議，決定向大學評

議會提報之建議名單。爲了廣泛拔擢優秀人才，1985年新修訂之「大學及學院基準法」並規定，可以提報自己未作申請的人選〔註四二〕。

評議會核轉建議名單於邦教育廳

由各學院提報之教授任用建議名單，評議會只能加註意見，但不能否定各學院教授甄選委員會之決定。如果評議會認爲各學院之決議某些地方極爲不妥，亦可發回重新審愼研議，如各學院堅持原議，評議會只能將學院之決議加上評議會本身的意見呈報邦教育廳。

邦教育廳任用教授

由大學評議會所轉來的建議名單，邦教育廳長循例圈選其中第一順位人選加以任用。至於大學所提出的建議名單對於邦教育廳長是否有義務遵守的約束力？十九世紀的大學，各大學的建議人選邦教育廳並無義務遵守。本世紀以來大學對於本身學術人員的擢用的獨立自主，成爲憲法保障學術自由不可分割的部分，因而人選的提供並非只是單純的建議權的行使而已。關於此，1973年5月29日聯邦憲法法院的判決也有如下說明：

> 德國大學向來……並未放棄一種毫無限制的學術自治權。進一步而言，德國大學法的歷史發展也顯示了近代大學基於研究與教學自由把所有的注意集中於國家協同合作的大學行政之運作。就講座之塡補而言，學院的建議權 (Vorschlagsrecht) 和國家的任命權 (Berufungsrecht) 有密不可分的關係。德國大學法以及某些邦的憲法對於學院建議之約束力程度如何並無明確規定。然則，最具決定性的基本思想在於那是由兩個意志因子 (Willensfaktoren) 共同參與了一項行爲，俾收相互校正之效，而達最大可能的實質正義。因此，基本法如有所改變的話，也是在於爲研究與教學本身的客觀利益，以及國家承擔促進學術進步的不可移易的永遠責任。」〔註四三〕

根據聯邦憲法法院的這項說明可見，國家對於大學教授之任用並不能

自由決定，大學的建議除非基於極爲嚴重的理由之外，國家不得加以拒絕。

邦教育廳長決定了任用人選之後，須將其決定通知入選者及所有申請者。然後，就進入了任命的協商（Berufungsverhandlung）階段，以便訂定任命合約（Berufungsvereinbarung）。

訂定任命合約

前述任命磋商的結果即爲任命合約的訂定。近年來大學教授之任命通常頒訂兩份合約，一份是屬薪級法及公務人員任用法上的合約，保障其在公務人員任用法上的法律地位；另一份合約則須與服務之大學磋商，明訂其所屬的助理人員、行政秘書等的人數以及可以支配的教學與研究之設備。

綜合本節的分析可以發現，德國對於大學教授的任用具有以下六項特徵。

1. 大學教授雖具國家公務員身分，由國家任用，但是大學教授的甄選卻是大學自治權不可分割的一部分，國家不僅不能干預，而且對於大學所建議的人選有加以任命的義務。
2. 這項大學自治權的行使主要操諸各學院的甄選委員會，其理念在於只有本學科內的專業人員較能熟悉其本身的人才需求。
3. 教授甄選所經歷之大學評議會及各學院甄選委員會雖也有非教授級之教學人員、助理人員及學生參與，然而教授應占絕大多數，且任何議案除取決於所有成員的多數決之外，還須取決於教授級成員的多數決。可見德國大學教授任命除了強調民主公開以外，也特別重視專業領域內的專業判斷。
4. 大學教授甄選採取公開方式，大學提報教育廳之候選人必須三人，且已在本大學服務人員不得列名其上，如此可避免少數學閥把持，且在多人競爭下較易拔擢優秀人才前來任敎，較有助於學術水準的提昇。
5. 教授資格的規定，理論與實務經驗並重，尤其實際教學經驗的要求更爲其重要特色。

*6.*教授任用之前所需的教學年資並未有明文的規定，不過，教授
資格證明既為教授任用之重要基本條件，而教授資格按例須在
博士學位之後在大學擔任助教，從事研究工作，撰寫論文經審
核測試後取得。因而，實質上也已歷經許多年的教學年資。之
所以未作年資的規定，或許由於德國大學體制對於教授之任用
並不強調年資，而特別著眼於獨立學術研究能力的審核。

教授以下各級教學人員的職責與任用資格

　　本文前已說明德國大學師資結構頗類似中世紀基爾特組織，教授
以下各級教學人員類如跟隨教授學習之學徒，其職責除支援教授之教
學與研究之外，最主要的工作在於自行研究，以備取得教授任用資格。
然而，大學法規定，取得任用資格後並不能在本大學升任高一級職位，
因此，我國大學體制下的升等觀念並不適用。不過，教授之任用既以
博士學位及教授資格證明為先決條件，而此兩項資格例須在大學擔任
學術助理以及助教時完成，因而，雖無升等之實，然學術升進途徑
（Akademische Laufbahn）仍然有跡可循，且其困難甚於其他公務
人員升等千百倍。以下謹就教授以下之大學專職人員論述其職責與任
用資格，至於兼職人員則比照相當等級之人員，可以略而不論。又其
任用手續法無明義規定，僅粗略規定比照大學教授之任用，因此，前
節有關教授之任用辦法，應可參照，不必再加以詳論。值得細加探討
者為教授資格取得之程序，亦將於本節中詳予分析。

大學助教

　　如前所述，教授之任命係以教授資格之取得為先決條件，而此項
資格之取得又需對某一專題作長久的研究。1976年「大學與學院基準

法」訂定之初，即基於此項考慮認爲學術後進（der wissenschaftliche Nachwuchs）有待培育，「大學助敎」（Hochschuhlassistenten）之設立主要即在於培養敎授之後繼人選。

基於此項精神，大學助敎最主要的職責即在於研究，而其目的則在於取得敎授資格〔註四四〕。因而，大學助敎亦可稱之爲「敎授資格候選人」（Habilitand）〔註四五〕爲撰寫其敎授資格論文，大學助敎也被指定爲指導敎授（Betreuer）。雖然，大學助敎可以獨立選擇研究題目，獨立進行研究，但仍須隨時向指導敎授報告其研究情形，並聽取指導敎授的建議。根據大學法的規定，大學助敎亦可以不受此項限制，而完成和敎授資格論文等値之學術成就〔註四六〕。然而，敎授資格的取得是未來學術生涯的關鍵。因此，是否有人多年努力，全不顧形式上的規定，而僅著眼於學術的鑽研，不無可疑。是項規定似乎形同具文。

除了研究外，大學助敎也負敎學之責。這項職責也相當重要，因爲，德國大學理念一向主張研究與敎學合而爲一，大學助敎既爲未來敎授繼任人選，自亦宜在敎學上有所磨練。至於大學助敎之敎學可分獨立與非獨立兩種。所謂的「非獨立敎學」係指聽從敎授指派而進行敎學活動，較少有機會表達自己的學術見解，通常是大學中的「練習課」（Übung）或「初級討論課」（Proseminar）。一般而言，大學助敎都先進行非獨立的敎學，一段時間後，經過專門學科諮議會議決後，才可獨立進行敎學。

至於學術行政服務的職責常依大學助敎所屬學門之不同而略有差異，以醫學院而言，大學助敎尚須兼理病患照顧。大學自治參與權則被列爲與助理人員同群，其所具影響力並不大。

由於大學助敎的主要工作在於敎學與研究，故其任用資格除一般公務員所須具備之條件外，尚須具有博士學位〔註四七〕。亦可以博士學位等値之學術成就代替博士學位，惟以此方式晉用者爲數極少，且須本學科之敎授加以評審。醫學、獸醫及牙醫助敎並須執業滿三年以後才可。

大學助敎雖因撰寫敎授資格論文而與敎授產生所謂的「託付關

係」（Betreuungsverhältnis），但這種關係純屬私人形態的慣例，就法律觀點而言，前述教學、研究與服務任務之承擔仍受制於學院中的有關委員會之約制，而非教授本人所能決定。再者，法律上大學助教雖為國家公務員，但只有三年的任期，最多只能再延三年，且不能以助教身分退休〔**註四八**〕。因此，大學助教任滿六年，即使取得教授資格，如未能有機會被任為教授，仍不得不離開大學，形成德國高級學術人才的一大浪費。

學術助教、藝術助教、高級助教和高級技師

「學術助教」（wissenschaftliche Assistenten）、「藝術助教」（künstlerische Assistenten）、高級助教（Oberassistenten）以及高級技師（Oberingeneur）均為1985年第三次修訂「大學及學院基準法」所新設。其中，高級助教須具有教授任用資格，可以獨立授課。高級技師須具博士學位並有兩年實務工作經驗。至於學術助教頗類於前述之大學助教，但現分為兩級：一級為已得博士學位者，其主要任務在於撰寫教授資格論文；另外一級的任用資格為通過國家考試第二試者，其主要任務在撰寫博士學位論文。除此之外，當然也有學術行政支援及教學服務，不過新制學術助教的主要教學服務在於學生的學業諮詢。

上述各類人員雖亦為公務人員，但均有任期限制，其中學術助教任期三年，得延長一任，醫學院助教可延至第十年。高級助教與高級技師任期均為四年，可延長至第八年。

大學助教授

大學助教授（Hochschuldozent）亦為1985年新修大學法所引進之名稱，其旨在改善舊制所謂「不支薪助教授」（Privatdozent）之法律地位。大學助教授之任用條件為已取得教授資格者，但須得到外來的推薦（auswärtiges Gutachten）〔**註四九**〕。由於已被認定有教

學權（Lehrbefugnis），故大學助教授可以獨立從事教學與研究任務，然因尚未經教授任命手續，故不能與教授享受同等權力。其任期初任為六年，特殊情形可以轉為終身職，在名銜上亦可稱之為「教授」（Professor）。

學術助理

大學教授人員中最低級者除導生之外，應推學術助理（wissenschaftlicher Mitarbeiter）藝術學院則稱「藝術助理」（Künsflerischer Mitarbeiter）。學術助理依法配屬於學域、大學中的學術單位，以執行學術服務工作〔**註五十**〕。是項規定旨在減少學術助理對於教授之依賴。然而，稽諸實際情形，學術助理例須協助教授處理教學、研究、考試等事項，且須參與教授之授課，故實質上仍配屬於教授。再者，學術助理雖不像學術助教那樣，有法令上的保障，保障其有時間與可支配的設備以完成博士學位，然而，頗多學術助理仍透過研究獎學金或教授的專案研究之參與而取得博士學位，故實質上對其所屬之教授仍有極高的依賴性。

學術助理的任用資格為大學畢業，然須取得相關教授之推薦，推薦者通常亦為其任用後所從屬之教授。再者，大學畢業僅為基本資格而已，各學院基於其本身的需要，常亦要求須具備某些職業經驗或專門知識。

教授資格之審核、測試與授與

根據前述大學各級教學人員任用資格的分析，可見教授資格（Habilitation）證明的取得是晉任大學教學人員最高階層的最重要關鍵，因而是項資格之取得程序宜在此詳加討論。

教授資格之規制起源於十八世紀。在此之前，具有博士學位者即可在大學任教。十八世紀有些大學鑒於博士學位水準低落，提出大學任教必須具有某些能力（habilies），通過這些能力的測試，方准予授

以「任教權」（vernia legendi）。此項測試與任教權之授與辦法，十九世紀以後廣泛爲德國大學所採用，而爲大學自治權相當重要的部分。

納粹黨執政後教授資格之認定與授與劃分爲二：即學術成就的認定委由大學，而教授資格的授與則歸諸國家；另立所謂的「支薪助教授」（Diätendozent），凡不服從納粹意識形態者即難獲任用，藉此以進行政治控制學術。

第二次戰後，納粹所立辦法即告廢止，恢復戰前資格認定以及任教權授與合一的辦法。依據現行大學法，「教授資格頒授規程」（Habilitationsordnung）委由各學域或學院自行訂定公告〔註五一〕，亦有由大學評議會公布者〔註五二〕。不管由學院或大學公布均可謂爲大學自治權的一種表現。

爲取得教授資格必須事先申請。申請的基本條件爲博士學位及多年的學術活動。各學院基於其本身的特殊要求，亦有特殊的規定，如神學院可能要求熟悉希臘、拉丁及希伯萊等古代語文，醫學院則要求須具備醫師資格等。

除了前述基本資格之外，最重要的是要繳交獨立完成之「教授資格論文」（Habiltationsschrift）這項論文送請兩位教授審查（按規定至少其中之一爲終身職教授，有些學院甚至由四位審查）。兩位審查者須就論文內容撰寫詳細審查報告，並作接受與否的建議，同時也須參與其繳交的學經歷證明及著作目錄，簽註對申請者教學與研究能力之意見。

學院收到審查意見後，即由院長擇期舉行「教授資格審查會議」（Habilitationskonferenz），本學院成員中助教授以上專職人員得參與並有投票權。其他有志於教授資格候選人者亦得申請爲旁聽者（Zuhörer），無權發問與投票。審查會議必要時亦得邀請兩位相關學院之教授參與，並有投票權。審查會之進行，先由教授資格申請者自己就某一學術專題作三十至四十五分鐘的演講，專題題目由申請者提出三個演講題，由審查會於正式開會前三週議決圈定其中之一。演講完後，接著進行六十分鐘的討論，由參與者發問，以考驗申請者之應

變能力及學術見解。討論完後即進行投票。得有權投票之參與者的多數票即為通過。

通過資格測試後，須於半年內向大學評議會申請作一次就職演說（Antrittsvorlesung）後，才可授予教學權（Lehrvefügnis）之證明文件。得此證明後即有資格在大學獨立授課。但欲晉升為終身職之教授，仍須經過前述之教授徵募與任命之手續。

綜合本節之分析，可以發現以下四項特徵，足供我國提昇大學師資素質之借鏡：

1. 德國大學教授以下教學人員之任用均可視為未來學術後進培育適當人材。由於需跟隨教授撰寫博士論文或教授資格論文，並參與教授之研究與教學，可以實地得到不少寶貴學術經驗。再者，由於任期的限制，使得低層人員不得不兢兢業業追求學術之突破。因此，德國沒有類似我國資深助教、資深講師出現。低層教學人員流動性極大，有助於建立蓬勃之學術風氣。
2. 德國大學各級教學人員均公開徵幕後任用，且禁止同校低層人員升任。一則可免學閥把持，二則可以廣泛吸收各方優秀人才，再則，任用大學助教、學術助理的大學各學院當局也可不必為這些人之未來出路傷神，可以大膽擇優擢用。
3. 各級教學人員之選擇均委由各學院有關的委員會議決，充分表現人事公開與大學自治精神。
4. 各級教學人員之任用均同時考慮其先有之學術成就、論文、教學經驗以及專業領域之實務經驗等。

結論

本文試圖將德國大學師資等級結構及其晉用辦法置諸整個歷史文化發展的架構來加以分析討論，以凸顯其制度之特色，作為改善我國

大學師資素質之參考。

從歷史發展的角度來看，德國現行師資結構未脫中世紀大學「基爾特」遺規。教授位居大學師資階層結構之首，統領本學門之研究、教學與推廣服務。學術助教與學術助理既然志在取得「教授資格」與「博士學位」，須在教授指導下撰寫相關論文，並須參與教授主持之教學與研究活動。因而，助教與助理就法律觀點而言，雖然配屬於教授，然實質上頗類於「基爾特」下的學徒，其所有教學與研究活動均從教授處得到實際經驗。這種制度雖久為人詬病，謂其流於封建，不符民主精神。不過，1973年聯邦憲法法院的判決，再次肯定教授之專業權力，認為大學各項學術決策均須經教授過半數之票決。這項判決與希臘1985年最高特別法院判決新大學法部分條文違憲頗有異曲同工之妙。該判決亦指陳講師不得與教授有同等權力參與大學學術事務〔註五三〕。德國與希臘對於大學法之判決說明了類似大學這樣高度專業化的學術團體，其行政與領導需有堅實的學術研究作為後盾，方能竟其功。

教授以下各級教學人員，雖以取得較高職級的任教資格為職志。然而，大學法規定各級教學人員均需公開徵選，且不得在原任教學校應徵較高職級之職位。因而，類似我國之憑年資與升等論文升等的情形並不存在。再者，中、低階層的教學人員均有任期的限制，因而不得不兢兢業業專心研究。這種制度訾議者認其為高級人才浪費，因為取得資格後，尚需經過嚴格的競爭，方能獲取較高的職位，尤以教授一級之取得更是難乎其難。從激勵學術研究，淘汰不適學術研究人才的觀點來看，這種制度仍有其積極性的價值。

升任教授之後也並不意味著可以怠忽學術研究。因為教授之任用合約係個別與大學訂定，教授與教授之間由於研究成果與學術聲望不同，其所能獲得之設備、資源、秘書與助理研究人員也有極大的差異。此與我國之以一紙聘書籠統規定教學時數與任務，所有教授一體通用之「假平等」，大異其趣。

就各級教學人員之任用而言，均由各相關的學院與學域組織委員會評審，邦教育廳對大學建議人選無權拒絕，充分發揮大學學術自主

之精神。評審委員會容許中低層教學人員及學生代表參與，但所有決定均須獲得教授級過半數之票決方屬有效。可謂平等參與和專業判斷兼籌並顧。

綜合前述發現，試就我國大學教師結構及其晉用，擬具下述建議，以爲修訂大學相關法規之參考：

教授一級人數應予縮減，其資格嚴予審查，其權利應依教授個別能力予以擴大

我國大學師資結構，稽諸民國75年教育統計，公立大學專任教師中，授教1,799人，副教授1,642人，講師1,047人，助教928人，民國86年之統計爲教授4,250人，副教授5,564人，助理教授271人，講師2,546人，其他623人，助教1,440人。形成「有將無兵」之倒三角形結構，其結果使得真正認真於教學與研究者難覓助理人員。再者，教授單憑年資與升等著作升等，不考量其平常表現，升等似嫌容易，難免使得教授名器失之浮濫，新大學法公布後，兼採五年內著作及教學、服務成績，教授升等比較困難，然仍滋生不少問題。升上教授之後，由於再無升等壓力，頗多便疏於研究。論者或謂在教授之上增加一級，可以使教授勤作研究。然此僅爲治標之道而已，因爲再增多一級，如不從制度上根本變革，頂多使得欲升最高級者多寫一篇升等著作而已，並無助於提高學術研究風氣。澈底解決之道，應從制度上重新調整師資結構，逐年減少教授名額，增加講師及助教名額，使得每一位教授至少均有一位助教協助研究與教學爲度。教授資格之審定亦應從嚴，除博士學位之基本資格之外，應該同時評審申請教授職缺前之學術研究與教學活動。最後，教授之待遇不宜視年資逐級而升，而應視個別的教學與研究活動給予不同之差別待遇，尤其對於勤於改進教學以及從事研究者，應依其提出之計畫給予優渥之人員、設備與經費之補助。

現行助教制度應予澈底變革，員額增加並禁止從事一般行政雜務

我國新修大學法將助教改列爲非教學人員，使得各大學助教類多爲行政瑣碎雜務疲於奔命，甚難發揮協助教學與研究之功能，更遑論自己從事研究。德國大學助教與助理均不從事行政雜務，專門協助教

授之教學與研究，並撰寫「教授資格」或「博士學位」論文，充分發揮在大學之中培育學術後進之功能。我國大學助教制度之變革，似宜採取德國大學助教制度精神，擴充助教名額，由研究生兼任，並應明白規定助教不得兼辦行政雜務。助教亦應實施嚴格之任期制，任期四年，得延長一任，期滿尚未取得更高職級之任用資格，即不予續聘。

教授、副教授與講師各級教師的任務與任期應予明確規定

教授與副教授宜以研究與推廣為重，講師以教學為主。其中教授為永任，副教授初任，任期四年，得延長四年，期滿得申請為永任，由大學學術審議委員會審核其教學與研究成績，授予永任資格。講師任期四年，得延長一任，期滿未取得副教授任用資格者即不予續聘。

大學各級教學人員任用資格之審定宜委由各大學自行負責，以充分發揮學術自主之精神

我國現行大學各級教學人員資格均由教育部學術審議委員會審定，其對齊一各校師資水準自有其部分貢獻。然以學術審議委員會有限人力，面對每年數以千計之資格審定申請案件，是否能嚴格控制品質，不無可疑，現雖已開放給大部分學校自行審理，惟各校教評會組織結構仍有待於改進，以發揮大學學術自主之精神。

大學法應明訂各級教師評審委員會之組織結構

我國現行大學法明訂大學各級教學人員出缺時均應對外公開徵求，准由本校低層人員與校外具有資格者申請。由各系所自行組織甄選委員會就申請者加以評選。委員會由系所全部教授與具永任資格之副教授以及講師、助教、學生代表組成。委員會可以決定本身之評選方式，但需不違背大學法所規定之各級教學人員應具備之條件。委員會評選後，將建議人選提交大學學術審議委員會審定後，加以聘用。惟各校各級教評會之組織結構往往未臻健全，產生不少糾紛，宜法德國規制對教評會之組織、結構與功能訂定合理之規範，避免教評會淪為權力鬥爭之所。

註釋

註一：J. Habermas, "Die Idee der Universität-Lernprozess" in *Zeitschrift für Pädagogik*, 32. Jhrg. Nr. 5 (1986), p.703-718, esp. p.703.

註二：F. K. Ringer, *The Decline of German Mandarins*, Cambridge: Havard University Press, 1969.

註三：L. Huber & G. Portele, "Hochschuhllehrer" in L. Huber (Hrsg.) *Enzyklopädie Erziehungswissenschaft. Bd. X Ausbildung und Sozialization in der Hochschule*, Stuttgart: Klett-Cotta, 1983, pp.193-218, esp. p.194.

註四：同註三，頁197。

註五：H. -W. Prahl., *Sozialgeschichte des Hochschulwesens*, Müchen, 1978, pp. 261f.

註六：參閱：鄭重信，〈德國師範教育制度〉，刊於國立臺灣師範大學學術研究委員會主編：《明日的師範教育》，臺北：幼獅文化事業公司，民國69年，頁261～294。

註七：H. Schneider, "Die Amtbezeichnung Professor. Ein Rechtgutachten" in *Mitteilungen des Hochschulverbands*. Bd. 26(1978), pp.77ff.

註八：W. Nitsch, *Hochschule Soziologische Materialien*, Heidelberg, 1976, pp.51f.

註九：F. E. D. Schleiermacher, "Gelegentliche Gedanken über Universität im deutschén Sinn" in E. Anrich, (ed.), *Die Idee der deutschen Universität*, Darmstadt: Wissenschaftliche Buchgesellschaft, 1964, pp.219-308.

註十：W. Thieme, *Deutsches Hochschulrecht*, 2. Aufl. Köln: Carl Heymanns Verlag KG, 1986, p.473.

註十一：D. Fallon, *The German University*, Boulder, Colorado: Colorado Associated University Press, 1980, p.33. 法蘭龍將Ordinarius 譯爲full Professor, Extraordinarius譯爲associate professor, Privatdozent譯爲assistant professor。不過,他也承認過去兩百年來德國和美國教授職稱的意義差異甚大,這樣的翻譯並未完全準確,僅求近似而已。本文亦從其說,採取近似的翻譯。

註十二:K. D. Bock, *Strukturgeschichte der Assistentur. Wert und Zielvorstellung in der deutschen Universität des 19. und 20~ Jahrhunderts*, Düsseldorf, 1972.

註十三:U. K. Preuss, "Hochschuhlselbstverwaltnng und Staat", in L. Huber (Hrsg.), *op. cit.*, p.299.

註十四:D. Fallon, 同註十一,頁89。

註十五:Hochschuhlrahmengesetz之中文譯名頗為不一。或譯「大學法」,或譯「大學組織法」、「大學範圍法」等不一而足。按Hochschuhlrahmengesetz旨在制定一個全國統一的大學組織與行政的「架構」(Rahmen),作為各邦制定各該邦大學法之基礎標準,因此,本文譯為「聯邦大學及學院基準法」。

註十六:*Hochschulrahmengesetz*, §42 (以下註解簡稱HRG) 。

註十七:*Entscheidungen des Bundesverfassungsgerichts.* 35, 126ff.

註十八:*Entwurf eines dritten Gesetzes zur Änderung des Hochschuhlrahmengeselzes.* §48C.

註十九:Cf. *Hochrahmengesetz.* § §42ff; *Baden-Wütemberg Universitätsgesetz*, § 64; *Bayerisches Hochschuhlgeseetz*, Art. 9; *Berlinisches Hochschuhlgesetz.* §133; *Hamburgisches Hochuhlgesetz*, §12.

註二十:*Entscheidungen des Bundesverfassungsgerichts.* 61, 210ff.

註二一:W. Thieme,同註十,頁476。

註二二:*HRG-Regierungsentwurf.* § §41-49, Bundestag-Drucksache 6/1873 v.25. Febr. 1971.

註二三:*Entscheidungen des Bundesverfassungsgerichts.* 35, 134f.

註二四:同註十七,§48.

註二五:*HRG*, §53.

註二六:L. Huber & G. Portele, *op. cit.*, p.201.

註二七:*HRG*, §45.

註二八:*Berlinisches Hochschuhlgesetz*, §141, §142; *Hamburgisches Hochuhl-*

gesetz, §19; *Hessisches Universitätsgesetz*, 41, Abs. 2.

註二九：*HRG*, §43.

註三十：*HRG*, §43, Abs. 2; *Gesetz über die Uuiversitäten im Lande Baden-Wüttemberg* §64, Abs. 2; *Hamburgisches Hochschulgestz* §12, Abs. 2; *Gesetz über dis Universitäten im Lande Hessen* §39, Abs. 1, Sutz 2.

註三一：參閱Menzel, *Wissenschaftsrecht Berlin,* 1985, pp.107ff.

註三二：*HRG*, §43.

註三三：*Uuiversitätsgesetz im Lande Baden-Wüttemburg*, §68; *Berlinisches Hochschlgesetz*, 137; *Universitätsgesetz im Lande Hessen*, §44; *Universitätsgesetz im Lande Saarland*, §62, Abs. 8.

註三四：W. Thieme, op. cit., pp. 71ff. 538.

註三五：*Universitätsgestz im Lande Baden-Wüttemburg*, §65; *Lundsgesettz über wissenschaftliche Hochschulen in Nordrhein-Westfalen*, §49, Abs. 2.

註三六：*Rahmengesetz zur Vereinheitlichung des Beamterechts*, i. d. F. vom 27. Fed. 1985, §4, Abs. 1.

註三七：*HRG*, §45 Abs. 1 S. 2.

註三八：同註九，§66, Abs. 4.

註三九：*HRG*, §38 Abs. 5.

註四十：*HRG*, §38 Abs. 3, Satz 2.

註四一：*HRG*, §38 Abs. 6.

註四二：*HRG*, §45 Abs. 3.

註四三：*Entscheidungen des Bundesverfassungsgerichts,* 15, 256.

註四四：*HRG*, §47 Abs. 1, S. 1.

註四五：W. Thieme, 同註十，頁556。

註四六：*HRG*, §47, Abs. 1, S. 1.

註四七：*HRG*, §47, Abs. 4.

註四八：*HRG*, §48.

註四九：*HRG*, i. d. F. d. 3. ÄndG. §48c, Abs. 2, Abs. 3.

註五十：*HRG*, §53.

註五一：*HRG*, i. d. F. d. 3. ÄndG. §38, Abs. 5.

註五二：*Hachschulgestz* im Lande Rhein-Pfalz, §80, Abs. 2, Nr. 2; *Berlinisches Hochschulgesetz*, §89, Abs. 2, Nr. 6; *Universitätsgestz im Lande Hessen*, §22, Abs. 5.

註五三：楊深坑，〈希臘高等教育法案一波三折——部分條文被判違憲〉，刊於《比較教育通訊》，第八期，民國74年10月，頁35～36。

希臘高等教育的巨幅變革

希臘「汎希社會運動黨」（Pasok）執政後，厲行一串的教育與社會改革。1982年7月1日國會通過「高等教育組織與行政法案」（同年7月16日公布生效）。對於希臘當前高等教育作了前所未有的刷新。使希臘高等教育突破了沿襲百餘年的組織形態，而邁向民主化、自由化、平等化的途徑，較能適應現代社會需要。這次改革案的重要特色有：大學自主權的確立與保障、學生權力的擴張、高等教育諮議機構的成立、大學組織的澈底重組、大學教學研究人員名稱與等級的改變、研究學院的創設等。茲將這幾項特色略述如下：

大學自主權的確立與保障

本法案第二條確立大學有學術自由，包括教學、研究與傳布任何理念的自由。為確保是項自由，大學享有庇護權。大學校區非經庇護權委員會同意，外力不准涉入。這個委員會包括：大學校長或其法定代理人、大學研究人員代表一名、學生代表一名三人組成，任何決議均須三人一致同意，才算通過。如果其中有任何一人不贊成，則交由大學評議會表決，得三分之二同意票即算通過。

學生權力的擴張

在本法案通過之前學生無權過問大學行政。依本法案規定，學生代表除了前述大學庇護權委員會三個成員之一之外，大學評議會、院務會議、系務會議等各級大學行政會議學生代表均不得少於教學人員代表的二分之一。再者，學生對於教學人員的評鑒是大學教師聘用與升遷的重要依據之一。

高等教育諮議機構的成立

　　為促進高等教育的健全發展，新成立兩個高等教育諮議機構，其一為國家文化與科學學院；其二為國家高等教育諮議委員會。前者由資深望重，學術研究成果豐富的教授組成，負責全國學術審議與評估、全國學術發展計畫的研擬等；後者由教育部、協調部、經濟部、各專門職業團體、五個全國性的學生會、全國各政黨、中學教師組織、小學教師組織、大學所在地的地方政府……等各推代表一人，連同國家文化與科學院長與各大學校長等共同組成，其責在於審議大學院系的成立合併或廢止，評估全國學術研究資源，決定大學招生名額，核定各級教學人員證書，決定學術發展方針，決定學生轉學事宜等。

大學組織的澈底重組

　　這是這次改革案最重要的特色，把沿襲百餘年的講座制度完全廢止，改以學系制度代替。在本法案之前，大學最基礎的行政及教學單位是講座，學系形同虛設。這個法案以系為大學最基礎的行政及教學單位，系務會議是全系最高權力機構，系務會議由全系教學研究人員（全系未超過30人則全體參加，如超過30人，則選出30名代表參加）、學生代表（占前者二分之一）及特殊的研究獎學金學生代表（占教學人員15%）參加。系主任由此三類人員選舉，任期兩年。系以下依各學科性質不同，形成各教學單位。系以上的組織為院，院設院長一人，仍由全院各系前述三種代表的全體成員選舉，任期三年，院務會議由系主任及學生代表組成。院以上的大學最高權力機構是大學議會，評議會的成員包括：(1)大學校長及兩位副院長；(2)各學院院長；(3)各系教學研究人員各推派代表一名；(4)特殊教學人員代表一名；(5)各系各推學生代表一名；(6)行政人員代表一名；(7)特殊行政與技術人員代表一名。大學校長與副校長由各學系系主任，及行政人員代表與特殊教學人員代表（兩者均各占全大學教學研究人員的5%）所組成的選舉團選出，任期三年。

大學教學研究人員名稱與等級的改變

　　本法案公布前大學教學人員分為正教授（taktikos kath-egetes）、未擁有講座的額外教授（ektatos kathegetes）、副教授（hyphegetes）、講師（epimeletes）及助教（boethos）五級,其中後兩者為助理人員,不負實際教學責任。改革後的教學人員,模仿美國大學體制分為：教授（kathegetes）、副教授（anaplerotikos kathegetes）、助教授（epikouros kathegetes）以及講師（lector-as）四級,取消助教,並將改革前擁有講座的正教授之權力改屬系主任。

研究學院的創設

　　改革案前博士學位的頒授係由院務會議所推派的三人小組（正教授組成）先行審查論文,再提交全院教授口試。改革案明定設立研究學院,統籌各相關學系研究所（metaptychiakos kyklos）的組織、課程、教學、學位頒授等事宜,使研究所階段的教育走向制度化。研究所教育分為兩段,前段所有學科及格後,由研究院指派五人考試委員會對研究生作綜合性的口試,及格後授予「碩士學位」（暫譯）（metaptychiako diploma）,這是改革案前所未有的學位。博士學位的口試,也改由五人委員會口試,而與改革案前由全院教授口試有所不同。

希臘高等教育法案一波三折

——部分條文被判違憲

　　希臘政府於1982年7月16日公布高等教育組織與行政法案後,高等教育的發展,並未達到執政的「汎希社會運動黨」所揭示之高等教育民主化、自由化與平等化之理想。相反的,卻由於學術界對於高等教育見解之紛歧、政黨之間的權力爭衡以及強有力的人文主義傳統的反抗,使得希臘高等教育問題層出不窮。先是法案公布後,引起軒然巨波,大學高級教學研究人員全面罷課。繼則雅典工科大學評議會為大學自治權認定範圍與教育部發生嚴重歧見。甚至於教育部內部意見亦極不一致,教育部總秘書即因高等教育法案施行細則問題和部長引發激烈爭執,憤而辭職。其中尤以高等教育法案第八條第四款與第十一條第三款,有關講師與其他高級教學研究人員以同等權力參與大學評議會與院系主任選舉,被控違憲,最為引人注目。

　　這件訟案纏訟二年餘,於1985年5月2日由最高特別法院三審定讞,判決前述條款違背希臘憲法第十六條所揭「教學研究自由及高等教育機構行政自主」的根本精神。這件訟案主要雖由於保守的「新民主黨」與執政黨之間的權力鬥爭所引發,然而其中也涉及了學術自由與大學師資等級間的地位問題,因而頗值一述。

　　1982年的高等教育法案廢止了施行百餘年的講座制度,大學教師等級由正教授、額外教授、副教授、講師、助教五級改為正教授、副教授、助教授、講師四級。其中講座權力改屬系主任,引致保守勢力極為尖銳的批評,認為破壞了以講座為單位講求嚴謹研究的大學傳統精神,形將降低全國學術研究水準。而講師可與其他高級教學研究人員以同等權力參與大學決策,更遭激烈反對,認其為誤解學術自由。早在法案在議會討論之初,最大的反對黨「新民主黨」就曾結合了大學中的保守勢力,批評執政的「汎希社會運動黨」試圖以過時的社會

主義原則強加諸高等教育，達到假相的齊頭點平等，嚴重的破壞憲法第十六條所揭「國家有責保障並促進藝術和科學之發展與教學和研究之目的」的根本精神。法案雖然在反對聲浪中通過了，但反對黨並未就此罷休，鍥而不捨，訴之於法，控告該法案違憲。

一、二審法院均採取對執政黨有利之判決，宣告該法案並未違憲。第三審的最高特別法院由四位行政訴訟法院法官、四位最高法院法官、兩位大學法學教授，以及三個全國最高法院院長組成，從1984年11月21日經過16次馬拉松式的審理討論，才在1985年5月2日宣告該等條文違憲，惟鑑於法律不究既往原則，1982年7月以來大學組織與行政之運作仍視為合法。

最高特別法院的判決認為講師與其他三級的高級教學與研究人員在形式上與實質上均有所差別。將其完全視為同等，不僅有違平等原則，更破壞了憲法所保障之學術自由。根據一二六八高等教育法案第廿三條之規定，講師之選擇與晉用，係以其是否能勝任大學教學功能為規準。然而，其他三級人員的陞遷標準，悉取諸其在學術上的研究成果；再者，講師在整個大學教學人員仍帶有試用性的性質。質言之，講師職責偏於教學，其他三級人員之陞遷偏於研究。兩者不僅在形式上有等級之區分，實質上也並不全然相同。因而，一二六八號「高等教育組織與行政」法案規定，講師與其他高級教學研究人員有同等權力參與大學決策，自屬違憲。

這項判決給希臘教育部以及各大學行政當局帶來不少困擾。5月2日判決後，學期即將結束，各行政主管改選在即。而修改法令以迄於議會通過，最快也須至年底才能完成（議會在暑假中只有少數委員會開會）。新學年度的大學行政運作將如何處理，惜迄作者撰寫本稿為止，並未見希臘教育部提出具體的解決辦法。

這件訟案顯示，一項重大教育改革並非一朝一夕所能竟其功。以希臘高等教育而言，行之百餘年之講座制度，遽而代以學系制度，學術界一下子難以調適，自屬必然。再者，由這件訟案的辯論過程，也顯示希臘學術界對於大學功能研究與教學孰輕孰重，意見仍極分歧。最後，在高等教育邁向大眾化與普遍化的過程中，習見常誤以為普遍

的參與即代表了大學的學術自由與平等。殊不知類似大學這樣的專業社會、專業判斷與學術領導，才是保障大學學術自由的先決條件。希臘最高特別法院的判決，正好說明了大學的行政運作必須基於以學術研究作後盾之強有力的專業領導，才能確保大學自治權，也才能提昇學術研究的水準。

兩岸大學教育發展的共同趨勢、
問題與展望

　　隨著台灣的政治解嚴，大陸採取改革開放的政策以後，兩岸大學教育均有巨幅的變革，變革的共同趨勢為大學教育更切近社會需求，特別是經濟發展的需求，大學更為自主與多元，大學教育也更趨於國際化。在這些共同趨勢的背後也引發了未來大學教育發展有待解決的共同問題，這些問題的適切解決才能提昇大學教育，使得兩岸大學教育能臻國際水準，以完成兩岸大學校長共同期望：「以學術合作迎接中華民族的二十一世紀」（1996年1月12日海峽兩岸43所大學校長在成功大學簽署的共同宣言）。本文首先說明兩岸大學教育的變革，再就兩岸大學所面臨的問題及其解決策略加以分析，最後探討兩岸大學教育的發展遠景。

兩岸大學教育的改革趨勢

　　台灣的大學教育改革主要見諸1994年新修訂「大學法」完成立法程序，使得大學組織結構更趨彈性自主，1996年行政院教育改革審議委員會公布「教育改革總諮議報告書」在「鬆綁」的訴求下，更建議大學學術、人事、經費的自主。1995年5月26日大法官會議第380號解釋令，更認為「各大學必修科目表應在一年內自動失效」使得大學的專業自主更為澈底。1997年開始由13所公立大學試行校務基金，爾後逐步推廣到各大學，更使大學財務邁向自主化。1998年教育部頒訂大學教授借調產業界辦法，一方面使得產學合作更為密切，另一方面也

使得學術更趨商品化、市場導向化。

　　大陸大學教育經過文革十年的停滯發展，1978年鄧小平復出，經濟建設成為其重點工作。1980年1月16日鄧小平在中央幹部會議的講話就指出，現代化建設是解決國內與國際問題的主要條件。1983年9月鄧小平更要求教育「要面向現代化，面向世界，面向未來」，這個要求成為1985年5月中共政治局討論通過的「中共中央關於教育體制改革的決定」之指導原則。此一「決定」在大學教育的重大變革在於改變以往計畫招生及畢業生的分配制度，賦予大學更大的自主權。1988年中共國家教育委員會之「國家教委1988年工作要點」更明確指出，高等教育的發展要和「經濟及社會的發展相適應」，要「根據經濟和社會發展的需要，調整教育結構。擴大高校辦學自主權，促進教育、科研、生產的結合。」、「要引進競爭機制，使學校更具有主動適應經濟和社會發展的活力。」這些理念具體的落實在1993年2月13日中共中央、國務院頒行的「中國教育改革和發展綱要」。這個「綱要」的制定，根據中共國家教委主任李鐵映在1993年3月2日所發表的「社會主義現代化建設的奠基工程」一文的說法，「是在黨中央、國務院直接領導下，經過有關部門四年多的廣泛調查研究，充分聽取各方意見，在反覆研討、反覆論證的基礎上制定的。」成為指導中共九〇年代乃至於下世紀初教育改革發展的綱領性文獻。這個指導教育發展的綱領性文獻明白的確立了教育體制改革方向：要適應社會主義市場經濟體制和政治、科技體制改革的需要。大學教育也因而更趨彈性自主，以符市場機制之調節。

　　綜合前述兩岸近年來的大學教育改革，可以歸結出以下的共同趨勢：

以市場機制調整大學教育發展

　　台灣近年來經濟快速發展、產業結構改變，使得大學教育不得不進行調整以迎合社會需求。新修訂大學法的大學宗旨由過去的「研究高深學術」、「養成專門人才」轉而為「研究學術、培育人才、提昇

文化、服務社會，以促進國家發展。」顯見大學教育已經和社會需要與國家發展結合。行政院教改會的諮議報告書更建議，政府應解除對高等教育的管制，使得高等教育能夠擴充，以因應學生多元的需求，高等教育的市場化，至為明顯。事實上，近年來教育部對於公立大學新增系所的審核以社會與經濟需求為主要依據，系所招生名額，也參考人力規劃來決定。各大學為吸引學生前來就讀，也以商業的促銷手法，進行招生的宣傳與廣告。大陸在中共黨的十四大確立了建立和完善社會主義市場經濟體制之經改目標以後，大學教育之改革也悉以完成此目標為旨歸。在「中國教育改革和發展綱要」中即明白指出，高等教育要適應經濟科技和社會的需求，努力提高辦學效益，堅持「科學技術是第一生產力」的思想，堅持面向經濟建設，堅持同教學結合，並使科技成果盡快轉化為現實生產力。就高校招生而言，人陸也逐漸放棄過去計畫招生，統一分配工作的作法，改用就業市場機制來調節，給予各大學更高的自主權來決定招生的名額。兩岸大學教育發展市場導向的趨勢，至為明顯。所不同者大陸仍未放棄其社會主義的堅持，「必須以馬克思主義和建設有中國特色主義的理論為指導」。政治掛帥仍主導經濟與教育的發展。大陸學者鮮少有人敢於懷疑或批判社會主義和市場經濟之間是否存在著內在的矛盾。

大學自主權限增加

為了配合市場經濟的需求，必須賦予大學更高的自主權，以決定各大學本身的發展特色。台灣近年來的大學改革，包括取消了大學共同必修科目表，各大學可以自行規劃課程以及彈性學程，打破學系僵化的區隔，擴大校際選課的彈性，並以學分制取代學年學分制，打破修業年限的限制，凡此均使得大學有更多彈性空間來辦學，以因應市場經濟的需求。大陸近年來也在檢討承襲過去蘇聯專業分化過細的弊病，進行科系調整。「中國教育改革和發展綱要」也提出，「高等教育的發展，要堅持走內涵發展為主的道路，努力提高辦學效益」「制訂高等學校分類標準和相應的政策措施，使各種類型的學校合理分

工，在各個自主的層次上辦出特色。」過去大學畢業生「統包統分」和「包當幹部」的就業制度也已打破，逐步推行畢業生與用人單位「雙向選擇」的辦法。畢業生「自主擇業」之推行，也須擴大大學辦學的自主權，才能辦出學校特色，以迎合社會主義市場經濟的要求。

大學內部管理機制更加靈活

台灣新修訂大學法明訂大學在「法律規定範圍內享有充分的自主權」，大學校長、學術主管均由公開遴選或選舉產生，校務會議亦由教授、行政人員、學生與技工代表組成，審議學校重大決策，使得大學內部管理走向透明化、民主化。大陸的「中國教育改革和發展綱要」也主張，「透過立法，明確高等學校的權利和義務，使高等學校真正成為面向社會的法人實體。」屬於學校辦學自主權範圍內的事，政府不再干預，學校也因而須強化內部管理體制的改革，建立和社會主義市場經濟相符應的運作機制。

大學入學管道更趨多元化

台灣為了保障大學機會的公平性與適當性，設立了大學入學考試中心，著手改進現行大學聯招方式，研擬各種大學入學方式，如推薦甄選入學，預修甄試入學，改良式聯招等。1998年開始試行大學先修制度，避免「一試定終身」的弊病。大陸也改變了全部按國家統一計畫招生的體制，改行國家任務計畫和調節性計畫相結合的策略，在保證完成國家任務計畫的前提下，逐步擴大招收委託培養和自費生的比重。就入學考試科目之變革而言，1983年開始試行高中畢業會考和全國統一高考結合的辦法，1990年在杭州召開全國高中會考及升學制度改革座談會，正式確定推行高中會考及改革相應的高考科目的方針。其方案為高考科目分為文、理兩類，大學在錄取學生時，在同等情況下可參考考生高中所有九門文化課的會考成績，目前幾乎所有省市均採行此一方案。未來更將擴大各大學的招生選擇權，除國家統一規定

少量必須考的基礎文化課程外，由各校自行依學科及專業特色自行決定不同的考試科目。入學考試更趨多元而彈性。

大學經費與資源運用更趨彈性

台灣過去在三級教育行政體系的劃分中，中央政府負責高等教育，公立大學經費悉由政府負擔。隨著市場機能調控高等教育，這種由政府全部負擔、全權控管大學資源的情況已經不再適用。1997年開始13所綜合性大學的經費試行成立非營業性的作業基金，自籌經費部分（包括學雜費收入）必須占其經常門20%以上。大學經費的自主權越來越大，每年經費剩餘可以循環使用，但也須自負盈虧，大學也因而允許自行籌募基金。這種作法將來會擴及各高等教育機構，使得高等教育的經費與資源的運用更具彈性。大陸高等教育經費也已經初步走向以國家財政撥款為主，多管道籌措經費的道路。過去學生上大學悉由國家負責的辦法，也有了澈底的轉變，改採收費制度。這使得過去國家統包的辦法完全打破。大學在經費籌措與運用上有了更大的彈性空間。

大學更趨國際化

台灣為了提昇大學師資素質，配合修正後的大學法，大學增設「助理教授」一級，輔以「講座教授」及「博士後研究員」制度，以吸引優秀人才至大學任教，使得大學中的教學與研究能臻國際一流水準。近年來更在大學中加強外語訓練，輔導各校成立國際學術交流的專責單位，在互惠原則下，慎選國際合作對象，推動多元而實質的國際學術交流活動。大陸自1991年開始推動「211工程」，在面向二十一世紀世界新技術革命的挑戰，集中力量辦好100所重點大學和一批重點學術、專業，使其素質達到世界一流水準。同時也進一步的擴大教育對外的開放，加強國際交流合作，開展與國外學校或專家聯合培養人才，聯合開展科學研究。兩岸大學教育近年來均有顯著的國際化趨勢。

兩岸大學教育的共同問題與因應

在前述的趨勢下，兩岸大學教育也潛藏著下列共同的問題有待解決：

市場機制下造成大學教育目標偏頗

兩岸大學教育發展同樣受市場機制的主宰，市場機制滲透進大學教育以後，大學教育由經濟發展與人力供需來決定其方向，其結果可能造成人文科系緊縮，人文精神斲喪，兩岸頗多學者對此也提出批判性的反省，認為屬於「育人」的工作，不能用商品來處理，因而主張加強廣博的人文素養，台灣有些學者更強調批判精神的培養，以洞視未來社會發展。

大學行政運作效率不彰

隨著大學自主權的擴張，大學內部的行政運作亦宜作有機的調整，才能發揮大學自主的精神。惟台灣自新大學法頒布以後，大學校長系所行政主管用遴選或由選舉辦法產生已使得大學校園產生派系紛爭的現象，使得大學行政效率難以提升。新大學法又規定「校務會議為校務最高決策會議」將決策、行政、監督等事權集中於上百人的校務會議，共識之取得相當困難，難怪行政效率不彰。大陸大學在賦予辦學自主權以後，也產生了管理體制和機制運行上的困難，也因而1991年國家教委便開始一連串的從事大學內部管理體制改革的試驗。專業自主與大學行政效率如何兼籌並顧，是台灣修訂大學法，也是大陸為高等教育立法必須審慎思慮的重大問題。

市場機制、政府與大學之角色定位有待釐清

在市場機能主導大學發展下，政府的管制宜減至最低程度，使得各個大學能發揮其經營理念，發展足以在教育市場與其他大學爭衡的特色。如此一來，是否意味著政府聽任不管？是又不然，政府仍宜透過立法，來監督高等教育的發展。正如前世界比較教育學會聯合會主席W. Mitter所云，政府與市場均應基於教育對民主與人權的尊重，提供合宜的立法或市場規則，來保證教育發展的成功。這也正是兩岸大學教育在解決政府、市場與大學自主權分際所宜採行的途徑。

大學經費與資源之運用仍須廣開財路並作合理分配

兩岸大學在市場機能與大學自主的訴求下，在經費的管理與運用上雖有較大靈活運用的空間，惟由於政府財政緊縮，籌款不易，兩岸大學在經費的籌措上仍有許多難題有待克服。先就台灣而言，大學成立校務基金後，80%的經費仍由政府支應，如何合理分配政府大學經費，成為未來亟待解決之問題，而各大學的募款以籌措經費，也有諸多瓶頸有待突破。就大陸而言，高等教育的經費也存在著國家預算內撥款和實際要求差距太大，學校自籌經費增大，非學校能力所能堪的問題。兩岸大學均有待於強化要與產業界合作，以闢財源，更宜將資源作合理的分配，使教育經費作最有效的運用。

大學入學制度的公平性與合理性仍遭質疑

大陸大學在擴大招生委託培養和自費生後，部分地區由於管理放鬆，部分大學只求自身的發展，產生了亂招生、亂辦班的現象。再者採取國家任務計畫和調節性計畫並存，而且收費及錄取不統一的「雙軌制」後，往往出現考生成績低的成了自費的大學生，成績高的卻上不了大學的現象，影響就學機會的公平。台灣的推薦甄試入學近年來

也是產生了公平性的疑慮。建立合理公平的入學制度，以便擇優取才是兩岸大學教育所亟須解決的問題。

兩岸大學教學與研究仍有待進一步提昇以達國際水準

　　兩岸大學雖有國際化的趨勢，惟學術水準之提昇仍有待進一步的努力。如何運用國際資訊，以及客觀的學術評鑑制度，使大學教育提昇至國際認可的水準是為兩岸大學教育的共同課題。

未來展望

　　市場導向的高等教育是為近年來世界性的高等教育改革之主要潮流，海峽兩岸的高等教育同受此潮流之影響，採取市場機制來調整大學的發展。所不同者大陸仍堅持「以馬克思主義和建設有中國特色社會主義的理論為指導」，堅持「黨對教育工作的領導」。殊不知馬克思主義和社會主義與市場經濟之間充滿了矛盾與衝突。所謂「黨的領導」更亦使教育工作陷入僵化的意識形態桎梏，使得大學教育無法自由自主的發展，難以在競爭激烈的國際市場，頭角崢嶸。

　　今後大陸宜放棄其意識形態的堅持，以更開放的態度、更自由民主的精神來進行大學教育改革，方能導高等教育於正途。如此一來，兩岸也可以在自由平等的精神下，在互利共生的基礎上，共同合作，解決兩岸大學教育問題，促進兩岸大學教育的健全發展，使兩岸大學教育均能臻國際一流水準。

希臘教育

緒言

　　一個國家的教育制度必須植基在其民族文化上，才能茁壯成長，也才能與其民族生命結合成融貫的整體，發揮教育在延續命脈、光大民族文化的重要功能。另一方面，在急遽變遷的現代化社會中，為了配合經濟發展，培育國家建設所需要的專門技術人才，教育制度又不得不隨時適作調適，以迎合社會現實的需要。然則，正如田培林先生所指出的，專門技術人才的教育在推行的過程中，稍一不慎，即會產生一種非民族的傾向。但是專門人才的培養，仍然是為了民族，故其本質仍為一種為民族而進行的教育工作。〔註一〕因而，在講求經濟效益的現代社會，如何避免職業技術教育流於非人性化、非民族化，實為各國教育制度所亟須面對的問題。

　　對於一個具有悠久歷史文化的國家而言，前述問題更形成國家教育變革過程中最為嚴肅的挑戰，教育制度的調適一方面要避免文化傳統成為進步與發展的絆腳石，另一方面在經濟發展的過程中不僅要維繫其民族文化的基本面貌，勿使技術教育流於非民族化，同時要使進步的果實成為豐富民族生命的營養。希臘這一個文化古國，其教育發展的歷程，正是在文化傳統與經濟效益、人文陶冶與職業教育之間互相爭衡，不知何去何從的痛苦掙扎的歷程。

　　在這長遠的掙扎過程中，希臘之企圖建立以民族文化為基礎的教育制度，並未見成功，其調適經濟發展、社會需求之努力，更是澈底

的失敗。此其中政治的動盪不安、教育政策的舉棋不定，固爲重要因素，但傳統文化，結合了希臘東方正敎敎義，以及十九世紀中葉新人文主義精神所形成的人文主義一直支配著希臘文敎界，使得任何重大的教育改革，都因爲這種教育上的強烈人文傾向，而難彰成效。1929年、1959年及1964年的改革案，均因人文學者的反對而無法付諸實現。1976年的教育改革，規定白話文爲官方語言並爲各級學校的教學語言，提高職業技術教育在學制系統中的地位、古代希臘文學改用現代語文翻譯教學等措施，可以說是對於彌漫於教育界人文精神的一大突破，但其中仍有妥協的成分，如設立10所畢業生可以免試升大學的古典語文高級中學，可以說是在人文學者強烈的壓力下所作的讓步。

　　總之，現實的需要，使得希臘的教育制度不得不更張，以適應近年來產業結構的改變。但是文化傳統的包袱，卻阻礙了教育革新的步調。1976年教育改革，使得希臘的教育前途初露曙光。但在人文精神籠罩下，希臘教育的改革能否完全成功，則仍在未定之天。本章對於希臘教育制度現況的說明，將以制度背後所植基的文化哲學爲主軸，分析現行制度形成的相關因素及其所面臨的重要問題。

影響希臘教育發展的重要因素

　　希臘自1827年民族革命成功以後，儘管政治動盪不安、內憂外患交逼，惟任何政府上台，政策之執行內容或略有差異，但爲維繫傳統人文精神之旨則無殊。人文主義的教育哲學主宰希臘百餘年來教育制度的發展。近來年由於經濟發展的需求，使得這種人文取向的教育不符現實需要，特別是1961年，與歐洲共同市場簽訂了「雅典協定」（Athens Agreement）以後，經濟結構更有顯著的改變，教育制度遂與社會需求形成嚴重脫節。改革之聲時有所聞，惟歷次改革均囿於教育上強烈的人文傾向而未能實現。〔註二〕1974年希臘結束了七年軍政府統治。新民主黨（New Democracy）在同年11月大選中獲得壓

倒性的勝利。鑑於現實需要，列教育改革爲最重要的施政方針，進行一連串的教育改革，而以1976年三○九號法案「關於普通教育的組織與行政」完成了希臘教育制度之澈底重組，形成希臘教育制度的新面貌。本次改革之所以能夠成功，並不意謂著希臘教育上的人文精神已消逝，而只是七年軍事統治給予人民的餘悸猶存，兼以經濟上的壓力，使得新民主黨能在有利的情勢下將改革案付諸實現。在敍述希臘教育現況之前宜先就主宰希臘教育的人文精神及影響教育發展的幾個重要的相關因素先作說明。

文化的因素

希臘文教育（Paideia）一詞本身即意味著一種文化理想。古代希臘的教育即透過廣義的音樂、體育課程以造就身心和諧的完人，而以完成一種文化理想爲旨歸。這種文化理想結合了希臘東方正教（Greek Orthodox）教義，以及十九世紀新人文主義的精神，形成了現代希臘教育發展的哲學根基。

這種教育上的人文理念之所以形成，係因爲1453年君士坦丁堡（Konstantinopole）陷落後，希臘淪於土耳其統治長達四百年之久。在此長久的異族統治之下，古希臘的文化理想成爲維繫其民族凝聚力、發動民族革命的精神支柱。在土耳其統治之下，多數知識分子逃亡西歐，希臘東正教教會遂肩負起維護、傳遞與發揚古希臘文化與語言的重責大任。古希臘哲學家柏拉圖的靈魂不滅論、精神世界的見解、亞里斯多德的人性論、精神物質關係論也因此融入了東方正教教義中，形成了所謂希臘的基督教文化（Hellenic Christian Culture）。

希臘民族革命成功以後，這種結合了古代文化與東正教教義的希臘的基督教文化，也一直成爲維繫希臘民族認同的文化理想。正如卡札米亞斯（A. Kazamias）所指出的，希臘革命以後的1830年代，這個國家教育的主要目的不在於創造一種新的思維方式，而毋寧說在於復興古希臘文化。希臘人在文化復興中所面臨的是古希臘文化和古基督教文化的結合問題。〔註三〕希臘現代教育的發展也因而深受這種

文化理想所支配。

及至1832年普魯士的奧圖（Otto I）被英、法、蘇列強推為希臘國王以後，這種文化理想更與當時德國新人文主義哲學結合，成為主宰現代希臘教育的思想主流。奧圖繼為希王後，即在歷史學家兼法學專家莫瑞爾（Georg Ludwig von Maurer）的策劃下，進行各種公共行政與教育的立法。莫瑞爾是一個人文主義者，其所立定之法案幾乎完全植根在當時盛行於普魯士的新人文主義的精神。〔註四〕1834年「基本教育法」雖然以1833的法國居佐法案（Loi Guizot）為藍本，居佐法案深受法國哲學家庫辛（Viktor Cousin）的影響。

庫辛則對於當時德國的教育制度備極推崇，特別是德國初等教育立法，認為是最為完善的教育立法。〔註五〕因此，現代希臘初等教育初期規劃與其說受法國影響，毋寧說深受德國人文精神的影響更為恰當。至於1836年的中等教育法案，以及1837年雅典大學的成立，悉依德國制度規劃。由上述幾個重要立法可見現代希臘教育發展之初，即已決定了它未來強烈的人文趨向。

然則，德國新人文主義哲學之所以能夠一世紀以來一直影響希臘教育，實與希臘人對古文化榮光的憧憬及希臘民族之悲劇命運息息相關。德國新人文主義者，如洪保德（Wilhem von Humboldt）等之強調民族主義，正迎合了希臘民族在長久異族統治之後的心靈要求，而新人文主義之重視希臘古典語文研究，更滿足了希臘人「文化復興」回歸古希臘榮光之精神需要。因而德國新人文主義很容易與希臘本土的文化理想結合，匯為一股強烈人文導向的教育思潮。這股思潮在雅典大學及東方正教教會的推波助瀾下，深入人心；使子弟成為所謂的「文化人」（morphomenos anthropos），幾乎成為所有希臘父母的共同願望。時勢所趨，任何適應經濟需求所作的教育改革，均難彰成效。政府的更替，也難以很快改變教育上的人文主義趨勢。古典語文課程的重視與文言文的使用也因此成為希臘教育的特色，直到1976年的教育改革才有改變。

宗教因素

希臘在土耳其統治下四百餘年間,大部分學者避秦歐陸,希臘東正教會遂負起延續希臘文化的重任。在土耳其統治初期禁止希臘學校的設立,東正教會設立了所謂「秘密學校」(Krypha Scholeia),在教堂中秘密教授希臘文與聖經,以保存希臘民族精神。直到西元1606年希臘學校禁令才解除。然而,由於經濟的困難以及大部分知識分子逃離本國,因此負起教育責任的仍為東正教會。在土耳其統治時期,君士坦丁堡的大主教,不僅為希臘民族的宗教領袖,也是希臘民族的精神領袖,希臘的獨立戰爭,實在也意味著宗教信仰的戰爭。東正教的信仰成為希臘民族的精神寄託,東正教會成為希臘現代社會生活形態與教育發展。希臘民族革命成功以後,儘管政教分離,但由於深厚之歷史傳統,教會仍舊左右著政府施政。任何政府的施政方針,未獲教會支持均難順利推行。希臘東正教的教義,正如前述,融入了古希臘哲學,形成了一種傳統取向的新人文主義哲學。因此,任何悖離新人文主義精神的教育改革均難獲教會的支持。這也是希臘政府一直不重視職業技術教育的原因之一。

雅典大學

前述新人文主義精神的薈萃之所即為雅典大學。雅典大學也以希臘人文傳統的保護者自居,以直接或間接的方式左右著希臘教育的發展方向。

雅典大學在1837年成立,成立之初完全以普魯士大學為範例,時值德國新人文主義勃興,雅典大學特別是其哲學院,也因而沿習此種人文主義的傳統,企圖以其影響力,塑造現代希臘的文化教育理想。根據雅典大學哲學院的信念,這種文化理想必須透過古代語文以及人文課程的學習才能達到。任何與此信念相悖的教育改革,均難期付諸實現。

1913年的中等教育改革法案，企圖以白話文為教學語言，減少人文課程的份量，就遭到雅典大學哲學院的強烈反對，向教育部提出抗議照會：「改革案嚴重的損毀了古希臘語文的教學，更斲喪了整體的人文教育。」1929年、1959年關於初等職業學校與中等職業學校的改革案均遭雅典大學反對而作罷。1964年的改革，以現代希臘文翻譯教希臘古代典籍，以及課程中取消拉丁文，更引起軒然大波。雅典大學哲學院向教育部所提備忘錄云：「……未包括希臘文與拉丁文的教育，難謂為統整周全的教育，本學院以為政府對於基本教育與中等教育所提方案，不僅未能促進我希臘兒童青年之健全發展，相反的，卻對其發展構成重大的阻礙。」，〔註六〕因而，課程中仍未取消古代希臘文與拉丁文。

　　1976年教育改革案尚在國會討論時，希臘總理卡拉曼利斯（K. Karamanles）召開了一次各級教育界的代表所組成的十二人會議，討論有關教育改革案問題；其中反對取消古希臘文教學者為來自雅典大學哲學院的兩位教授，其所持之理念無非以為希臘古代語文的教學，即所以延續希臘民族精神與希臘文化命脈，取消希臘古代語文不啻將希臘民族與文化連根拔起。雅典大學哲學教授，並為雅典學術院院士兼總幹事的希奧多拉郭普魯斯（I. Theodoracopoulos, died 1982）在會中表示，「假如現代希臘人連最起碼有限的希臘古代語文知識都不知道，那將使希臘民族巴爾幹化。希臘的存在不僅是理念，也是事實。一百年前希臘存在的事實比起五十年前大得多，因為那時候全歐洲的人都懂得古代希臘文。希臘已變小得多了。」另一位雅典大學歷史學教授亦為國會議員札基息諾斯（D. Zakythinos）更以為古代希臘文是民族語文，民族教育亦即古代語文的教育，不管我們願意與否，我們的教育恆難與希臘古代的文化理想（paideia）割離。〔註七〕

　　根據前述可知，希臘歷次的教育改革均因雅典大學的介入而未能貫徹。除此之外，希臘雅典大學自1837年以來，將近一個世紀，是希臘唯一的高等教育機關，希臘文教界幾乎全部由雅典大學所造就的人才包辦，即使近年來希臘高等教育不斷擴充，雅典大學畢業生仍執掌

希臘教育牛耳。上自教育部長，下至地方督學、教師，雅典大學的畢業生仍占絕大多數，可說從教育政策的制定到其執行均透過雅典大學所造就的人才。雅典大學，正如前述，有其深遠的人文主義傳統，其所造就之人才自難免於此種人文主義傳統的影響，這也說明了何以希臘教育發展之強烈的人文傾向了。

語言因素

如果對於前述希臘教育上的人文主義沒有深入的瞭解，殊難瞭解何以語言問題會成為國家教育政策關心的重點所在。原來傳統的人文主義學者認為希臘文言文（Kathareusa）是一個直接與古希臘光榮的傳統聯繫的橋樑，因而主張各級學校一律使用文言文教學。可是在學校門牆之外、報紙、電視、文藝作品及日常說話，人們卻使用了另一種文法結構截然不同的白話文（Demotike），因而構成了希臘教育上極為嚴重的雙語問題。

正如巴巴奴卓斯（E. P. Papanoutsos）所指出的，希臘的雙語問題與其他使用兩種語言的國家所面臨的問題不同。其他多語國家，如瑞士、比利時等，其所使用的語言均為與日常生活結合的活語言，因而學校教育中使用任何一種語言，均不致構成嚴重的問題。但是希臘的文言文和白話文，雖然使用的是同樣的字母，但是用字、文法結構上卻有天淵之別。如此一來，學校所教的語言與學生日常生活所使用者截然不同，造成學生表達上的混亂與困擾。〔註八〕

有志之士早已洞視這個問題的嚴重性。十九世紀末、廿世紀初，一些重要的語言學家、作家，如屈安達菲力德斯（Manoles Trianta-phyllides）、〔註九〕巴拉馬斯（Kostes Palamas）〔註十〕均曾主張以白話文作為學校教學用語。1910年教育學會（Ekpaideutikos Omilos）成立，更把所有教育問題歸諸語言問題，以為學生的咬文嚼字、課堂上的被動態度以及對事理的不清均由於語言上的裝模作樣，養成師生雙方的虛假態度，因而教育的革新必須從語言的改革著手，特別是應該把白話文引進課堂，引進教科書的編寫裡。這個協會努力

的重點即在於透過著作、公開演講、白話教科書的試編，提高白話文在教育中的地位，並進而希望促進政府從立法上全面的革新希臘教育。

　　當然，雙語問題並不單純是何種語言應成為教學語言的問題，更涉及了教育制度所植基的文化哲學問題。以雅典大學哲學院為中心的人文主義者，基於其維護文化傳統的使命感，就曾屢次反對語文的變革。然而時勢所趨，白話文終於逐步的獲得勝利。首先，是1917年國民小學低年級開始使用白話文教學，1929年則延伸到國小六年級，1964年的教育改革更將白話文和文言文列為同等地位，然而取決權由各校自行採擇。到了1976年三○九號普通教育法案公布，規定白話文為正式教學語言，白話文才算達到最後勝利。然而，希臘的教育發展已經因為浪費在語言問題上的爭論，而落後了好幾十年。

社會價值觀念

　　希臘民族對教育事業的熱衷，結合了前述人文主義教育哲學，形成一般民眾「萬般皆下品，惟有讀書高」的價值觀念，影響了職業技術教育的遲滯發展。

　　希臘人對教育事業的重視可說是保持其民族獨立自主的重要因素，即使在異族統治之下，猶不忘振興文教，認為教育為民族爭自由、爭獨立最重要的手段。早在獨立戰爭的第二年（1822年）希臘召開國民會議，就已決定組織教育委員會，統籌教育事業的發展。關於希臘人對於教育事業的熱衷郭可尼斯（I. Kokones）在1830年的愛琴那島（Aegina）視學報告有極為生動的描述：父母對子女的教育顯得非常熱切；一般青年人也樂於學習；很多不識字的父親很熱心的贊助學校的設立，甚至於變賣土地，希望其子女不要像自己一樣成為文盲。〔註十一〕

　　這種對於教育的熱衷延續至今，又與教育上的人文主義結合，形成了一般社會大眾輕視職業技術教育的觀念。對於一般希臘父母而言，熱衷希望子女受教育，也就是意味著能夠升入古典高中，循序而

進大學，以便找到一個「勞心」的職業。對於職業技術教育的輕視可以由1959年柯林德魯‧皮耶瑞阿（Kolidrou Pierias）古典高中分校擬改為獨立的農業職校，所引起的軒然巨波看出來。原來希臘教育部鑑於該地區農業發展的需要，作了改為農業學校的決定，不意該地區的居民群起反對，而主張維持古典高中的型態。為了表示其對教育部的抗議，全縣決議工廠罷工、商店罷市、學生罷課，對外交通完全切斷。縣長及全體縣議員總辭，以促請教育部收回成命。〔註十二〕

社會上重視人文教育價值，使得希臘高等教育的發展供不應求，升學競爭之激烈年甚一年，而職業技術教育乏人問津。正如「經濟合作發展組織」（O.E.C.D）的適切觀察：希臘教育的一個最根本的問題在於職業學校只能吸引低收入家庭的子弟來就學。〔註十三〕社會風氣如此，也難怪1929年、1959年職業技術教育改革均無法付諸實現了。

政治因素

除了教育上強烈的人文傾向外，政治的動盪不安，以及教育行政上的過度中央集權，皆是使得教育上的變革，欲振乏力的重要因素。希臘民族革命成功以後，加波笛思德瑞亞斯（I. Kapodistrias）於1828年成為希臘的第一個統治者，加氏雖有心於教育改革，對於初等教育、中等教育與職業教育等均多所建樹。惟不久以限制公民權以及當時政治上反對力量，加氏在1831年遭到暗殺身亡，其在教育上的努力亦因而未彰成效。

加波笛思德瑞亞斯的遇刺，不僅對這個新形成的國家造成莫大的震撼；就教育的長遠發展觀點而言，更註定了希臘未來教育與現實根本脫節的悲劇命運。

在加氏死後二年，希臘政治舞台形成真空狀態。在當時列強環伺之下，於1831年由英、法、蘇公推年輕的普魯士王奧圖（Otto I）為希臘國王。由於奧圖全無行政經驗，故以歷史學者兼法學家莫瑞爾為其作制度上的規劃。當時德國新人文主義盛行，氏本身又為人文主義者，

因而其所揭櫫之教育制度，悉採當時德國的新人文精神，而未曾考慮希臘現實的需要。可以說現代希臘教育發展之初，由於外來政治的干預，只是一種制度上的橫的移植，因而造成此後希臘教育偏向人文走向的偏枯發展。

由於奧圖未能應付希臘政治、經濟、社會發展的現實需要，於1862年被逼退位，此後希臘政局除了短期穩定以外，幾乎長期陷於不安之中。如1895年至1922年克里特（Crete）、馬其頓（Macedonia）、伊譬羅斯（Epeiros）等地尚在土耳其統治之下的獨立戰爭、巴爾幹戰爭、內戰以及兩次世界大戰均造成希臘國力大傷。1950年以後，希臘政局才漸趨穩定。1950年希臘加盟北大西洋公約組織，1961年與歐洲共同市場簽署「雅典協定」，加強與西歐的實質關係，政經各方面均有長足的發展。因而有1964年教育改革案的提出，對於希臘不適現實需要的教育制度作全面性的刷新。正當希臘教育發展前程初露曙光之際，不意又逢1967年軍事政變，軍政府獨裁長達七年之久，取消1964年教育改革案，使得希臘教育制度現代化的努力又告中輟。

1974年軍政府垮台，希臘人民對於軍事獨裁餘悸猶存，加上保守的新民主黨黨魁加拉曼里斯個人的威望，使得新民主黨在大選中獲得壓倒性的勝利，造成教育改革的有利情勢。1976年的「普通教育法案」、1977年的「職業與技術教育法案」、「私立普通教育法案」，1978年「高等教育法」都因這種政治上的有利形勢，而能順利通過國會的立法，使得希臘在現代教育發展史上展現了嶄新的一頁。

然而，新民主黨未能應付日益嚴重的通貨膨脹，新黨魁拉里斯（G. Rallis）個人能力威望均不如前黨魁，加上人心思變，因而在1981年10月18日大選中慘遭敗績。巴本里德奧（A. Papandreou）所領導的「泛希臘社會主義運動」（Panhellenic Socialistic Movement）在國會以壓倒性的多數席次取得政權後，宣稱退出北大西洋公約、歐洲共同市場等激烈措施，已使得新民主黨八年來所立定的政策發生了根本的動搖。

綜觀希臘百餘年來的政治發展，戰爭的頻繁使得教育制度的機能難以正常運作。政局的不穩、政府更迭的頻繁使得任何教育政策均難

貫徹。兼以希臘教育行政制度採中央集權制，教育部對於全國教育事務之監督與管轄，巨細靡遺。政策的制定、制度的規劃，又常決諸教育部長。由於政局的不安，1828年到1976年這148年之間竟然更換了255位教育部長。平均每位部長在職八個月，在此種情形下，要使希臘教育政策能夠貫徹，希臘教育制度能夠配合長遠社會發展的需要，真是憂憂乎其難矣。

經濟因素

　　由於教育上強烈的人文主義傾向，經濟因素對於希臘教育上的影響可以說是微乎其微。歷次改革案的提出前，雖也組織了教育研究委員會以評估希臘教育制度、課程，作為改革案的參考。然而組成的委員多數為人文學者，1958年和1975年的教育研究委員會皆以雅典大學哲學教授西奧多拉柯普魯斯為召集人，西氏為現代希臘最具代表性的人文主義者。委員會中又無經濟學者或社會學者，其對希臘教育制度之評估，未能從希臘經濟發展的觀點作出發，自毋待言；其研究結果難適希臘現實需要，改革案也未依其委員會之建議。如1959年之普設各種類型的職業學校，實際上，是來自產業界的壓力，〔註十四〕1976年的改革案，係依政府自己所組的委員會起草而成，教育研究委員會之組成，只不過是為了延緩來自人文學者的壓力而已。〔註十五〕

　　以往由於人文主義的教育哲學主宰著希臘教育，又連年戰亂，物質的匱乏，使得任何變革均因經費的限制而未能付諸實施，教育制度也因而維持一種穩定的狀態。1961年希臘與歐洲共同市場簽署「雅典協定」以後，經濟發展至為迅速，產業結構也有顯著的改變，兼以教育投資的理念已經逐漸的突破人文精神籠罩的希臘教育界。因此，改革教育制度以應付社會經濟發展需要的要求也益形迫切。

　　根據希臘銀行總裁佐洛塔斯（X. Zolotas）的觀察，希臘在1962年「雅典協定」生效後到1977十餘年間，經濟的成就至為可觀。國民生產毛額年增加率6.6％，遠超過其他九個歐市國家的4％；工業生產的年增加率希臘為9％、其他歐市國家為4.1％；更值得注意的是在

同一時期中，工業勞動力的年增加率希臘爲3.3%、其他歐市國家則年減0.5%。

產業結構在過去十餘年也有顯著的改變。農業生產在全國生產毛額所占比率由1962年的22.7%降爲1977年14.3%；次級生產從1962年的25.9%增加到1977年的33%；製造業也有顯著的進展，從1962年占全國生產毛額14.5%，提高到1977年的21.5%。〔註十六〕

希臘合作企劃部研究計畫中心根據1961年至1971年間的經濟發展，擬定了1972年至1987年十五年長期發展計畫，按照該計畫。1971年到1987年之間投入生產行列的勞動力最顯著的改變是農牧人口與專業技術人員的消長，農牧人口將由1971年的1,400,000人減低到800,000人（即在全國各行業人口中所占比率由41.7%降爲20%），專業技術人員由1971年的186,000人增加到1987年的610,000人（即由5.5%增加到15.2%）。

面對經濟發展以及產業結構已有的、以及未來可能的改變，教育制度宜有所更張。而教育制度的更張，除了由於經濟結構變遷之外，更由於教育投資觀的逐漸建立。1959年希臘銀行總裁佐洛塔斯就曾批評以往希臘經濟過分重視自然資本的投入，而忽略了人力資本，因而導致經濟發展的澈底失敗。因爲人力資源有賴於長時期的教育投資，而自然資本的匱乏有時可以貸款來解決。〔註十七〕1959年的三九七三號有關職業教育改革案即是基於教育投資觀的理念，以爲希臘正值急遽的技術與經濟的發展中，因而國家教育有必要更有系統的導向技術與經濟的領域。〔註十八〕

1959年的改革案由於以雅典大學爲首的人文學者反對而告失敗。1964年改革案起草人巴巴奴卓斯在其法案的說明書裡曾經沈痛的指出：「如果我們不把青年的興趣導向職業技術，不以有效的方法教育青年積極的投入職業生產行列，則希臘的經濟將無法在國際舞台上爭衡，而我們的國家也難期生存與進步。」〔註十九〕1964年基於經濟發展所作的教育改革，由於1967年的軍事政變而告中輟。

1976年的教育改革案，係以1964年的改革案爲藍本，明白的宣示了新民主黨政府的教育哲學，以教育爲一種投資，希望擴充職業技術

教育,吸引更多的青年進入職業學校,〔註二十〕而這也正配合了希臘1973年至1987年長期發展計畫的目標。〔註二一〕

　　綜合言之,希臘教育長年以來在人文精神影響下,經濟因素在教育制度中並沒有受到適當的重視。近年來由於經濟結構的改變,教育投資觀的確立,經濟因素的影響已經逐漸的由外圍的地位轉移爲核心的地位。1981年10月大選取得政權的「汎希臘社會主義運動」黨魁巴本里德奧係出身哈佛大學的經濟學者,基於其政黨所持政策及其學術背景,將來對於教育問題的解決,或仍將難免於從經濟發展的觀點來考慮。

現代希臘教育之歷史回顧

　　根據前節的分析,希臘教育制度的發展,早期深受人文主義哲學的影響,強調古典語文的學習與博雅的教育。近年來由於經濟結構的改變、教育投資觀的抬頭,教育的經濟效益漸受重視。歷年來希臘教育改革的呼聲與反改革的浪潮,實際上,就是這兩種教育理念的爭衡。本節將從歷史發展的觀點,把這兩種理念表現之於教育實際的事實作一個縱的說明,以爲下一節橫剖面分析希臘現行教育制度的基礎。

希臘民族革命以前的教育 (1453－1821年)

　　西元1453年君士坦丁堡陷落以後,希臘陷入土耳其統治長達四百年之久。土耳其統治希臘初期,爲了扼阻希臘民族精神的發展,嚴格限制希臘學校的設立。爲了延續希臘文化命脈,希臘東正教教會逐擔負起教育希臘人民之責。1593年全希臘宗教會議決議由各地主教負責推行各教區的教育,課程以宗教爲主,幾乎談不上制度的規劃。

　　1606年學校禁令稍告解除。然而,由於物質的匱乏,以及大部分知識分子逃離希臘,學校之設立仍舊相當的稀少,而且仍舊操諸東正

教教士之手。

在土耳其統治之下的學校有三級：

1. 國民學校：以聖經的教學為主，並教以基本的讀書、寫字、算術。
2. 中等學校：以古代希臘文的教學為主。
3. 高等學校：教以哲學和實證科學。

本期教育，由於師資缺乏，經濟困難，學校教育並不發達。由於教育事業幾乎全由東正教教會籌謀規劃，注定了現代希臘教育之強烈的宗教色彩。

從獨立戰爭到本尼哲羅斯執政時期 (1821－1829年)

希臘獨立戰爭以前的教育儘管不普遍，卻也激發了大多數希臘人民的民族意識。1821年獨立戰爭的爆發可說是長久以來不絕如縷的教育耕耘的成果。

戰爭的初期，革命的將領就已體認教育係希臘人民爭自由、爭獨立的最重要的方法。因而在1822年的國民會議就決議成立一個由五個委員組成的教育委員會，研商民族獨立後的教育問題。該委員會於1824年7月向臨時政府建議，希臘教育宜採三級制。惜以戰爭綿延至1829年，故該建議並未付諸實現。

1828年加波笛思德瑞亞斯成為希臘獨立以後的首任統治者。加氏極重視文教，以為希臘的繁榮與發展，胥賴教育。因而在位雖僅三年，即在物質環境非常困難的情況下，設立了國民小學84所，初級中學（稱之為希臘學校Hellenikon Scholeion）37所，高級中學兩所，並也注意職業教育的發展。

如前所述，加波笛思德瑞亞斯在位僅三年即遇刺身亡。普魯士的奧圖王子在列強的擁護下，繼位為希臘的統治者，以莫瑞爾當教育部長進行教育制度的規劃。其所立之「基本教育法」（1834年）、「中

等教育法」（1836年）以及1837年設立之雅典大學，幾乎全部是當時德意志制度的翻版，其學校制度，略如下述：

1. 國民小學（Demotikon Scholeion）七年。
2. 希臘學校（即初中Hellenikon Scholeion）三年。
3. 高級中學（Gymnasium）四年。
4. 大學（Panepistemion）：分為神、法、醫、哲四個學院。除醫科修業六年外，餘均為四年。

　　由於莫瑞爾係人文主義者，故其所規劃的制度，幾乎為當時人文精神的顯現，忽略教育制度的經濟功能，強調古典語文的學習，專業技術（如機械、建築、農業等）均排除於大學門牆之外。同時，由於新人文主義者洪保德的影響，教育行政之中央集權的理念，也在這個時候確立。

　　教育上的人文精神一直持續到1880年才因經濟社會結構的改變，而略有改變。由於幾個重要的商業城市貿易的發展，興起了一股新的中產階級，對於手工職業的需求也更為迫切。因而，有1899年西奧多基斯（G. Theotokes）對初等教育之大膽改革，以為初等教育不只是培養宗教情操、道德理念以及民族精神而已，更應強調實用技能的傳授，因而改變小學七年為兩個階段，後半段的三年專收不想升學的兒童，授以實用知識。由於人文精神的籠罩，這個法案並沒有在議會通過。

　　把希臘教育扭轉為一個新方向關鍵性時期的是本尼哲羅斯（E. Benezelos）執政時所作的一連串的教育改革，其重要者有1913年的義務教育實質化，提高女子教育，設立職業學校，1914與1917年兩度立法，把工科大學（Polytechneion）提升到與大學同等地位，1917年並把白話文引入國民小學，成為國民小學的教學語文；而其最重要的改革，則為1929年的法案，該法案對於希臘教育的重大改革如下：

1. 國民小學由七年改為六年。
2. 設夜間民眾補習學校以掃除文盲。

3.特殊教育制度之確立。

4.設立國民小學程度的職業學校。

5.設立非義務教育的兩年幼稚園。

6.中等學校分爲兩個階段，前半段修業兩年，後半段修業四年；
後半段開始分設古典中學、技術中學兩個類型。

爲配合這項改革，1931年公布的中學課程標準，拉丁文改爲選修，同時古代典籍也開始用現代希臘文之翻譯教學，這項重大的措施也爲後來1964年、1976年教育改革所採取。

綜言之，這個時期教育的基本特色，是確立了牢固而難以移易的人文主義教育哲學，教育制度也依此種人文精神而規劃。本尼哲羅斯總理鑑於希臘經濟社會結構的改變，力促把教育制度建立在更現實的基礎。惜以雅典大學爲中心的人文學者之反對，而未能貫徹。本尼哲羅斯也在政局的不穩中於1932年辭職，此後希臘又陷入了長期的兩種教育理念的論爭，直到1964年的教育改革，強調教育的經濟效益之自由主義者才又告勝利。

從本尼哲羅斯的辭職到巴巴奴卓斯的教育改革 (1929－1964年)

本尼哲羅斯辭職後，保守的人民黨（Laiko Komma）取得政權，在1933年通過了三項教育立法：城市學校法、教科書法以及教育學院法。透過這三項法案回復1929年以前的人文主義教育，尤以教科書法規定白話文僅限於國小三年級前使用，古代語文不得以現代文的翻譯教學，幾乎完全否定了1929年法案的精神。

1935年希臘回復帝制，右翼政黨政爭不已，導致1936年梅達克薩斯（I. Metaxas）的集權統治，偏枯的強調德國洪保德人文主義中的國家主義，教育權限集中，全部教科書悉由最高教育委員會編纂，取消「公民教育」課程，改設「宗教與道德」，拉丁文改爲必修。1837年並將國民小學改爲四年，中學改爲八年。

1940年代希臘迭經世界大戰、德軍占領、兩次內戰，元氣大傷，經濟蕭條，再者由於長年的動亂，穩定的要求也益形殷切，因而傳統導向的人文教育在這個時期中成為維繫穩定的重要力量。

　　逮1950年代，希臘加盟北大西洋公約組織，並於1953年訂立「獎勵外國資本辦法」，大量吸收外來資本，經濟發展至為迅速，因而有1959年加拉曼里斯（K. Karamanles）改革職業教育的法案：在教育部成立技術職業教育司，統籌技職教育的發展，職業學校分為初、中、高三級，高級中學後半段多途發展，除原有的古典中學、實科中學外，並廣泛的設立工業、農業、商業、海事、家事、外國語文等高級職業學校，設立職業技術學院，以培養職業學校師資。凡此皆為了配合經濟發展所為之教育革新。

　　然而，一則因社會價值觀念強調古典的人文教育，再則，以雅典大學哲學院為中心的人文學者的反對，這次的改革終未成功。然而，不管人文學者如何的反對，經濟的發展、社會結構的改變，終為不可抗拒之事實。正如前節的分析，希臘在1961年與歐洲共同市場簽訂「雅典協定」以後，經濟社會經歷空前未有之大變動；改革教育制度以配合經濟發展的呼聲甚囂塵上。因而有1964年巴本德里奧（G. Papandreou係1981年總理A. Papandreou之父）政府，採用自由主義教育家巴巴奴卓斯所提出的教育改革案，這次改革是希臘有史以來教育制度變革最大的一次，其重要的措施如下：〔**註二二**〕

1. 免費教育的範圍由小學擴及於中學、大學，以達到教育機會之均等。
2. 義務教育由六年延長為九年。
3. 中學分為兩段，前段稱為初中（Gymnasium），納入義務教育免試入學，後段稱為高中（Lyceum）。後半段高中分為普通高中、職業高中，須經嚴格入學考試，以決定學生就讀何種類型學校。
4. 規定白話文為各級學校的教學語言。
5. 中等學校的古典希臘語文，改用現代文翻譯教學。

*6.*建立教育研究所，爲教育問題研究機構。

綜觀本期希臘教育的發展，可以說是教育上的人文主義與教育投資觀兩種理念爭執最激烈的時期。最後希臘教育不得不走向民主化、現實化，而以1964年的改革案爲突破傳統人文精神，把教育制度建基在現實上的一個具體表現。

從軍政府執政到新民主黨的教育改革 (1964 – 1980年)

1964年的改革案，因1967年軍人執政而告中斷。軍政府上台後，於1969年通過一二九號「普通教育法」，重申希臘教育應建基在「希臘的基督教文化」(Hellenic Christian Culture) 的理想上。取消1964年的改革案，中學恢復1964年以前成制，白話文僅限於國民小學前三年使用，其餘各級學校教學語文一律用文言文，拉丁文恢復爲必修課程。1964年的各級學校全部免費，則未敢遽爾廢除。

儘管基於政治理由，軍政府的教育哲學不得不強調傳統取向的基督教文化。然而，正如前述，1961年以來希臘經濟、社會結構由於外資的引入而有空前的變化，因而軍政府也爲適應現實需要，在1969年和1973年兩度改革中等學校課程，並於1971年組織委員會研究教育問題。該委員會建議延長義務教育爲八年、國民小學悉採白話文教學、職業學校分爲三級、大學採取講座制度爲絕對必要。〔註二三〕

軍政府的集權統治爲希臘人民所不滿，兼又未能應付內政、外交的危機，因而在1974年垮台。加拉曼里斯被希臘人英雄式的從巴黎迎回，組織臨時政府籌備國會議員選舉。其所領導的新民主黨在同年11月大選中獲得壓倒性勝利,並在1978年的選舉獲勝。直到1981年爲「汎希臘社會主義運動黨」所敗爲止，新民主黨執政八年餘，視教育改革與重組爲其施政的最優先措施之一，進行一系列的教育革新計畫。其較重要者有1976年三〇九號「普通教育組織與行政法」、1977年五七六號「職業與技術教育之組織與行政法」、1977年六八二號「普通私

立學校法」，以及1978年八一五號「強化高等教育機構功能」法案。綜括這幾項法案，除大部分與1964年改革草案雷同外（如義務教育延長爲九年、高級中學多途發展、強化職業教育、規定白話文爲各級學校教學語言、各級學校免費等），另有幾種措施爲1964年法案所無者：

1. 普通教育中增加職業技術課程。
2. 提高技術與職業高中的地位，其文憑視爲與普通高中同等價值。
3. 職業技術與職業高中的畢業生，也有進入高等教育機構深造的機會。
4. 技術學院可以在限額內轉入大學同性質科系。
5. 設立10所示範古典語文高級中學，其畢業生可以免試升上大學之神學院、哲學院與法學院。
6. 取消大學入學考試，而以高中二年級、三年級兩次會考的成績，作爲申請進入大學的依據。
7. 設立教育研究與在職訓練中心，負責課程發展與教育問題研究。
8. 教育計畫之擬定與國家整體發展計畫配合。

縱觀新民主黨所進行的一連串教育改革，雖然強調教育的經濟價值，但並未忽略古典人文陶冶的重要。1976年改革案提出時，希臘總理加拉曼里斯就曾說：「國際上，古典教育的興趣已經消逝了，我們必須重新點燃它。」〔註二四〕可以說1976年以來的教育改革，想要在文化傳統與經濟效益上尋求一種有利的平衡，把教育制度與社會現實情況作一種更緊密的結合。雖然其中問題仍多，但無疑的在人文精神籠罩下，希臘1976年來的教育改革確已撥雲見日，初露一片光明的遠景。以下一節，即就最近幾次改革案，說明希臘教育現況。

希臘教育現況

　　希臘現行學校制度國民小學六年與初中三年爲義務教育範圍，高級中學分爲普通高中、技術與職業高中與古典語文高中三種類型，修業均爲三年，大學除醫科六年外，餘爲四年，幼稚園也在1976年「普通教育行政與組織法」中正式納入國家整體教育體制中，惟未屬義務教育。教育行政採中央集權制，全國分爲15個國民小學視學區、15個中學視學區，均向教育部負責。茲將學校制度與教育行政制度分述如次：

學校教育

學前教育

　　希臘學前教育早期操諸私人手中。1912年以後，國家才逐漸注意到學前教育，積極設立幼稚園。1962年四九四號「皇家條例」規定，幼稚園的課程是國家管理幼稚園教育之始。1959年，提高幼稚園師資至專科學校水準，將原來四年制的「幼稚師範學校」（Schole Ne-piagogon）由小學畢業可報名者，改爲高中才可報考。1976年的三〇九號「普通教育組織與行政法」更以幼稚園係普通教育重要的一環，規定由教育及宗教事務部統籌管理。1980年公布「幼稚園課程標準」規定，學前教育目的須依人格整體發展目的而定。幼兒須視爲獨立自主、具有特殊性質的動態個體。幼稚園的目的在於促進幼兒身體、心靈、智力的健全發展，使得幼兒能夠探索、控制、組織環境，並發展創造力。分析而言，幼稚園教育在於發展感情、運動、認知、語文及社會五種能力。

　　由於經濟的發展，婦女投入生產行列日益增多，再者由於國家的

表 1　希臘全國幼稚園教育發展情形

學年度	幼稚園數	教師人數	就學人數	發展指數	師生比率
1958-1959	808	916	30,119	100	32.8
1966-1967	1,570	1,526	50,372	167	33.0
1969-1970	2,031	2,259	71,342	237	31.6
1972-1973	2,867	3,355	101,285	336	30.2
1975-1976	3,342	3,876	104,327	346	27.0

重視，近二十年來幼稚教育的發展至爲迅速，以下根據1976年希臘教育宗教事務部的統計，列表說明希臘全國幼稚園教育的發展情形（見表1）。

小學教育

　　土耳其統治下的國民學校（Demotikon Scholeion）悉爲宗教性質，在維護希臘民族精神與東正教信仰上居功甚偉。民族精神之維護與宗教信仰之確立這兩項目標在歷次教育改革中，均一直保持下來。

　　1834年的「基本教育法」規定5至12歲的兒童必須強迫入學，是爲希臘義務教育立法之嚆矢。1895年彈性規定小學教育四到六年，實際上，第四年結業即可投考中學，考不取者皆從此輟學，因而實質上小學教育僅爲四年。1929年小學教育恢復爲六年，設立小學程度之職業學校，並嚴格實施強迫入學，使1834年徒具虛名之義務教育實質化。

　　1976年「普通教育組織與行政法」第十一條規定小學爲基礎教育，旨在豐富學生經驗，發展學生身體與心靈能力，使學生認識自然的以及歷史的環境，培養學生觀察力、思想力以及敏銳的感應能力，激發學生道德感，並爲其民族教育、宗教教育以及人文教育奠定基礎。

　　根據前述目的，可見希臘當前小學教育仍舊強調宗教情操以及廣博的人文陶冶。1977年小學課程標準中，小學各年級中每週雖有兩小

表 2　1977 年「國民小學課程標準」

	年級					
	一	二	三	四	五	六
科目	每週時數					
宗教	1	1	2	2	2	2
希臘文	9	9	10	9	8	8
歷史	1	1	2	2	2	2
環境教育	5	5	-	-	-	-
理化與健康教育	-	-	2	2	3	3
地理	-	-	2	2	2	2
算術與幾何	3	3	3	3	4	4
公民教育	-	-	-	-	1	1
工藝	2	2	2	2	2	2
音樂	2	2	2	2	2	2
體育	2	2	2	2	1	1
聯課活動	-	-	-	2	2	2
總時數	24	24	27	28	29	29

時工藝課程，培養學生的職業興趣，但所占比例甚少，且由於升學主義的影響，一般小學仍強調讀寫算的教學，工藝課程形同虛設。再者義務教育雖已延長為九年，小學畢業仍給予文憑，未採九年一貫制。由於小學與初中屬於兩個不同的視學系統所監督，故其間課程與教學的聯繫多未暇顧及。茲依1977年公布之「國民小學課程標準」，將小學教學科目及每週教學時數列表說明（見表2）。

表2係指每校有六位以上教師的學校的正常教學時數，但因希臘人口集中於幾個大城，多數鄉村小學規模很小，根據希臘教育宗教事務部統計，截至1978年全國有國民小學9,777所，其中63%的學校，僅有兩位以下的教師，各科教學時數亦略有變動，形成與都市小學難以彌補的差距。儘管1964年以來各級學校免學雜費以及教科書免費已澈底實行，1976年的法案又規定提供小學生免費午餐，期以更進一步促進

教育機會均等；但這種城鄉教育品質差距的拉近，則是當前希臘教育當局在實現教育機會均等的理想上，所面臨的最艱巨的工作之一。

中等教育

希臘中等教育立法，始自1836年的「中等教育法」。中等學校分為兩段，前半段稱為希臘學校（Hellenikon Soholeion），修業三年，後半段稱為高中（Gymnasium）修業四年。由於係以德國學校制度為範例，故強調古典的人文陶冶，以升學預備為主。

1929年的改革案，是打破中等教育之人文取向的一個先聲，中學六年全部稱為Gymnasium。前半段兩年，後半段四年，分設不同類型課程，除古典課程外，尚有實科課程（如農業課程、商業課程、海事課程……等）。

1959年的改革案，進一步的設立各種不同類型的中等技術職業學校，與古典中學相平行。

1964年的改革案，將中等教育前半段三年稱為Gymnasium，納入義務教育範圍，免試入學。後半段稱為Lyceum，主要分為兩種類型：普通高中與技術職業高中。這種中等教育的分段與分類措施亦為1976年教育改革案所採取，所不同者另設10所示範古典高中，以迎合文教界人文主義者所施加之壓力。

依1976年三〇九號法案，中學前半段稱為Gymnasium，所有小學畢業生均免試，強迫入學。修業三年，其主要目的在於職業與學習興趣的試探，並培養認識文化傳統、身心健全、具有民主政治修養的善良公民。

另外，依1980年「初級中學課程標準」，中學前半段教學科目與教學時數列如表3以茲參考。

以上課程值得注意的是，古代希臘文字悉以現代文翻譯教學，新增民主政治基本原理、工藝及教育與職業指導等課程，強化學生民主政治修養及職業定向輔導。

後期中等教育分為「普通高中」（Genikon Lyceum）、「職業與技術高中」（Epangelmatikon Kai Technikon Lyceum）以及

表 3　1980 年「初級中學課程標準」

科目	年級		
	一	二	三
	每週時數		
宗教	2	2	2
古代希臘文學	4	5	4
現代希臘語言與文學	5	4	4
歷史	3	2	2
民主政治基本原理	-	-	1
數學	4	4	4
外語	3	3	3
地理（含地質學）	$1^1/_2$	1	1
理化（含礦物學）	-	3	3
人類學（含健康教育）	-	1	-
生物	$1^1/_2$	-	1
音樂	1	1	1
藝術	2	1	-
體育	2	2	2
教育與職業指導	-	-	1
工藝	男：2；女：-	男：2；女：-	男：2；女：1
家事（女）	2	2	1
合計	31	31	31

少數（10所）古典語文高中（Klassikon Lyceum）。三種類型學校均經嚴格考試甄選。普通高中以升大學為主，技術與職業高中則為升入非大學水準的技職學院（K. A. T. E. E.）或為就業作預備。古典語文高中的學生選擇更為嚴格，授以古代希臘文學、歷史、拉丁文，可以免試升入大學神、法、哲三個學院就讀。依1980年「普通高中與技術職業高中課程標準」（普通與技術職業高中教學科目及其時數則列如表4）。

表 4 1980 年「普通高中與技術職業高中課程標準」

科目	一	二	三
	年級		
	每週時數		
宗教	3	2	2
現代希臘文	4	4	4
古代希臘文	7（6）	7（5）	8（4）
拉丁文	3（一）	3（一）	2（一）
歷史	3	3	3（2）
外文	2	2	2
哲學、心理學、邏輯原理導論	-	2	2
地理	1	1	-
數學	4（6）	4（6）	4（7）
世界誌	-	-	1
理化	3（5）	3（5）	3（6）
生物	-	-	1
人類學	-	1	-
健康教育	-	1	-
體育	3	3	3
工藝	1	-（1）	-（1）
音樂	1	-	-
宗教（女）	1	1	-
合計	36（36）	37（37）	35（35）

　　另古典高級中學全國僅10所，課程另行設計，加強古代希臘文學、語言、史學、拉丁文教學。畢業生可以免試升入大學。普通高中與技職高中均在第二年底與第三年結束時參加會考，配合高等教育革新計畫，以後將逐年改進大學入學的兩次會考的成績爲準，審核入學資格。希臘教育部雖然一再強調普通高中和技職高中地位同等，但技職高中只能升入技術專科學校就讀，轉入大學或工科大學相關科系則須受限

額的限制。

技術與職業教育

　　希臘教育制度在規劃之初，深受人文主義教育哲學的影響，職業技術教育甚受忽視。1929年的改革案才開始設立各種不同性質的職業學校，不過由於社會價值觀念之輕視勞動、專業師資的缺乏，使得職業學校形同虛設，其中最大的癥結在於職業技術教育缺乏體制，職業技術教育的事權不統一。根據前希臘銀行總裁佐洛塔斯的研究，1957年希臘教育部所轄的職業技術學校只有1所，其餘職業學校分別由各個部會管轄（其情形列如表5）〔註二五〕。

　　為了解決師資、職業教育體制與行政的問題，1959年的改革案，作了重大的突破。教育部新設技術職業教育司，統籌職業教育發展，廣設技術職業學校由教育部技職司管轄，職業學校分為初級（收國民小學畢業生入學）、中級（收初級職校或中學前半段畢業生入學），以及職業專科學校（收中級職校畢業生入學）。並設立一所職業技術師資學院，以培養職業學校師資。這項改革由於人文學者的反對，而

表 5　1957 年希臘職業技術學校由各部會管轄之情形

管轄的部會	學校類型	校數
教育部	私立外語學校	198
	教會學校	20
	職業學校	1
工業部	技術與職業學校	222
社會部	職業學校	14
海商部	技術與職業學校	20
農業部	農業職業學校	14
其它	技術與職業學校	58
合計		547

未竟全功。

1976年「普通教育行政與組織」法案，及1977年的「技術與職業教育的組織與行政」法案，希臘才算完成了職業技術教育體制的規劃。依這兩法案的政策，在九年義務教育完後（即15歲初級中學畢業）施以嚴格的入學考試，嚴格限制普通高中的入學人數，使大部分學生進入一年或二年制的職業學校，以便就業；或者進入三年制的技術職業高中，以便預備進入三年制的技術專科學校，技術專科學校畢業生可以插班進入同等性質的大學，或工科大學二年級或三年級就讀。

高等教育

希臘在1837年設立之雅典大學，悉採德國大學體制。雅典大學的規制又為後來新設大學範例，因而大學組織形態也近於德國大學體制。

早期受人文主義哲學之影響，視大學為社會上菁英研討學術之所，強調大學的研究功能。因此，大學僅限於神、法、醫、哲等四學院。雅典大學的數理學院（Physico-Mathematikē Scholē）在1904年才從哲學院分化出來；工程、機械等被視為非學術的科目，不列入大學中。1914年設立的雅典工科大學，雖然與大學地位同等，為多數青年學子所嚮往，其對希臘現代經濟發展的貢獻，不下於任何一所大學，但仍以Polytechneion稱之，以示與一般大學Panepistemion有所區別。直到1926年希臘北部新成立的薩隆尼加大學（University of Salonica），才把工學院、獸醫學院、農林學院列入大學中。事實上，薩隆尼加大學在文化取向上與雅典大學之堅持人文主義的理想大為不同；教授上課與撰寫教科書、論文採取白話文，這在1976年以前的雅典大學幾乎是不可能的。

由於視大學為少數秀異分子研習學術之所，再則由於連年戰亂，經濟困難，因而在1837年雅典大學設立後，直至1926年才另設薩隆尼加大學，高等教育的發展，至為遲緩。1964年的教育改革案，實施各級學校免費政策，高等教育需求量也因而急劇增加，政府也為了考慮各地區教育均衡發展原則，分別在各地區設立大學，高等教育在1960

表 6　希臘各獨立學院概況

大學或學院名稱	校址	大學所含括之學院（系）	學生數*
雅典大學	雅典	神、法、醫、哲、數理	37.0%
薩隆尼加大學	薩隆尼加——位希臘北部第一大城	神、法、醫、哲、牙醫、數理獸醫、農林、工	25.6%
愛奧尼娜大學	愛奧尼娜——位希臘中西部	哲、數理、醫	2.8%
巴特隆大學	巴特拉——位希臘南方波羅奔尼撒半島	數理、工、醫	1.6%
色拉斯大學	阿歷山德魯城——位希臘極東北	法、工、醫	1.6%
克里特大學	伊拉克里奧——位希臘極南克里特島	哲、數理、醫	0.2%
雅典工科大學	雅典	土木工程學院、電機工程學院、化工學院、建築學院、農機與農地測量學院	5.3%
雅典經濟商學院	雅典	經濟、企管系	5.4%
雅典政治科學院	雅典	公共行政與政治科學兩系	6.2%
雅典農學院	雅典		0.9%
比瑞亞工業學院	比瑞亞——位雅典外港	經濟與工業管理兩系	5.2%
薩隆尼加工業學院	薩隆尼加	經濟與工業管理	4.1%
雅典藝術學院	雅典	繪畫、雕刻、塑像	0.3%
克里特工學院**	漢尼亞——位克里特島		

註：1978 年度希臘大學生總數為 96,650 人：

　　*：1978 年學生數占全國大學生人數之百分比。

　　**：克里特工學院於 1975 年成立。

年以後才迅速的擴展。目前希臘共有六個大學，七個獨立學院以及一個工科大學，見表6。〔註二六〕可見大部分高等教育機構與學生大部分集中於雅典，與政府平衡各地區高等教育發展的政策相去甚遠。

　　大學的組織與行政，依1932、1978、1982年大學法之規定，大學

係獨立自主的公法人，受國家教育與宗教事務部的監督，經費的主要來源，亦來自政府預算。因而希臘沒有私立大學的設立。

　　既爲獨立自主的公法人，大學內部的行政不受教育部干涉。1982年七月新公布之「高等教育組織與行政法」不僅維持大學獨立自主權之地位，更賦予大學庇護權，確保大學之自由與自治。

　　大學內部組織在1982年法案中有極爲澈底的改變，將沿襲百餘年的講座制度廢止，改以學系爲最基礎的行政及教學單位。系務會議係全系最高權力機構，由全系教學研究人員（全系未超過30人，則全體參加，如超過30人則選出30名代表參加），學生代表（占前者之半）及特殊的研究獎學金學生代表（占教學人員15%）參加。系主任由此三類人員選舉，任期兩年。系以下依各學科性質不同，形成各教學單位。系以上的組織爲院，設院長一人，仍由前述三種代表的全體成員選舉，任期三年，院務會議由院長主持，院屬各系主任及學生代表參加。院以上的大學最高權力機構是大學評議會，其組成的成員包括：(1)大學校長及兩位副校長；(2)各學院院長；(3)各系教學研究人員各推派代表一名；(4)特殊教學人員代表一名；(5)各系各推學生代表一名；(6)行政人員代表一名；(7)特殊行政與技術人員代表一名。大學校長、副校長由各學系系主任及行政人員代表及特殊教學人員代表（後兩者均各占全大學教學研究人員的5%）所組成的選舉團選出，任期三年。

　　1982年以前，學院之下，雖有學系（Tmema）之分，但實際爲虛設的單位。最基礎的研究教學單位是講座（hedra），由一位正教授（taktikos kathegetes）主持，卜有若干額外教授（ektatos kathegetes）、副教授（hyphegetes）、講師（epimeletes）與助教（voethos）負責某一學門各種專題的研究與教學。講師須具博士學位資格，助教須具大學畢業資格，均不實際負責教學工作，稱爲助理人員。副教授以上教學人員除博士學位資格外，尙在學報發表學術論文，並撰申請相關職位論文一篇（副教授、正教授不限由本校低級人員升任，凡希臘公民，具有相關職位資格者均得申請）。由各學院院務會議審查，得正教授三分之二以上選票者，轉請大學評議會，報請教育與宗教事務部任用。所有教學與助理人員均爲國家公務員，支領

國家薪俸。1982年以後，隨著講座制度的廢除，大學教學人員也改爲教授 (kathegetes)、副教授 (anaplerotikos kathegetes)、助教授 (epikouros kathegetes) 及講師 (lectoras) 四級，取消助教。

大學入學資格，自1976年改革案後，爲普通高中畢業，經入學考試錄取。後改爲兩次高中會考成績決定取捨。自1983年起，大學入學預備工作從高中三年級開始。高中三年級學生必須依其所擬進入之學系選定一組集中課程（Desme）（全國大學院校分爲四組）作爲入學預備，集中課程修習所得考試成績，連同高中三年成績，作爲其入學的依據。

大學修業年限除醫科本科六年、實習一年外，餘均爲四年。每年有6月、10月及3月三個考試季，學生可選任一考試季，應考其所選習科目，第四年尙有畢業考；考試分爲筆試和口試，由於希臘大學傳統理念，採取菁英主義，教授給分甚嚴，能得七分以上者甚少（以十分爲滿分，五分爲及格），而不及格者甚多，以至於有些學生原應四年畢業的，畢業考拖到六、七年才考完。大學畢業生所得文憑稱之爲（Ptychion）以與工科大學文憑（Diploma）有所區別。

大學以上之研究教育採取德國傳統方式，並無碩士學位設置。博士學位之攻讀亦無學分限制，悉聽指導教授（須具有正教授或額外教授資格者方得爲指導教授）安排參加討論課，撰寫博士學位論文。論文提請各該學院院會推選三位教授組成審查委員會，審查結果撰成審查報告，提交院會討論。獲三分之二以上教授票選通過後，須將論文公開出版，再提呈院會申請口試。以三分之二以上的正教授之決定爲準，決定論文的成績；論文成績分特優、優、可三級，所得成績並載諸博士文憑上。1982年改革案，創設研究學院，統籌各相關的研究所（metaptychiakos kyklos）的組織、課程、教學、學位頒授等事宜。研究教育改分兩段，前段所有學科及格後，由研究學院指派五人考試，委員會對研究生作綜合性的口試，及格後頒授「碩士學位」（暫譯）（metaptyvhiako diploma）。博士學位的口試，也改由五人委員會口試，而與改革案前由全院教授口試有所不同。

師資培育

土耳其統治的希臘，教師悉為東正教僧侶，所教亦以希臘文與初級宗教課程為主，職業學校及中等以上學校甚少，師範教育不興。民族革命成功以後，即已注意師範教育的發展。加波笛思德瑞亞斯在1828年統治希臘之初即已感到師資問題的重要，惟以長年在異族統治之下，人才奇缺，師資至為難求，只好以「檢試辦法」，以應一時之急。

1834年奧圖王朝公布「基本教育法」的同時，也設立師範學校，以造就小學師資，「檢試辦法」因而廢止。但以師範學校本身師資缺乏，因此師範學校畢業生程度低劣，政府亦無力分發師範生就業，故1864年即告停辦。

1933年師範專科學校設立，小學師資才略見改善。中等學校師資則由大學相關科系培養，職業學校師資1959年後由技術與職業師範專科學校培養，幼稚園師資則由幼教師範專科學校培養。這種各級學校教師分由不同學校培養的辦法，形成師範教育上的一種階級觀念，這種階級可以從各級學校教師分別有不同名稱反映出來：中學教師與大學教師同樣稱為「教授」（Kathegetes），小學教師稱為「老師」（Daskalos），幼稚園師資稱為「保姆」（Nepiagogos）（直譯應為引導幼兒的人）。茲將各級師資的培養機構略述如次：

幼教師資的培養

培養幼教師資的機關稱之為「幼教師範專科學校」（Scholè toń Nepiagogóń），普通高中畢業生，經入學考試入學，修業兩年。

小學師資的培養

培養專學教師的機關稱之為「師範專科學校」（Paidagogiké Academia），普通高中畢業生可以報考，修業三年。課程包括：教育學（含普通教育學、普通教學法、分科教學法、教育史、討論課）、心理學、學校法規、哲學、健康教育與簡易解剖、宗教、古代與現代希臘文、外國文、農業概論、體育、音樂、製圖、美勞（含美術、素描、手工藝）。

鑑於師範專校師資之缺乏，1920年開始又設師專師資研習所（Didaskaleion），類似國內師範大學各類研究所進修部，招收大學各相關科系畢業生，修業兩年，不撰論文亦不授學位，純爲培養師專師資而設。

小學教師的進修在1920年以後由雅典大學主辦。小學教師經考試及格後，可入雅典大學進修兩年。由於錄取名額甚少，而且進修過後的小學教師類皆升遷爲小學校長或督導小學的督學，故對小學教師的全面進修，作用甚小。

中學師資的培養

中學教師由大學相關科系培養。1910年以後，鑒於中等學校師資，欠缺教育專業素養，故另設「中學師資研習所」（Didaskaleion tés Mesés Ekpaideuseos），作爲中學教師在職進修之所，凡任敎五年經入學考試及格者，可以入學研習兩年。

職業學校師資的培養

職業學校師資的培養機關稱爲「技術與職業師範專科學校」（Scholé Ekpaideutikón Leitourgón Technikés kai Epangelmgelkés Ekpaideuseós）。其目的在於提供各級職業學校教師、工廠實習敎師以及視學人員各種教育專業科目，培養敎育專業精神，深化各行各業專業領域的知識，以便勝任職業學校各專業科目的教學。其類型有二：

1. 職業教育學院（Paidagogiké Techniké Scholé）：課程分兩種，大學程度之技術學院畢業生入學者修業半年，二年制技術專科學校畢業生入學者修業一年。

2. 技術機械學院（Anotera Scholé Technologón Mechanikón）：這是爲培養技術職業學校中土木、機械、電機等專業科目敎師而設，入學資格爲技術與職業高中畢業生或技職專校畢業生，修業年限四年。

教育行政制度

希臘的教育行政制度採高度中央集權制，地方政府只是輔助中央教育行政機關推行教育政令而已，與中央教育及宗教事務部不相統屬。教育行政系統與一般行政系統分開，自成獨立系統。同時，由於師範教育上的多途發展，各級各類學校有關之教育行政系統也自成體系，但均對中央教育與宗教事務部負責。

全國最高教育行政機關是教育與宗教事務部，綜理全國教育與宗教行政事宜。設部長一人，部長爲內閣閣員，參與內閣會議，與各部會協調決定全國教育方針；次長一人佐理部務；總秘書一人統轄全部事務性工作。

教育部原設有最高教育諮議委員會 (Anotaton Ekpaideutikon Symboulion) 作爲最高教育研究發展機關，1976年後廢止，改設「教育研究與在職訓練中心」 (K. E. M. E.) 作爲全國最高教育決策機關。其職權包括：教育問題之系統研究；決定教育與在職訓練有關之政策、制度；各級學校課程標準；制定各級學校日常行政有關的訓令；制定各類教科書；教學指引之編寫方針；決定有關提高教育人員與學生教育水準之事宜等等。

全國最高教育執行機關爲教育部的13個司處。由於採取中央集權制度，各司處的工作至爲繁重，從各級學校經費的分配、學校設備的提供、校舍建築、各級師資教育人員的任命、考核與遷調、課程安排、甚至於學校日課表、學生制服的審定等瑣碎事務亦在職掌之內。

地方教育行政規劃分全國15個國民教育視學區與中等教育視學區，兩種視學區自成系統，每一個視學區各設學務長 (Epoptes) 1人，統籌各該區國民小學或中等教育視導業務與行政協調。在15個國民教育視學區之下，另設240個視學分區，每一分區設督學 (Epitheoretes) 1人，負責各該區國民小學之視導業務。1976年的教育改革，又另設20個專門視導幼稚園之學前教育督學，亦屬國民教育視學區學務長所統轄。

15個中等教育視學區下再分成80個視學分區，各分區由主任督學(Genikos Epitheoretes) 總其成，視各區業務繁簡，另設不負責行政協調之督學若干人；全國不負行政責任之中等教育督學有68人（有些區僅設主任督學）。1964年以後，並設電機、機械、土木、造船機械、建築、化工、經濟等科專業督學，負責技術職業教育之督導業務。

結論

　　本章試圖從文化哲學的觀點分析希臘現代教育制度之形成與發展。

　　希臘係一文明古國，其悠遠的歷史文化成為在異族統治之下，賴以維繫民族精神於不墜的基本動力。在希臘東正教教會有限的教育措施下，希臘的民族文化得以在長達四百年的土耳其統治下綿延不絕，而與東正教教義結合，形成希臘的基督教文化。及至民族革命成功，希臘在規劃教育制度之初又深受當時德國新人文主義的影響，希臘的基督教文化因而與新人文主義哲學匯合成為主宰百餘年來希臘教育發展的文化理想。

　　無疑地，人文主義的教育哲學對於維護希臘教育制度之穩定與民族文化之復興，居功甚偉。但另一方面也使得教育制度的機能僵化，無法發揮其適應社會變遷、經濟發展的功能。歷年來希臘教育改革派與反改革派的論爭，實即為強調教育經濟功能的學者與人文主義學者之間的爭衡。由於常年以來人文精神籠罩希臘文教界，改革派的教育理念一直未能付諸實現，使得希臘教育制度與現實需要發生了嚴重的脫節。

　　1976年以來的教育改革實即基於現實需要，突破教育上的人文精神，強化技術與職業教育體系以促進經濟發展。然而，這也並不意謂著人文主義教育的放棄。毋寧說是想在人文主義與經濟發展兩種教育理念間尋求一種調適的途徑，使技術教育的發展不致泯滅了希臘教育

的民族性。

　　這種調適途徑最明顯的表現在於中等教育階段的革新。1976年以前中等教育六年一貫，強調人文課程。現行中等教育分爲兩段，前半段三年納入義務教育，一方面引入職業課程，以強化教育的經濟功能；另一方面，古代希臘文學課程雖然酌減，但由於以現代語文翻譯來敎學，較易爲學生吸收，且又係針對全民施敎。因而，使得希臘全部國民能夠涵育在其民族文化的精髓中，接受基礎的人文陶冶。

　　在基礎的人文陶冶之後，希臘以嚴格的高中入學考試甄選人才。使大部分具有基本人文素養的國民導入技術職業教育、少數才堪深造的學生進入普通高中以備升入大學、更少數的秀異分子則進入古典高中，接受更深化的古典人文課程，以備進入大學的文法科系，擔負發揚希臘文化的重責大任。

　　高等教育方面，由於大學發展之初，即爲人文學者薈萃之所，因而近年來雖然以學系（Tomeus）來代替講座（hedra）制度的呼聲甚囂塵上，可是1978年八一五號改革大學敎育法案，並沒有對大學組織形態作一個澈底的重組。人文的理念以及高等教育著重研究功能的導向仍彌漫在高等教育領域裡。然而，近年來新設大學普增工學院，以及工學院、技術職業專科學校和技職高中升進體系的形成，大學限額開放招收技職專科學校轉學生等項新措施，也顯示了高等教育價值導向的逐漸轉移，而有與現實的經濟發展配合的趨勢。這種趨勢到了1982年7月公布的「高等教育組織與行政法案」才算導向更進一步的發展，而使高等教育突破人文精神籠罩，走向現實化、平等化、自由化。

　　總之，學校制度突破人文精神之圍限，轉向現實化、平等化、民主化乃是希臘近年來教育革新的重要特色。這些改革實需要有相應的行政制度革新，方足以促其成。然而，希臘教育行政之過度中央集權、教育視導與行政之缺乏聯繫協調、教育行政機關研究功能的欠缺，在在均阻礙了教育改革的步調。是則，希臘教育的全面刷新，仍有待於強化教育行政機能的運作，以資配合。

　　我國與希臘同樣具有悠久的歷史文化，在現代教育制度的形成之

初，也與希臘一樣犯了「全面移植」的錯誤，教育行政制度也與希臘一樣有高度中央集權的趨勢，兩國所面臨的教育問題，頗多相同。希臘教育在長期的民族文化與經濟發展平衡過程中，其配合經濟發展之失敗，固足為我國警惕。然其建立以民族文化為基礎之教育制度的努力，仍足以為我國未來教育發展之借鏡。

註釋

註一：田培林，《教育與文化》，臺北：五南書局，民國65年，頁77。

註二：在狄馬臘斯所編的《未曾實現的變革》一書 (A Dimaras (ed.), *Metarryth-misi pou then Egine (The Reform that Never Was)*, 2 vols, Athens: Hermes, 1973-1974) 中，對於歷次希臘教育改革所面對之阻力，尤其來自人文學者的反對力量有詳細的歷史記錄。

註三：A. Kazamias, "Greece: Modernizing Secondary Education" in Th. R. Sands & D. Brubaker (eds.), *Strategies for Curriculum Change: Cases for 13 Nations.* Pennsyvania International Textbook Company 1968, p.89.

註四：K. Tsoukalas, *Exartese kai Anaparagoge (Independence and Reproduction: The Social Role of Educational Mechanism in Greece* 183-1922, Athens: Themelio, 1977, pp.514-516.

註五：參閱中華書局編輯部，《西洋教育史》，臺北：中華書局，頁354-355。

註六：A. Dimaras, *op. cit.* Vol. 11, pp.98-100, 192-197, 233-235, 275-280.

註七：希臘文「每日新聞」Kathemerine, Feb. 8, 1976.

註八：E. P. Papanoutsos, "Educational Demoticism" in *Comparative Education Review,* vol. 22, No. 1, (Feb. 1978) pp.46-50.

註九：Manoles Triantaphyllides是本世紀初希臘名語言學家，其所著《希臘文法》為現行希臘教科書文法規則的依據。

註十：Kostes Palamas為十九世紀末希臘名作家。

註十一：A. Dimaras, *op. cit.* Vol. 1, p.85.

註十二：P. Kokkotas, *O. Rolos tes Paideias sten Oikonomike Anaptyxe tes Hellados (The Role of Education in Economic Development of Greece),* Athens: S. Tounta, pp.83-84.

註十三：O.E.C.D., *The Mediterranean Regional Project: Greece: Education for*

　　　　　　　　　Economic and Social Development, Paris: O.E.C.D., 1964.

註十四：Kokkotas, *op. cit.* p.85.

註十五：A. Kazamias, "The Politics of Educational Reform in Greece: Law 309/ 1976", in *Comparative Education Review,* vol. 22, No. 1., (Feb. 1978). pp.21-45, esp. pp.23-24.

註十六：X. Zolotas, *The Positive Contribution of Greece to the European Community,* Athens: Bank of Greece, 1978, pp.17-18.

註十七：X. Zolotas, *Economic Development and Technical Education,* Athens: Bank of Greece, 1959 (in Greek), 1960 (in English).

註十八：G. Bogiatzes, *He Hellenike Ekpaideusis (The Greek Education)* Athens: National Printing Office, 1961. p.12.

註十九：E. P. Papanoutsos, *Agones kai Agoniagia ten Paideia (Struggles and Agonies for Education)* Athens: Ikaros, 1965, pp.349-366.

註二十：P. K. Persianis, "Values Underlying the 1976-1977 Educational Reform in Greece" *Comparative Educational Review,* vol. 22, No. 1., (Feb. 1978) pp.51-59, esp. p.56.

註二一：P. Kokkotas, *op. cit.* p.204.

註二二：本次改革案的分析詳參：A. M. Kazamias, "Plans and Policies for Educational Reform in Greece" *Comparative Education Review,* vol. 9, No. 3, (Oct. 1967) pp.331-347.

註二三：Ministry of Education & Religious Affairs, *Porismata Epitropes Paideias 1971-1973 (The Results of Committee of Education 1971-1973),* Athens: National Printing Office, 1974.

註二四：希臘文「每日新聞」Kathemerine (Feb. 10, 1976)

註二五：同註十七。

註二六：本表採自：A. A. Kintes, *He Anotate Paideia sten Hellada, (The Higher Education in Greece),* Athens: Gutenberg, 1980, pp.32-35.

希臘的高中教育

前言

　　希臘高中教育的發展，長年以來受到傳統導向的人文教育哲學之影響，強調維護民族文化、升學預備的功能。課程上也採取以古典語文爲重心的廣博之人文陶冶，無視於社會現實的需要。

　　近年來由於經濟、社會結構的改變，已使得這種人文主義的教育哲學難以適應現實需要。教育上突破保守因襲的百科全書主義的呼聲時有所聞。1913年的中等教育改革案，企圖以白話文作爲教學語言，減少人文課程的分量，就是對於傳統人文主義教育哲學的第一次挑戰。1929年高級中學除古典課程外，並分設了商、農、海事……等課程。1959年更將這些不同課程類型，獨立分設不同的職業技術學校。1931年高中拉丁文改爲選修等措施都是爲了配合經濟發展所爲之教育革新。惟以社會價值觀念強調古典的人文教育，兼以雅典大學哲學院爲中心的人文學者之強烈反對，這些改革並未竟全功。

　　然而，保守的人文學者終究抵擋不住經濟社會變遷的浪潮。特別是1961年希臘與歐洲共同市場簽署「雅典協定」（Athens Agreement）以後，產業結構更有急遽的變化，改革教育以配合經濟發展的要求益形迫切。自由主義教育家巴巴奴卓斯（E. P. Papanoutsos）所提的教育改革案即是因應這種要求所爲之重大的變革。這次改革中，初中仍保留原有Gymnasium之名稱，納入義務教育範圍，高中改稱Lyceum，分爲普通高中與技術職業高中兩種類型。這次改革案可以

說是對於籠罩整個希臘教育界之人文精神的一項重大突破，惜因1967年的軍事政變，而告中輟。

1974年夏軍政府跨臺，同年底新民主黨（New Democracy）在大選中獲得壓倒性的勝利，造成教育改革有利的情勢，進行一連串的教育改革，而以1976年三〇九號法案「關於普通教育的組織與行政」法案，對希臘教育制度作全面的刷新。這次改革新民主黨政府明白宣示其哲學基礎係建基在教育投資的理念上，〔註一〕但也不否定古典人文教育的重要性。1976年法案提出時，希臘總理就曾說：「國際上，古典教育的興趣已經消逝了，我們必須重新點燃它。」〔註二〕質言之，這次改革案的一個重要特色係試圖在人文教育與經濟效益間尋求一種有利的平衡，尤以高中教育階段的改革更凸顯此種調和色彩。

基於前述之基本認識，本文在敍述高中教育現況之前，宜先就其制度所植基的哲學理念與影響制度發展的相關因素作一介紹，方能把握其發展脈絡以及現制的一些重要問題，並進而提出比較結論，藉供改革我國高中教育之參考。

影響希臘高中教育發展的重要因素

人文主義的教育哲學

影響希臘高中教育發展最重要的因素是人文主義的教育哲學。這種哲學係以古希臘的文化教育理想為基底，融貫了希臘東方正教（Greek Orthodox）教義與十九世紀德國人文主義精神，匯為一股主宰希臘百餘年來教育發展的思想主流。

希臘在1453年君士坦丁堡（Constantinopole）陷落後，淪於土耳其統治長達四百年之久。在長期的異族統治之下，古希臘的文化理想成為維繫民族凝聚力、發動民族革命的精神支柱。在「土耳其化」

政策下，這一不絕如縷的文化命脈，端賴東正教會有限力量保存下來，也因此古希臘文化很容易的與東正教教義結合，形成所謂的「希臘的基督教文化」（Hellenic Christian Culture），成為維繫希臘民族認同的文化理想。

這種文化理想在十九世紀中葉更與德國新人文主義哲學匯合為希臘高中教育難以移易的哲學根基。新人文主義強調古典研究，滿足了希臘人「回歸古希臘榮光」的精神需要，而其強調民族主義也迎合了希臘人在久嚐異族統治後的心靈需求。因此，古希臘的教育文化理想遂與之結合，形成主宰希臘高中教育發展的新人文主義教育哲學。

早在1836年的「中等教育法」就已決定了希臘百餘年來高中教育的人文導向。這項法案的起草人莫瑞爾（Georg Lndwig von Maurer）係一個人文主義者，其為中等教育立法，悉將當時普魯士成制移植過來，未就這個新興國家現實經驗上的需要來加以考慮。

厥後以雅典大學為中心的人文學者對於人文主義傳統的維護更是不遺餘力。他們堅信統整而周全的高中教育，須以古典語文的學習為重心，因而任何想以實科課程來代替古典課程的改革均為其所反對。〔註三〕高中教育也因而一向保持著強烈的人文取向，直到1964年、1976年的教育改革才略見轉機。

矯揉做作的教學用語

與前述人文主義教育哲學關係極為密切的是學校中的教學用語問題。原來傳統人文主義學者的信念以為希臘文言文（Kathareusa）是一個直接與古希臘光榮傳統直接溝通的橋樑，因而主張各級學校一律使用文言文教學。可是在學校門牆外，報紙、電視、文藝作品、日常說話，人們卻使用著另一種文法結構截然不同的白話文（Demotike），因而構成希臘教育上極為嚴重的雙語問題。

正如巴巴奴卓斯所指出的，希臘的雙語問題與其他同時使用兩種以上語言的國家所面臨的問題有所不同。其他多語國家如瑞士、比利時等，其所使用的語言均為與日常生活結合的活語言，因而學校教育

中使用任何一種語言均不致構成嚴重的問題。但是希臘的文言文和白話文,雖然使用的是同樣的字母,但是用字和文法結構卻有天淵之別。如此,學校所教的與日常生活所使用的語言,截然不同,造成學生表達上的混亂與困擾。〔註四〕

　　有志之士早已洞視這個問題的嚴重性,甚至於把所有教育問題都歸諸於語言問題。以爲學生的咬文嚼字、課堂上的被動態度以及對事理的不清均導因於語言上的裝模作樣,養成師生雙方面的虛假態度,因而改革語文以促進教育革新的呼聲甚囂塵上。

　　然而語文改革觸及了教育制度所植基的文化哲學。以雅典大學爲中心的人文主義者,基於其維護傳統文化的使命感,就曾屢次反對語文的變革。高中教育被認爲是繼承發揚光大傳統文化最重要的階段,更不容改變其古典導向的課程組織,使得高中教育與現實生活脫節,再者由於文言文的使用,使得數理科學的教學更形困難,影響學習效果。高中教育制度與課程改革的要求,語言問題可以說是一個潛在的原因。

勞心導向的價值觀念

　　深受前述人文主義思潮的影響,形成一般社會民衆「萬般皆下品,只有讀書高」的價值觀念。對於一般希臘父母而言,熱切的希望子女受教育,實即意味著讓子女升學古典高中,循序進入大學就讀,以便找到一個「勞心」的職業。相對而言,職業技術教育遂爲一般社會大衆所輕視。

　　希臘人之重視古典高中,而輕賤職業教育,可以由1959年柯林德魯‧皮耶瑞亞 (Kolindrou Pierias) 的古典高中分校改爲獨立農校,所引起的軒然巨波顯現出來。原來希臘教育部鑑於該地區農業發展上的需要,擬將該分校改制爲農校,不意引起該地居民強烈抗議,主張維持古典高中形態。爲了表示對教育的抗議,全縣工廠罷工、商店罷市、學生罷課,對外交通完全切斷。縣長及全體縣議員總辭,以促請教育部收回改制成命。〔註五〕

由於社會價值觀念強烈的勞心導向，古典高中供不應求，而技術職業高中乏人問津，造成了教育與現實嚴重脫節。1976年的教育改革即是針對此項缺失，試圖減少普通高中招生人數，把大部分青年導向職業技術教育。

動盪不安的政治局勢

　　希臘民族革命成功之後，政治局勢一直動盪不安，使得政府教育政策舉棋不定，難作全面性的革新，高中教育也因此一直保持著人文取向。

　　鼎革以後希臘的第一位統治者加波笛思德瑞亞斯在位僅三年即遇刺身亡。厥後，在列強環伺下，於1831年由英、法、蘇公推普魯士奧圖（Otto I）為希臘國王，任用人文主義者莫瑞爾進行教育制度的規劃，1836年訂定的「中等教育法」悉將德國制度作橫的移植，確立了希臘高中教育之強調古典研究的人文傳統。

　　由於奧圖未能應付希臘政經發展的現實需要，於1862年被逼退位，此後希臘政局，除短期穩定外，幾乎陷於長期動亂中。1895年到1922年土耳其占領區仍有零星的革命戰火。巴爾幹戰爭、剿共戰爭以及兩次世界大戰均造成希臘國力大傷。1950年加盟北約，1961年加強與歐市合作以後，政局較趨穩定，因而有1964年教育改革案的提出，對高中教育作徹底的重整。不意又逢1967年軍事政變，改革案因告中輟。在1974年至1981年新民主黨執政期間，政情較為安定，使得新民主黨政府有餘裕進行一連串的教育改革。中等教育後半段也因而作了重大的調整，而與社會現實有更密切的配合。

發展遲滯的經濟型態

　　希臘革命成功以後，這個新興國家可以說是在一片廢墟中重建。以農業為基底的經濟型態，加上連年戰亂，物質奇缺，經濟發展至為緩慢。由於財力的匱乏，使重大教育革新措施難覓適當經費以資配合，

再者人文主義的教育哲學也助長了教育上的長期穩定，因而造成教育無法培育經濟發展人才，經濟難以支援教育革新計畫的惡性循環。1961年當歐市簽署「雅典協定」以後，這種情勢才漸改變。國民生產急遽增加，農業人口逐年減少，工業勞動力的需求漸有供不應求的趨勢。且由於教育投資觀的抬頭，改革教育以迎合經濟發展需要的要求益形迫切。1964年與1976年的改革案，即是這種理念的具體實現。高中教育也在這種理念下，導向多元發展，從而突破了人文主義的傳統。

希臘高中教育的歷史演進

土耳其在統治希臘初期禁止希臘學校設立，因而僅有宗教性質之小學教育，並無高中之設。逮1606年學校禁令解除，中等學校不分段，9至10歲入學，持續六至十年，高中並無定制。

1836年的「中等教育法」才確立了希臘高中教育的發展形態，依照該法，初中稱為希臘學校（Hellenikon Scholeion），修業三年，高級中學稱為Gymnasium，修業四年，強調古典研究，以一年級課程為例，在每週上課24小時中，古希臘文占8小時，拉丁文4小時，希臘文寫作2小時，合計即占14小時，而物理科學只不過2小時，其他課程如法文、宗教、史地等均偏於人文課程。初期高中教育的人文導向，於此可窺見一斑。

這種人文主義的教育導向，到了1880年以後，由於幾個新興城市貿易的發展，興起了一股中產階級，對於手工職業的需求也更為迫切。因而有本尼哲羅斯（E. Benezelos）執政時所進行的一連串的教育改革，而以1929年的改革，打破了傳統高中教育的人文導向，將中等教育分為兩段，前半段修業兩年，後半段修業四年，分為古典高中與技術高中。1931年公布的課程標準並將拉丁文改為選修，古代典籍也開始用現代希臘文翻譯教學。高中教育的這些重大改革，也是後來1964年和1976年改革的基礎。

這項改革，由於希臘政局的不穩而未曾實現。在政爭不已的旋渦中梅達克薩斯（I. Metaxas）取得政權，採取集權統治，偏枯的強調人文主義中的國家主義，教育權限集中，為回復人文主義傳統，中等教育採八年一貫制，不分初高中，拉丁文恢復為必修課程，中學並禁用白話文教學。

　　1940年代的希臘歷經世界大戰、德軍占領、兩次內戰，元氣大傷，經濟蕭條，任何改革措施，均難覓適當財源。再者，在動盪之中，穩定的要求也較為迫切，傳統導向的人文主義正迎合了這種情勢的需要。

　　1950年希臘加盟北約，政局趨於穩定。1953年又訂「獎勵外國資本辦法」，大量吸收外資，經濟發展至為迅速。因而有1959年加拉曼里斯（K. Karamanles）政府的教育改革，高級中學採取多途發展，除古典高中、實科高中以外，並廣泛的設立各類型高級職業學校。惜以人文學者的反對，社會價值觀念的根深蒂固，實科高中及職業學校乏人問津，改革案終未實現。

　　1960年代教育投資觀逐漸確立，兼以為加強與歐市的聯繫，經濟成長至為可觀，農工生產結構迅速轉變。改革教育以因應經濟發展的呼聲甚囂塵上，1964年，遂有自由主義教育家巴巴奴卓斯教育改革案的提出，將中等教育的前半段列入義務教育範圍，以嚴格的入學考試控制高中教育的發展。高中分為兩個類型：普通高中與技術職業高中。這項改革受挫於1967年的軍事政變。軍政府又回復中學六年一貫制，強化古典語文課程。

　　1974年軍政府垮台，新民主黨以壓倒性的勝利取得絕對多數的國會議席，造成教育改革的有利情勢。再者新民主黨也巧於運用政治手腕，消弭來自自由主義者與人文主義者兩方面的壓力，因而使得1976年三〇九號：「關於普通教育的組織與行政」法案能在國會順利通過，並付諸實現。這項法案，正如本文前已述及，總結了百餘年來希臘教育思想的論爭，想在人文陶冶與經濟效益上尋求一種有利的平衡。調和的色彩尤以高中教育的改革最為顯著。以下即以本法案為基礎，介紹希臘高中教育現況及其問題。

希臘高中教育現況

　　1976年三○九號普通教育改革案的法理依據是1975年新頒憲法第十六條義務教育不得少於九年之規定。法案的根本精神則承襲了1964年的改革案：疏導大部分青年學子進入職業技術教育體系，以配合經濟發展。因而改革案最大的特點也在於高中教育類型的分化，建立職業技術教育體系。其與1964年法案之不同，在於另外設立10所古典高級中學，以延續希臘文化命脈。

　　依1976年三○九號法案，初中三年，12至15歲入學，仍沿用以前六年一貫中學制度的Gymnasium舊有名稱，廢止入學考試，納入義務教育範圍，引進職業與教育定向指導，以為高級中學分化之預備。

　　高級中學改稱Lyceum，初中畢業須經嚴格入學考試始得入學，修業三年，主要分為三種類型：古典高中（Klassikon Lyceum）、普通高中（Genikon Lyceum）及技術與職業高中（Technikon kai Epangelmatikon Lyceum）。依三○九號法案原初的構想，三種類型的高中入學考試，同時分開舉行。前兩種類型的高中入學考試較為嚴格，以將大部分的初中畢業生導入職業技術高中。由於進入技職高中就學者，即已喪失進入大學機會，一般家長在勞心導向的社會價值觀念影響下，對於新的高中入學考試制度，疑懼頗深。法案通過後，對於新制考試辦法，反對之聲四起。希臘教育與宗教事務部不得不讓步，准許初中畢業生分別參加各類型高中的入學考試，如果全部考取，悉聽學生自行決定其就學學校。

　　古典高中的入學考試最為嚴格，全國僅有10所，係沿襲1969年以前古典高中形態，課程另行設計，強化古代希臘文學、語文、歷史與拉丁文的教學，其畢業生可以免試升入大學哲學院、法學院或神學院。

　　普通高中專為升大學而預備，技術與職業高中則為升學非大學水準的技術與職業學院（K. A. T. E. E.）或為就業作預備。課程亦依

其不同功能進行安排，茲將兩種類型高中課程列表比較，見表7。

　　普通高中並另設古代希臘文、數學、物理學和歷史的選修課程。技職高中尚有兩年制課程，專為就業準備，不能升入技術職業專科學校或學院。普通高中與三年制技職高中於第二年與第三年分別參加全希臘普通高中與技職高中會考。今後大學及技術職業學院或專科學校

表7　普通高中以及技術與職業高中課程比較表

年級	一	二	三
科目	每週時數		
宗教	3	2	2
現代希臘文	4	4	4
古代希臘文	7 (6)	7 (5)	8 (4)
拉丁文	3 (1)	3 (1)	2 (1)
歷史	3	3	3 (2)
外文	2	2	2
哲學心理學邏輯導論	-	2	2
地理	1	1	-
數學	4 (6)	4 (6)	4 (7)
世界誌	-	-	1
理化	3 (5)	3 (5)	3 (6)
生物	-	-	1
人類學	-	1	-
健康教育	-	1	-
體育	3	3	3
工藝	1	- (1)	- (1)
音樂	1	-	-
家政（女）	1	1	-
合計	36 (36)	37 (37)	35 (35)

入學資格的審核，將以兩次會考的成績爲憑。

　　儘管希臘政府一再強調普通高中與技職高中所得文憑有同等價值。但實際上，技職高中只能就業或升入非大學水準的技職學院，普通高中課程又被視爲技職高中課程基礎的部分，〔註六〕並且技職學院學生只能在限額下轉入大學相關科系。普通高中與技職高中又無互轉辦法。因而，兩者的地位仍甚懸殊，此爲希臘傳統重人文而賤技職的隱然表現，受這種價值觀念的影響，一般父母自是期望子女升入普通高中，以便進入大學。以往競爭甚爲激烈的大學考試，現在因而下移，在高中入學考試就有激烈的競爭。

希臘高中教育的問題

　　1976年以來，一連串的教育改革，使得希臘高中教育建基在更現實的基礎上，而達到較民主化、平等化的要求。然而，由於人文精神籠罩，教育行政未能配合，改革的預備措施稍嫌不足，因而引發不少問題，足爲我國高中教育改革引以爲戒，茲說明如次：

　　1976年三〇九號法案明白宣稱其教育哲學係建基在教育投資觀上，欲引導大部分青年學子進入技職高中，限制普通高中人數，減輕大學入學的壓力；然而社會輕視勞動的價值觀一時難以改變，且倉促之間要設那麼多技職高中，其師資、課程、設備均有所不足，難以吸引人就學。再加上制度本身的缺陷，技職高中本身的地位在政府的法令規章中，予人以較普通高中略低一等的感覺，因而技職高中乏人問津，普通高中供不應求，殆爲不可免之命運。

　　由於只有普通高中畢業生才能升大學，大學入學資格將以高中兩次會考成績爲憑。升學的瓶頸也因此將由大學入學考，下移至高中入學考試以及兩次的高中會考，助長補習班的發展。希臘政府最引以爲自豪者，爲其免費教育從小學以迄大學各級學校的徹底實施，達到教育民主化、平等化的要求。然而，由於考試制度以及高中課程安排的

不當，實際已將這種教育民主化的精神破壞無餘。面對日益激烈的升學壓力，光靠學校所習，已難以應付困難的高中入學考試與高中會考。1976年以前的補習班大多專為大專入學考試而設，最近轉移而為高中入學考試與為高中生而設，形成補習教育與學校正規教育相平行的畸形現象。據郭可達斯（P. Kokkotus）的研究，截至1976年為止，希臘中等學校747所，而補習班即達2,845所之多。〔註七〕加色瑪蒂（K. Kassemati）研究希臘補習教育發現，曾進過補習班的大學生竟高達83％之多。〔註八〕由於補習班收費奇昂，且集中於大城市，非鄉下貧窮家庭所能負擔，因而造成教育機會極大的不平等。大學入學考試的取消，原想消弭這種補習班猖獗的情形，不意卻更使補習班向下延伸，造成更大的禍害。格魯（Th. Gerou）即沉痛的指出，未來的補習班發展如無適當的對策，將使初中教育完全解組。〔註九〕

新制高級中學分化的要求，由於歷年來各地區教育發展之不平衡，不僅舊有六年一貫的中學，如何將之劃分為三年義務教育的初中與三年普通高中有其困難，同時如何配合地區發展，廣設各類型的技職高中，也成為希臘政府極感頭痛的問題。

再者，由於教學語言改用白話文，因而課程與教材的安排也措手不及。色諾斯（P. Xenos）對於希臘中等學校教科書的批評，以為初中課程略見改善，而高中則實質上仍停留在1969年的課程標準，只將教科書改為白話文書寫而已，並沒有實質的改善。〔註十〕至於技職高中的課程，因無前例可循，形成普通高中課程的附屬。因而其地位與價值不足以取信於人，改革案所要求的，吸引大部分青年往技職教育升進，亦因而恐怕難以實現。

儘管希臘高中教育問題重重，但1976年以來的改革，顯見希臘政府努力的方向，在於以不泯滅教育的民族性為前提，迎合世界潮流，把高中教育建立在更現實的基礎上，突破人文精神的籠罩，使得高中教育在未來政治、經濟、社會發展上，扮演更為積極的角色。這種統合民族精神與經濟發展的努力，洵足為改革我國高中教育之借鏡。

註釋

註一：P. K. Persianis, "Values Underlying the 1976-1977 Educational Reform in Greece", *Comparative Education*, Vol. 22, No. 1, (Feb. 1978), pp.51-59, esp. p.56.

註二：希臘文「每日新聞」Kathemerine, Feb. 70, 1976.

註三：1913、1929、1959、1964年有關取消拉丁文，希臘古典改以現代希臘文翻譯教學以及中等學校實科課程的設立，高級職校的規劃等重大改革均遭雅典大學哲學院的強烈抗議，參閱 A. Dimaras (ed.), *Metarrythmisi Pou then Egine (The Reform that Never Has)* Vol. II, Athens: Hermes, 1974 pp.98-100, 192-197, 233-235, 275-280.

註四：E. P. Papanoutsos, "Educational Demoticism", *Comparative Education Review*, Vol. 22, No. 1, (Fed. 1978) pp.46-50.

註五：P. Kokkotas, *O Rolos tēs Paideias Stēn Oikonomikẽ Anaptyẽx tēs Hellados (The Role of Education in Economic Development of Greece)*, Athens: S. Tounta, 1978, pp.83-84.

註六：P. K. Persianis, *op. cit.* p.59.

註七：P. Kokkotas, *op. cit.* p.61.

註八：間引自G. K. Polydorides, "Equality of Opportunity in the Greek Higher Education System: The Impact of Reform Policies", *Comparative Education Review*, Vol. 22, No. 1, (Fed. 1978) p.80.

註九：Th. Gerou, *Ekpaideutike Politike (Educational Policy* 1975-1981), Athens 1981, p.52.

註十：P. Xenos, "School Books" in *The Problems of Greek Education: Proceedings of the First Conference of Education of the Greek Association of Private Education Functionary*, Athens, 1980, p.93.

第三部分
師資培育理論與制度

當代師資培育理論的發展　❑171

德國師資培育制度之歷史回顧與展望　❑189

英美德各國師資培育制度及其改革動向　❑223

德國小學師資培育制度　❑235

現代化與後現代思潮衝擊下的師資培育　❑251

我國實習教師制度之規劃研究　❑273

當代師資培育理論的發展

前言

　　J. Elliott在評論英國1992年教育白皮書「選擇與多樣化：學校的新架構」時曾經指出，教育理論家在保守政府近年來政策考量下，時運持續不濟，其前途確實十分黯淡無光（Their future looks very gloomy indeed）〔註一〕。事實上，不只英國為然。筆者在〈現代與後現代之辯證係全球化師資培育之文化動力〉一文中曾比較分析我國及美、英、德各國最近師資培育制度之發展，發現在後現代主義反理論、反專家宰制與重實行（performativity）思潮之激盪下，各國師資培育制度之變革，也有反教育理論、重學校實務的傾向。流於其極，甚至有陷入後現代主義的專家無用，「什麼都行！」（Anything goes!）的反專業主義（Antiprofessionalism）的危險〔註二〕。典型的例證是我國教育改革審議會的組織結構及運作方式帶有強烈的反專業主義的色彩。

　　對於這種反專業主義的師資培育制度之發展，近年來也有不少批判性的反省。K. M. Zeichner就曾批判美、加兩國近年來的師資培育的改革建議大多患了歷史失憶症（historical amnesia），師資培育缺乏歷史意識的結果，使得改革的建議在政治與教育理論上所堅執的基本信念混淆不堪，使得改革建議徒具無意義之口號，沒有為師資培育規劃樹立獨具特色之理想〔註三〕。Thomas S. Popkewitz也指出，「專業」的概念事實上是社會的建構，師資培育就為一種專業的

實踐過程，須置諸更爲寬廣的社會文化過程來了解，有關於教育的知識之產生與運用過程，及其與權力運作間之關係須透過理論的深入探討，才能洞視各種改革建議要付諸實現時，所可能滋生的問題〔註四〕。Linda Darling-Hammond與Arthur E. Wise以及Stephen P. Klein等人更從師資培育制度本身的授證問題深入檢討，認爲美國大多數州的教師授證制度未受尊重，其癥結在於傳統授證制度，只要修畢州政府認可的師資培育學程，即逕予頒授教師證書，其結果令大部分的實務工作者、社會大眾及決策者均難信賴這種授證方式足以區分適任教學者與不適任者〔註五〕。也因而他們三人想要爲專業化教學所應具備的知識與能力要素建立一個一般化的結構，作爲評估適任教師的評量標準。

綜合前述文獻檢討可以發現，雖然近年來各國政府在師資培育政策上有一股反教育理論的傾向。然而，學術界對這種反專業主義的政策也有強烈的批判，試圖從歷史、社會以及教學活動在內爲師資培育建構一個專業化理論，以爲師資培育制度規劃之準據。事實上，不只是學界有此反應，即就政府的政策面而言，根據Th. S. Popkewitz在《教育改革的政治社會學》一書的分析，美國已有越來越多的州有感於修完認可師資學程即逕予授證的做法，缺失甚多，因而改弦更張，改採「學程認可」credentialing制度，即對教學所需完成的特殊工作、時間因素、所需具備的知識等州政府作更詳細的規定，以爲學程核可之依據，且不只是修畢學程即可，更對學程及學生修習結果作整體性的評量〔註六〕。這種政策的轉向勢需有堅強的師資培育理論作爲基礎，才足以提出以令人信服的師資培育結構標準。

我國新「師資培育法」公布之後，師資培育確已達社會大眾所要求的多元化。然則，一般大眾常誤以爲所謂多元化即可以達到師資素質提昇之目的。事實上，多元化的結果如無適當的理論基礎作爲長遠規劃教師專業教育之準據，則難免使師資培育成爲權力爭逐、利益分配的犧牲品，更難期師資品質之提昇。我國師資培育的新發展，類如初檢之以檢覆代考試、教育學程設置辦法之科目組合形態等措施等等，就有此種令人憂心的反專業與利益分配及妥協的基本傾向。極需

從師資培育的專業化理論樹立高瞻遠矚之師資培育理想，以糾正此種缺失。基此認識，本文試圖探討當代師資培育理論形成之歷史背景，比較分析當代師資培育理論的新發展，據以歸納結論，擬具改進我國師資培育之可行建議。

師資培育專業化理論之歷史背景

　　正如前引Zeichner和Popkewitz的論見，專業的概念基本上是歷史文化下的建構，須從寬廣的社會文化角度來了解，才較為透徹。單就「專業」一詞在歐洲不同語系的字源上之不同，也可發現教師專業在不同文化背景下也有不同的意義內涵。英文Profession源自拉丁文Profiteri，由pro-和fiteri兩部分組成，前者指在前或在公眾之前，後者宣稱，Profession就原始意義而言，即在公眾之前宣講自己的主張與信念。至於法文métier則與mastery（師父資格）有關，mastery則隱含著mystery（神秘）的意義，métier也因而指的是中世紀的技藝或商業行會中的師父將本行業的奧秘私下傳授給學徒，而有別於Profession之公開宣講。歐洲頗多國家將中等以上學校教師稱為Professor因其較有嚴格科學訓練，較具專業性，而中等以下學校教師稱為school master或teacher，school master中的master即帶有學徒習藝色彩。而英文teacher中的teach根據J. Payne的分析，其字根源之於中古哥德語（Moeso-Gothic）的teih-en，即現代德文的zeig-en，這些字根均源於希臘文的deiknymi，其原始意義為直接指示應循之路〔註七〕。據此分析，teacher應仍帶有工商行會師父授徒直接傳授的習藝色彩。質言之，從教師與專業之字源義分析，歐洲傳統中等上教師須受嚴格學術訓練，較具專業性質，小學教師的培育基本上頗類商業行會之學徒訓練，地位甚低。教學本身，正如華勒（W. Waller）所云，普遍被認為是失敗的一環（failure belt）〔註八〕。其原因不只是教師地位低落，更在於教師訓練課程粗糙，甚至毫無先前訓練。

教學之邁向專業化，正如M. Montané的分析，可說意謂著將教學從商業行會私密性的學徒訓練，轉而成為公開傳布之教師的知識，教學因而可以接受公開的學術考驗〔註九〕。如此一來，教師須受較為嚴格的教育，也因此教師可以提升其地位。這種專業化的自覺最早見諸十七世紀基森（Giessen）大學兩位教授Christoph Helwig (1582～1617) 和Joachim Junge (1587～1657) ，他們認為教學是一種特殊的藝術，除了大學畢業以外，更須有先前的專門訓練，才能勝任有效的教學。這種構想具體的實現在1618年W. Ratke (1571～1635) 的學校改革中，在此項改革中為未來教師提供了一系列的教學方法之講演及示範教學與見習〔註十〕。

　　這種初步萌芽之專業化努力須以嚴格確實的教育科學作為條件，才有邁向成熟的可能。教育研究之邁向科學化則是西方啟蒙運動以後，科學與技術不斷進步孕育的結果。啟蒙運動帶來人類科學不斷進步可以無止境控制自然的樂觀信念。笛卡兒（R. Decartes）以數學方法為基礎，試圖建立可以預測解釋與控制宇宙萬有之嚴格確實的「普遍學」 (mathesis universalis) ，更奠定了現代科學方法論基礎。社會科學的興起也就在這基礎上想要對社會與文化現象作深入的了解與預測，同樣的，為了更清楚的了解人的教育過程，也就有必要形成理性的教育科學。Chr. Trapp和Imm. Kant就在這種啟蒙思潮的激盪下，試圖建立類似自然科學一樣嚴格確實的教育科學。

　　十九世紀以來，德國在笛卡兒「普遍學」以及康德哲學的影響下，一種專業的教育文化（Pädagogische Kultur）逐漸形成。十九世紀的學校教育學，正如J. Oelkers的分析，關心的核心問題有二：方法與學科（Disziplin）。這兩個問題領域的深入探討正是教師專業化的決定要素。方法即所以提供了專業能力，教育學的學科規範則陶冶了教師在制度上必要的德行。為臻於此，教師須受較高的學術訓練，這種要求益之以日益擴充的學校體制，型塑了一種獨立自主的教育專業文化〔註十一〕。

　　在這種逐漸成熟的專業文化背景下，赫爾巴特（Fr. Herbart）不僅在教育的科學研究上樹立了新的里程碑，也在師資培育專業化過

程中發揮了廣泛而深遠的影響。在1806年出版的《普通教育學》中，赫爾巴特就曾指出科學並不是眼鏡，而是可以洞察秋毫的眼睛，以清楚的認識事物。此種觀點同樣適用於教育科學〔**註十二**〕，教育科學之旨也就在於對教育事務作清楚而澄澈的認識。然則，赫爾巴特也進一步的強調，教育科學須和教育術劃分清楚。「教育術」是指為完成某種特定目的的一組統一的技術，因此，教育術恆須要求實際的教育活動。教育科學則不限於實際的教學，教育科學是以實踐哲學和心理學為基礎的理論體系。理性的教育科學是師資培育不可或缺的要素，因其提供了未來教師培養「完熟教育智慧」（Pädagogischer Takt）的理論基礎。對赫爾巴特而言，「完熟的教育智慧」須有堅實的教育理論作為根基，而又在實際的教學活動中，不斷反省而養成明智的教育判斷。也因此，赫爾巴特在師資培育理論上主張，不僅須在大學接受嚴格的教育學理論訓練，也須在大學附設之「實習學校」（Übung-sschule）從實際教學活動中琢磨「圓熟的教育智慧」。

　　赫爾巴特理性的教育科學理念具體的實現在1826年6月1日頒布之普魯士「皇家通諭」（Cirkular-Reskript）。這是首次形諸政府法令，強調師資培育應結合理論與實際，培育機構應與學校密切合作，以造就合格師資。「通諭」規定，欲取得合格教師資格，須經兩次國家考試。第一次國家考試測試的是教育理論知識，通過後繼之三年的學校實地實習，再經第二次國家考試之實務測試，通過後始可成為合格教師。這項規定奠定了當代德國兩個階段式師資培育（Zwei-phäsige Lehrerausbildung）制度之基礎〔**註十三**〕。我國新「師資培育法」規定，合格教師之取得須經初檢、實習及複檢等手續，似乎模仿德制。惟專業設計難敵政治與利益團體之強力衝擊，初檢以檢覆為之，複檢則以實習成績為準，完全喪失德制初檢考理論，複檢試實務的基本精神。未來我國師資素質實堪虞慮！

　　赫爾巴特的影響不止限於德國，即使是在英、美各國的師資培育也廣泛受其影響。英國倫敦師範學院（College of Preceptors, London）第一位教育科學與藝術教授Joseph Payne在1873年的演講「師資訓練的重要」就曾指出，教學並非盲目的日常工作，而是有確

定目標的藝術，一種藝術則意謂著有一群依系統規則工作的藝術家。藝術過程與規則又明顯或隱含著科學法則。教育實踐或藝術因而建基在教育科學基礎上。教學科目、教學對象特質、教學方法等的知識須透過審慎的科學研究，再加上實習就構成了師資訓練的內涵〔註十四〕。這種論點顯然深受赫爾巴特之影響。亞當斯爵士（Sir John Adams）1897年曾著《赫爾巴特心理學在教育上的運用》，更在1902年的教授就職演說中特別強調赫爾巴特結合教育理論與實踐之師資培育理論〔註十五〕。

至於美國曾成立「赫爾巴特學會」推廣赫爾巴特教育學理念，該學會壽命雖短，惟赫爾巴特影響卻頗為深遠，正如E. V. Johanningmeier與H. C. Johnson Jr.的分析，Charles Degarmo《赫爾巴特及其學派》一書所揭示的教師訓練方案、理論與實踐聯結之理念，持續的出現在師範學校及後來的教育學院。即就當前對教師實習之處理方式，仍為赫爾巴特傳統下的產物，因此，幾乎可以說整個教育學教授的發展史都和赫爾巴特思想息息相關〔註十六〕。

赫爾巴特的理性教育科學及後來興起的實驗心理學，加上歐美各國快速的科學與技術的進步，加速了師資培育之科學化與專業化。心理學開始從哲學獨立，成為師資培育的重要要素。1930年代，隨著進步主義教育思想席捲美國，師資培育中的工具理性逐漸抬頭，這種工具理性又與行為主義心理學及績效責任運動，更使能力本位的師資培育中技術主義達到極點。1970年代隨著各國經濟不景氣，以教育來提振國力的呼聲甚囂塵上，師資培育也成為提高教育品質，促進經濟發展之利器。就經濟層面來考量，師資培育中的理論科目就大量被放棄，而改由學校實際經驗來訓練教師基本能力，這在英、美、德各國近年來的師資培育改革中均有此傾向。這種經濟掛帥的技術主義師資培育近年來也遭致熊恩（D. A. Schön）反省性的實踐理論，批判理論及重建主義的批判，認為師資培育與整體社會文化有極為密切的關係，宜從整個社會結構面的分析與批判來培育教師批判反省能力。另一方面，J. Piaget對於認知發展的研究，也對師資培育產生重大影響。John Goodlad近年來廣泛的檢討美國師資培育制度，其所提出的全面更新

師資培育制度,亦將產生相當程度的影響。在各種不同思潮的激盪下,當代師資培育理論也呈現多采多姿的發展。各個理論關注的焦點不一,得失互見,其深入的分析與批判或梳理足供我國規劃未來師資培育參考之洞見。以下一節即就當代師資培育理論發展加以分析。

當代師資培育理論評析

知識基礎的師資培育理論

前節分析已經說明,歐美傳統師資培育,尤其中等教育階段師資的養成,以學術訓練爲主,認爲其要精通文理學科即可進行教學。教師視爲學者與學科專家,毋須先前的師資培育課程。即使二十世紀以來,各大學紛紛設立師資培育學程,頗多學者仍認爲文理學科的學術訓練,輔以短期的學校中的學徒訓練,就可以培養適任的教師。至於教育學科的課程則飽受批評,J. Koener就強烈的批評,大部分的教育學科模稜兩可、平淡無奇、一再重複、無補於學術〔**註十七**〕。因此,教育學科是不必要的。

然則,只有專門學科的知識是否足以進行有效的教學?確也引起不少學者的質疑,其中在師資培育理論中較爲有名的是Lee Shulman。氏以爲教師徒有教材內容的知識並不足夠,因爲教學是實踐推理(practical reasoning)的結果,教師因而必須對教學能夠作妥適的推理,也因而必須學習運用知識基礎來作爲選擇與行動之理由〔**註十八**〕。教學過程包括了一個推理與行動的循環,這個循環包括了對教材的透徹了解、轉化教材使學生了解、教導、評鑑、反省以及新的了解等七個推理與活動過程。

Shulman也承認過去教學的知識基礎過分薄弱,因此,教師一直無法像其他專業那樣受到尊重。爲了提升教師地位,有必要推展教學

的知識基礎，以規劃師資培育。據其分析，教學既為一連串實踐推理的行動結果，故其知識至少基於三個知識範疇，用三種知識形式表達出來，而其來源至少有四。所謂三個知識範疇指的是涉及教什麼（內容與教學內容的知識）、如何教（普通教學知識）及為何教（教育基礎的知識）。這三個範疇知識的表達形式有：命題知識、個案知識及策略知識。至於其來源主要有四：

1. 內容的知識：主要來自任教學科的知識性質的歷史與哲學研究，探討教材的知識結構、概念組織原則與探究原則。教師需嫻熟其教學科目之歷史與邏輯結構。
2. 教師知識的第二個來源是學校教育過程、教與學過程之學術探討文獻，包括經驗研究的發現與方法，以及教育的倫理、規範、哲學基礎。
3. 教學材料與教育情境。
4. 實踐的智慧。

　　Shulman的知識基礎的師資培育理論在師資培育理論學程的課程設計上提供了相當清晰的架構。但其教學學科內容的知識基本上是以J. Schwab的學科結構理論為主。Schwab稱其學科結構與教學有三點相關：

1. 結構使我們發現我們所處理的敘述屬何種類。
2. 結構使我們決定了一個提供知識的敘述在何種程度與意義下為真。
3. 結構使我們更完全、更正確的分辨一個敘述的意義。〔註十九〕

　　根據上述，可見一個敘述或命題的真假與意義係由學科結構所決定，教材的意義須從學科結構來了解。如此一來，Shulman所說的教學過程中的批判反省便無由發揮。再者，在探討教育知識的來源時，Shulman把經驗研究和規範的教育基礎知識混為一談。經驗的知識原則基本上本於實證主義的檢證原則來驗證，其與良善教育所據的規範原則之間的關係，未見充分的討論。最後，Shulman雖也討論如何轉

化知識結構，以便使學生能夠了解，但其關心的重點，仍在於知識本身的結構問題，而忽略了學生本身有建構知識的可能。這種可能性的探究正是建構論的師資培育理論所要發展的核心問題。

建構論的師資培育理論

建構論（Constructivism）的師資培育理論是J. Piaget的發展認識論，惟其關心的焦點並不是J. Piaget的發展階段或如何促進認知的問題，而是關心教師應學習應用Piaget的思考方式，來使兒童建構自己的意義。E. Duckworth就以爲師資培育關心的焦點應在於如何使兒童按照自己的方式來使情境變得有意義，爲達此目的，教師也須經歷和兒童一樣的學習過程〔**註二十**〕。

C. Fosnot肯定了Duckworth的基本立場，進一步的認爲候選教師本身需要親身深入質疑、假設、探究、想像與辯論的情境。他們本身要成爲探究社群的一部分，容許本身的經驗置諸分析、評價與反省之下，以便建構教學與行動的需則。根據Piaget的學說，Fosnot提出了四個建構論的基本原則：

*1.*知識是由過去的建構（construction）所組成。

*2.*建構之產生係經同化與調適作用。

*3.*學習是發明的有機歷程，而非知識累積的機械歷程。

*4.*有意義的學習係經由反省與認知衝突的解決，也因而用以取消先前較不完全的了解層次〔**註二一**〕。

C. S. Cannella與J. C. Reiff認爲，既然教師是可以自己建構觀念的學習者，那麼師資培育學程就需建立一些哲學基礎原則，以便能造就主動、積極、反省、自律而不斷學習的教師。依建構論的基本原理，Cannella與Reiff認爲，師資培育學程哲學基礎與教育方法應包括以下八個基本假定：

*1.*每一個人均建構或發明自己的知識。

2. 學習則由於個人獨特的生物組成條件不同而互有差異。
3. 個人經歷認知衝突或原有的了解與信念面臨挑戰時,學習的潛能就會發揮出來。
4. 學習者個人經由自我調節而控制自我的學習。
5. 學習是一種發明的自然內在過程。
6. 就經驗的建構或思想的轉變是質的改變,而不單純是經驗或事實的累積。
7. 教學環境可以運用實驗、探索、研究社會互動激發認知衝突而助長知識的建構。
8. 一個已賦予能力的學習者會為自己思想,挑戰課程、教法與行政〔**註二二**〕。

　　依上述基本假定,以知識為基礎的師資培育結構勢須打破,師資培育學程旨在培育主動積極的知識建構者、研究者、探索者,而非知識的傳輸者,課程結構也因而須隨環境變遷而隨時變遷。因此,師資培育的成效難以評估。也由於這種特質,建構論的師資培育模式難以普遍推行。

能力本位的師資培育理論

　　能力本位的師資培育理論孕育自美國講求社會效率的思想傳統。這種思想傳統認為對於教學的科學研究可以提供師資培育學程規劃客觀的知識基礎,基此認識,美國1920年代有不少研究,試圖將教學工作分析肢解為簡單的組成部分,然後依此技術性的分析建立師資培育學程〔**註二三**〕。

　　能力本位的師資培育在1960年代和1970年代在美國蓬勃發展,主要由於行為主義心理學有效的運用於工商管理人員及軍事人員訓練所激勵。再者,聯邦政府也支持九個能力本位師資培育計畫,運用系統分析和工作分析來設計師資培育課程。這種課程設計之旨在於使未來教師獲得明確而可觀察到的教學技術。因此,能力本位的師資培育主

要特色之一在於認為未來教師所應具備的知識與能力均可用行為單位，預先確定。這些知識與能力的精熟與否須透過學生實際表現加以衡量，因此必須發展教學、管理與評鑑系統來控制未來教師對各種必要知識與技能的精熟學習。

　　能力本位的師資培育雖有目標明確、績效評估容易、可以及時回饋、個別化學習及課程設計有規則可循、較為單純等優點。然其缺點則在於實證性證據薄弱，那些行為單位可以構成適任教師所需之知識與能力，未能有充分的科學探究結果可資支持。再者，能力本位師資培育是人類技術宰制理性的表現，把教師行為窄化到目的——手段之間斤斤計較的功能算計系統，忽略教師人格的涵育，更忽略了教師在整個社會文化發展過程中具有批判社會文化、改造社會文化之角色與地位。

重建主義之師資培育理論

　　前述幾種師資培育理論都有透過師資培育合法化現實情況或導向絕對的基本傾向。1950年代、1960年代主要由Theodore Brameld所發展出來的重建主義〔**註二四**〕則不然，重建主義視學校教育和師資培育為導向未來更為公平與正義社會的重要要素。Brameld認為，當前爭論性的問題必須成為師資培育學程中，教育工作者必須批判性的檢討教育中的「爆炸性」（explosive）觀念，如階級、文化與演化等。以進一步促進經濟體制的改變及更合乎正義之國際秩序。

批判理論的師資培育理論

　　「批判理論」（Critical Theory）影響下的師資培育理論一如重建主義，強調師資培育在改造社會文化上應扮演主動積極的角色。H. A. Giroux就強烈的批判過去知識基礎的師資培育及能力本位的師資培育未能使學生具備面對快速技術變遷的能力，也未能培養學生創造思考能力，使其在工作、政治、文化、人際關係與經濟領域中能

作睿智有效的抉擇。在能力本位與知識結構的技術宰制理性控制下，教師越來越沒有能力批判反省其本身的工作條件及教育過程背後的意識形態。教師從事的工作往往淪為既有的制度與規範作合理化的確認，而不加以批判。如此一來，一個實質的合理與正義社會便難以實現〔註二五〕。

　　師資培育因而需要將未來教師培育為具有改變能力的知識分子 (transformative intellectual)。為達此目的，須將師資培育課程視為文化政治 (cultural politics) 的一種形式，強調政治、經濟、社會與文化範疇在分析學校教育的重要性。在這樣的分析下，未來教師在辯證過程中學習並獲得必要的知識與能力，以達個人的獨立自主與社會的正義。

有效的師資培育學程制度架構理論

　　以上所述理論或偏知識結構、或強調師資培育過程與社會文化之間的關係，均少從制度架構層面作整體分析。John Goodlad在1990年春出版的《我們國家學校的教師》〔註二六〕則從制度層面提出了一個師資培育的綜合理論。

　　Goodlad的著作事實上是針對8個州中29個大學師資培育學程進行研究的結果，其特色在於Goodlad提出了三點率直的批評：(1)從歷史觀點來看，師資培育向來為大學所輕忽；(2)州政府對師資培育學程管制太多；(3)師資培育學程亟待作重大變革。為了革新師資培育學程，Goodlad提出19項基本主張，這19項基本主張可以歸納為四大類加以分析〔註二七〕：

制度期待 (1－3)

　　Goodlad認為，師資培育機構需有責任領導人，視師資培育為對社會所應負的主要責任，師資培育學程亦需得到適當的支持與強而有力的促進，而對大學中其它學程具有同等的地位。大學中的教育學程教學人員應有相應於其教學活動之回饋；再者，有效的師資培育學程之

基本特色是專業自主、學程有所保障、單位統一、預算正常以及人事穩定。

教學人員的責任 (4－6)

師資培育學程中的教學人員須以培育未來優秀教師為最優先考量，這些職責包括：篩選學生、設計與評鑑課程，畢業生進入專業時給與親身指導，培養其專業。再者，教學人員也必須對學校目標及教師角色有綜合性的認識，也應依目標來選擇願意獻身教育責任之學生。

學程條件 (7－18)

Goodlad論述的重點在於探討有效師資培育學程之合理而必要之條件，據其分析一個有效的師資培育學程須使其學生或畢業生完成下述目標：

1. 成為有教養的批判思考者。
2. 成為反省性的探索者，以對學科、教學及學校教育進行研究。
3. 成為認同於教學文化的教育家。
4. 成為有效的學習者，可以在大學與學校範例中進行有效的學習。
5. 獨立思考者，可適切的解決教育以及社會問題。
6. 成為專業實踐者，獻身於追求學校教育之公平與卓越。
7. 變遷的促進者，改變課程、組織與教學。
8. 對理論、實踐與研究作慎密思考的學生。
9. 新任教師可以提供回饋給師資培育學程。

法律規範情況 (18－19)

Goodlad認為州政府應給予師資培育者完全的權威來設計師資培育學程，不要傷害師資培育學程之教授專業自立權。Goodlad提出的制度架構理論，雖然被批評為過於理想。然就整體而言，其制度設計面

面顧到，學程目標也不偏技術理性，而整合當前各種師資培育理論的教師人格思想，就未來師資培育之整體規劃而言，仍極具參考價值。

我國師資培育制度之前瞻

前述的分析顯示，西方師資培育理論的發展基本上是社會文化下的產物，早期師資培育中小學教師分途培養，中學教師重學術訓練，小學教師偏學徒式的模仿，無所謂先前的師資預備教育。啟蒙運動以後，科技進步造成學術不斷分化，教育的科學研究也因而蓬勃發展，師資培育也因而邁向專業化。然則，不同文化與科學理念孕育下的師資培育理論，對於教師所應具備的知識結構與專業能力以及教師在社會文化過程中的角色地位，見解互異，惟均只描述了一個理想教師之某一個層面。為規劃一個理想的師資培育制度，仍有待於融攝不同理論優點於本國文化中。

惟夷考我國新「師資培育法」頒行後師資培育之發展，情況實令人憂心忡忡。就制度架構而言，似採行德國職前教育和實習分離兩各階段式的培育制度。而初檢與複檢之寬鬆，卻富有美國「變通方案」（Alternative Program）之反專業精神。教育學程設置標準則似乎又有點知識基礎師資培育理論的色彩，惟卻流於科目的湊合，殊少從教育專業知識結構來加以考量。長此以往，實難期造就優秀的教師。為糾正此種缺失，今後師資培育的規劃，宜參酌當代師資培育理論，作如下改進：

樹立師資培育高瞻遠矚之理想

隨著科技發展與台灣特殊的政經情勢發展，教師在未來社會文化中的角色地位，亟待從重建主義與批判理論的角度加以審慎的釐定。扮演此項角色所須具備的知識結構與能力，更宜從知識基礎與能力本

位師資培育理論觀點做嚴格確實的科學分析，整合這些研究成果，才能樹立高瞻遠矚之師資培育理想。

規劃體系分明、結構統整之師資培育學程

依據前述的教育理想，配合嚴格的科學分析，才能規劃符合專業原則，體系分明之師資培育學程，也才能造就具有高度專業素養之教師。

建立嚴格確實的評鑑制度

德國兩個階段式的師資培育制度奠基於赫爾巴特的教育理論，第一次國家考試考其教育學識，第二次測其實際的實踐能力。是項制度移植到我國，淮橘為枳，變為虛有其表之制度架構。今後似宜參酌當代師資培育理論，審慎研究初檢和複檢的功能，訂定嚴格的專業標準，才能甄選優秀人才成為具有專業素養之教師。

註釋

註一：J Elliott "Professional Development in a Land of Choice and Diversity" in D. Brideges & T. Kerry (eds.), *Developing Teachers Professionally*, London: Routledge, 1993, pp.33-50, esp. p.33.

註二：Shen-Keng YANG "*Dialectic of Modernism and Postmodernism as Cultural Dynamic of Globalizing Teacher Education*", Paper Presented at the 1995 Annual Meeting of the Comparative and International Education Society, Boston, Massachutts, U.S.A., March 29-Apr. 1, 1995.

註三：K. M. Zeichner "Traditions of Practice in U. S. Preservice Teacher Education Programs", in *Teaching & Teacher Education*, 1993, vol. 9, no. 1, pp.1-13.

註四：Thomas S. Popkewitz, "Professionalization in Teaching and Teacher Education: Some Notes on its history, Ideology, and Potential" in *Teaching & Teacher Education*, 1994, vol. 10, no. 1, pp.1-14.

註五：Linda Darling-Hammond, Arthur E. Wise, & Stephen P. Klein, *A License to Teach*, Boulder: Westview Press, 1995, p.1.

註六：Th. S. Popkewitz, *A Political Sociology of Educational Reform*, New York: Teachers College, Columbia University, 1991. p.192.

註七：Joseph Payne, *Lectures on the Science and Art of Education*, London: Longmans, Green, & Co., 1880, p.62.

註八：W. Waller, *Sociology of Teaching*, N. Y.: John Wiley (Reprinted: Originally Pub. in 1932), p.61.

註九：M. Montané, "Professionalisation of Teaching: The Outcomes of an ATEE Seminar", in *European Journal of Teacher Education*, 1994, vol. 17, nos. 1/2, pp.119-126.

註十：Udo von der Burg, *Entstehung und Entwicklung der Gymnasialseminare bis* 1945, Bochum: Studienverlag Dr. N. Brockmeyer, 1989, p.6.

註十一：J. Oelkers, *Die grosse Aspiration*, Darmstadt: Wissenschaftliche Buchgesellschaft, 1989, p.7.

註十二：J. Herbart, *Allgemeine Pädagogik*, Göttingen, 1806, p.9.

註十三：cf.

H. -K. Beckmann, *Lehrerseminar-Akademie-Hochschule*, Weinheim: Verlag Julius Beltz, 1968, p.48.

W. Homfeld, *Theorie und Praxis der Lehrerausbildung*, Weinheim: Beltz, 1978, p.54.

註十四：Joseph Payne, *op. cit.*, p.139.

註十五：cf.

P. Gordon, "Introduction", in P. Gordon (ed.), *The Study of Education*, Bd. I, London: The Woburn Press, 1980, pp.xii-xiii.

註十六：E. V. Johanningmeier & H. C. Johnson, Jr, "The Education Professoriate: A Historical Consideration of Its Work and Growth", in A. Bagley(ed.), *The Professor of Education: An Assessment of Conditions*, Minneapolis: Society of Professors of Education, 1975. pp.1-18.

註十七：J. Koerner, *The Miseducation of American Teachers*, Boston: Houghton Mifflin, 1963. pp.55-6.

註十八：L. Shulman, "Knowledge and Teaching: Foundations of a New Reform", *Havard Educational Review*, 1987. Vol. 57, No.1 pp.3-4.

註十九：J. Schwab, "Education and the Structure of the Disciplines", in I. Westbury & N. Wilkoff(eds.), *Science, Curriculum, and Liberal Education*, Chicago: University of Chicago Press, 1987. p.236.

註二十：E. Duckworth, *The Having of Wonderful Ideas*, N. Y.: Teachers College Press, 1987. p.96.

註二一：C. Fosnot, *Enquiring Teachers, Enquiring Learners: A Constructivist Approach for Teaching*, N. Y.: Teachers College Press, 1989. pp.19-21.

註二二：G. S. Cannella & J. C. Reiff, "Individual Constructivist Teacher Education: Teachers as Empowered Learners", *Teacher Education Quarterly*, (Summer, 1994), pp.27-37. esp. p.32.

註二三：K. M. Zeichner, 1993, op. cit., p.4

註二四：Theodore Brameld (1965), *Toward a Reconstructed Philosophy*, N. Y.: Dryden Press, 1956. Theodore Brameld, *The Use of Explosive Ideas in Education, Culture, Class, and Evolution*, Pittsburgh: University of Pittsburgh Press.

註二五：H. A. Giroux, "Intellectual Labor and Pedagogical Work: Rethinking the Role of Teacher as Intellectual", *Phenomenology + Pedagogy*, 1985, Vol.3, No.1, pp.20-32.

註二六：J. Goodlad, *Teachers for Our Nation's Schools*, San Francisco: Jossey-Bass Inc., Publishers, 1990.

註二七：D. J. Simpson & J. L. Devitis, "John Goodlad's Theory of Teacher Education: An Evaluative Analysis", *Teacher Education Quarterly*, (Spring, 1993), pp.23-34.

德國師資培育制度之歷史回顧與展望

緒論

　　教育制度須隨著社會變遷而作適當的變革，以迎合時代的需求。然則，任何改革均不能不審慎考量制度所植基的歷史文化。徒然惑於所謂「先進國家」表面的教育成就，即妄圖「東施效顰」，只顧眼前利害之計較，未對制度之文化根源詳加省察的結果，往往難免於「淮橘爲枳」之患，其對百年樹人大業所造成之害，實難以估計。

　　我國師範教育近年來面臨重大變革，舉凡政策之釐定、制度之規劃、課程之統整、實習制度之確立，教師資格之授予與教師進修體系之建立等問題經緯萬端，有待於審慎研究解決之道。論者每引某些國家師範教育制度之成效作爲推展某種措施之論據，表面看來極具說服力。然則，教育制度只不過是整個文化精神表現之一環，未對制度背後之歷史視野 (historical horizon) 作一種深度的詮釋學省察 (hermeneutical reflection) 是否足以開展出適合我國歷史文化與現實需要之改革建議仍不無可慮。

　　以西德學校教育制度之起源與發展而言，正如田培林教授適切的觀察：「是以歷史方面的哲學理論爲『經』，再以社會的需要爲『緯』交織而成的統一體，並不是自上而下，根據某種判斷所判定的硬性法規。」〔註一〕質言之，形諸現行法令規章之制度事實係整個歷史精神之表現，制度之理解自不宜割裂其整全的精神面貌僅作表面的評估，而須將其置諸整個歷史文化的發展脈動上，方足以彰顯其意義。

就師資培育制度而論，現行制度也是長遠以來哲學理念與社會需要相互激盪，逐漸發展而成，1696年哈勒（Halle）大學希臘以及東方語文教授弗蘭克（August Hermann Francke）首先成立教師研習班（Seminarium Praeceptorum）即本於提供神學院學生志願服務孤兒院者必要之學習的基本需求而發，厥後於1717年成立教師研究所（Institut Praeparandi）才開始作有系統、有方法的教學之探究，可以說是德國制度化的師範教育之始〔註二〕。實際的需要與理論的反省在師範教育萌芽時期可謂已經開始兼籌並顧。其後，康德（Imm. Kant）、特拉普（E. Chr. Trapp）等最早將教育與教學作為一門體系化的學問來探究，然亦未忽略實驗學校之設立以證驗學理。赫爾巴特（J. Fr. Herbart）、雪萊瑪赫（F. D. E. Schleiermacher）、狄爾泰（W. Dilthey）、狄斯特威格（Fr. A. Diesterweg）等繼之對教育理論與實踐之間的聯結不僅從哲學思辨層次，也從師資培育之實際層次作過深層反省，其對德國師範教育的影響至為深遠。貝克曼（H. -K. Beckmann）即曾指出：「十九世紀上半葉已經發現，教師有接受精神的、理論的教育之需要，下半葉則體認了教師有必要在教學任務上教以實踐上之基本方法。兩方面的目標殊少見及整合，更遑論乎成功。這是廿世紀師範教育的主要問題。」〔註三〕因而，如果不對德國哲學傳統理論與實踐問題作深入的分析，實在很難瞭解為何德國現有實習制度或所謂「預備服務」（Vorbereitungsdienst）體系已相當完備，卻仍飽受學界批評。

不僅實習制度，即就中學與國小師資教育統一於大學之要求，師資教育課程革新之建議，教師資格考試之再檢討等問題均可溯源於整個師範教育之哲學傳統與實際需要之爭衡。1827年德國著名師範教育專家狄斯特威格即曾指出十九世紀初德國教師研習班（Lehrer-seminar）主要有兩種趨勢：其一為師範教育主要在於教導其未來執行教師任務所需要的知能即可；其二以為師範教育應是全人的教育，旨在促進教師獨立自主的精神與判斷〔註四〕。狄斯特威格顯然贊同後一種觀點，然以為要造就一種全人格的教師必須在一種「真正的教育環境」（Wahrhaft erziehende Umgebung）作一種生動的接

觸，才能培養融貫理論以及實踐之圓熟教育智慧 (der pädagogischer Takt) 〔註五〕。這種見解爲斯普朗格 (Ed. Spranger) 所宗，而主張籌建一種特殊的教育大學 (Bildnerhochschube) 來培育教師人格〔註六〕。普魯士科學、藝術與教育部長貝克 (C. H. Becker) 深爲贊同此種說法，以爲「我們需要的不是智力的教育，而是人格的陶成」。〔註七〕這種理念之具體實現是1825年7月20日公布之「普魯士新師範教育法」規定成立「教育學院」 (pädagogische Akademie)，其旨不在於造就「研究者」 (Forscher) 或「專門科目的學者」 (Fachgelehrter)，而是在於培養「陶冶者」 (Bildner)，使其能直接與國民接觸，以喚醒並型塑國民精神〔註八〕。然則，隨著學術分化與專門化以及教師團體提升其本身地位的要求，這種特殊的教育學院也引致學界及教師團體的批判。學術界以爲把師資培育機構置諸特殊的機構，則有使教育研究以及師範教育從整個學術發展脫節之危險。〔註九〕教師團體則以爲提升本身的地位，師範教育宜置諸普通大學辦理〔註十〕。因而，小學與中學教師均統一於普通大學辦理，逐爲爾後之主要發展趨勢。然則，隨之而來的是教師究應爲強調專門科目的「專科教師」 (Fachlehrer) 或宜側重人格教育之「教育家」 (Erzieher) 逐成爲學術界爭論的焦點〔註十一〕。這些爭論也相應的引起師範教育體制與課程結構的變革。

　　前舉事例在於說明德國師資培育制度係凝聚哲學智慧與現實需求逐漸發展而成，其深入的理解有待於一種詮釋學上的歷史洞見。基於此認識，本文將形諸法令規章之德國師範教育現制當作一種詮釋學上的「文獻」 (Text)，嘗試追索其「影響史」 (Wirkungsgeschichte)，資以我國現在之歷史視野，作一種「視野交融」 (Verschmelzung der Horizonte)，以開展適合我國之師範教育改革建議。

　　研究之方法及其概念架構圖示如圖1。

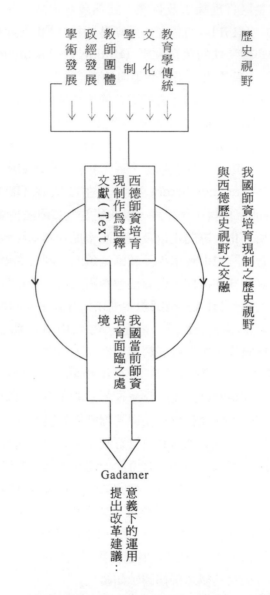

歷史視野

學術發展　政經發展　教師團體　學　制　文　化　教育學傳統

↓　↓　↓　↓　↓　↓

文獻（Text）　現制作為詮釋　西德師資培育

境　培育面臨之處　我國當前師資

我國師資培育現制之歷史視野與西德歷史視野之交融

Gadamer

提出改革建議：　意義下的運用

圖1　我國師資培育制度改革建議之方法與
　　　概念架構圖

德國師資培育制度之歷史發展

　　如前所述，德國師資培育制度在長遠的發展過程中一直朝向專業化與科學化的途徑邁進。由於德國各級學校之文化根源並不相同，其師資培育邁向科學化之歷史過程亦因而未盡一致。傳統文理科完全中學（Gymnasium），源自教堂學校（Klosterschule, Domschule），深受人文主義影響，以學術為導向，係大學預備學校。國民學校（Volksschule）則係宗教改革以後，為培養忠誠教民而設，係低下階層子弟所進學校。至於實科學校（Realschule）則受唯實主義影響，在產業革命以後，為因應新興的中產階級而設。1919年威瑪憲法頒布，為提供全國國民同樣的基本教育，而有基礎學校（Grundschule）之設。1969年以後，基民黨執政提出「教育民主，社會平等」之口號，配合經濟發展的需求，而有綜合中學，綜合高中之設，並開拓「第二教育進路」，使職校畢業生以及國民中學（Hauptschule）畢業後立即須工作者，能有接受大學教育的機會。中小學各類型學校的發展背景可以圖示如圖2。〔**註十二**〕

　　圖中顯示，德國傳統學制階級色彩甚濃，各級師資培育亦因而有不同的要求。隨著經濟發展與社會平等之要求，學制逐漸走向單純化的精神。各級學校師資培育也在平等化與科學化的要求下，統一提昇至大學教育水準。以下以師資培育之專業化與科學化為規準，將西德師資培育制度劃分為六個發展階段略予評述：

科學化師範教育之萌蘗

　　如前所述，十九世紀德國國民學校與中學師資分途培養。國民學校師資在師範學校（Lehrerseminar）培養，收國民學校畢業生，施以六年的教育。這種師範學校在第一次世界大戰前已有450所。然而，隨

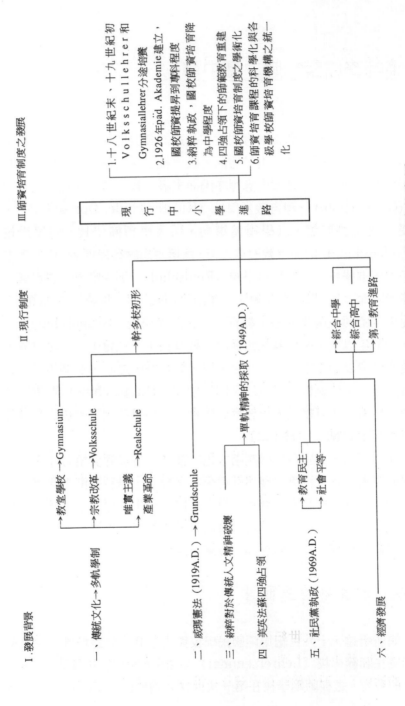

I. 發展背景　　　　　　　　　　　II. 現行制度　　　　　　　III 師資培育制度之發展

一、傳統文化→多軌學制
　　　　　　→教堂學校　→Gymnasium
　　　　　　→宗教改革　→Volksschule
　　　　　　　唯實主義　→Realschule
　　　　　　　產業革命

二、威瑪憲法 (1919A.D.) → Grundschule

三、納粹對於傳統人文精神破壞

四、美英法蘇四強占領

五、社民黨執政 (1969A.D.)

六、經濟發展

→幹多校初形

單軌精神的採取 (1949A.D.)

→教育民主
→社會平等

→綜合中學
→綜合高中
→第二教育進路

現行中小學進路

1.十八世紀末、十九世紀初 Volksschullehrer 和 Gymnasiallehrer 分途培養

2.1926年pād. Akademie 建立，國校師資提昇到專科程度

3.納粹執政，國校師資培育降為中學程度

4.四強占領下的師範教育重建

5.國校師資培育課程之學術化

6.師資培育的科學化與各級學校師資培育機構之統一化

圖2　德國中小學教育發展背景與師資培育制度的發展

著教育學研究的發展，以及國民學校教師尋求專業認同的努力，使得這種中學程度的師範教育備受批評。1904年德國教師聯合會（Deutscher Lehrerverein）在寇尼斯堡舉行大會遂提出要求：「大學才是師資培育最合適的機構。」

至於中學教師（Gymnasiallehrer）一向視為從事學術教育，且教育學在十九世紀之學術地位仍受輕忽，新人文主義學者的教育理念認為大學中的哲學、語言學、歷史學與數學的研究已經涵蓋了教育的原則。因而1810年普魯士皇家考試規程中，對中學教師資格的考試也專注於專門學科的內容。1831年、1866年和1887年的考試規程中雖也加入了教育學的內容，然而1898年的考試規程又取消了教育學的筆試。

受到赫爾巴特及其弟子來因（W. Rein）教育學理念之影響，中學教師之培育在1826年開始引進了「試驗年級」（Probejahr）的規制。這個規制在1890年3月15日公布的「高級中學教師候選人實踐訓練規程」（Ordnung der praktischen Ausbildung für das Lehramt an höheren Schulen）中轉而為兩年的預備服務（Vorbereitungsdienst），這是當代德國師資培育中「實習制度」之嚆矢。預備服務期在教師研習班中進行，使教師候選人能將教育與教學理論運用實際的教學，因而中學教師的培育實質上分為養成教育與實習教育兩階段。國民學校師資培育仍維持一個階段教育的規制，然而，由於教師團體的壓力，一直也有提昇到高等教育的要求。

綜合德國十九世紀末、廿世紀初德國師資培育制度的發展，可以發現兩個顯然的趨勢：其一為中學教師之培育由專注於專門學科的大學教育，引進教育科目，而開展出「養成教育」與「實習」兩個階段的教育模式；其二國民學校師資培育由師範學校注重教學實際，轉而為要求兼重專門學科與教育科學之學術化的教育。

納粹執政前國民學校師資培育之科學化

國民學校教師提昇其專業地位的要求具體實現於1926年新設之

「教育學院」。這是以斯普朗格教育哲學理念而設之國民學校師資培育機構，旨在培育「教育家」，而非專門學科的研究人員，因而特別強調教育學科的學習。這種教育學院在廿世紀初廣泛的在德國北部設立，德國南部則仍維持舊時師範學校制度。

　　至於中學教師之培育在此時期並未有實質的改變，仍維持學術導向，教育科目只是一種附帶的學習而已。至於教學實際所須的基本能力則在「預備服務」期間教導。因此，從科學化、學術化的角度來看，教育學院之提昇至高等教育階段，已使國民學校師資教育與中學師資培育越來越有接近的趨勢，然則所謂的科學化僅局限於教育學科，則又與中學教師培育之發展背道而馳。

納粹執政師範教育之反科學化

　　1932年納粹執政，國民學校師資培育提昇為高等教育之努力遭受嚴重挫折。1933年全國教育學院悉予關閉，而以「高等師範學校」（Hochschule für Lehrerbildung）取代，收高中畢業生，肄業一年，經考試，部分轉入大學或其他專科學校繼續分科肄業三年，取得中學或中等職業學校教師資格。其餘則留原校繼續肄業一年，經考試取得國民學校教師資格。是項規制不久即告廢止，高中教師的培育於1936年改以兩個學期的先修課程（Vorkurs）取代，而國民學校教師更降至中等教育程度，於1941年起設立「教師養成所」（Lehrerbildungs-sanstalt），收國民學校畢業生，施以五年教育，而以所謂的學校助理課程（Schulhelferkurse）結業。中、小學教師的培育可以說嚴重違反科學化、專業化的要求。

戰後師資培育制度之重建

　　第二次世界大戰結束，德國被美、英、法、俄四強分區占領。美英法占領區於1949年成立德意志聯邦共和國（西德）。在反納粹、反軍事以建立民主、和平的德國之訴求下，師資教育也要求統一化與科

學化。然而，正如霍姆費爾德（W. Homfeld）的觀察，1945年至1949年德國教育重建的機會並未充分利用，因而成效不彰。〔**註十三**〕，師範教育之重建亦然。

就英國占領區而言，1947年漢堡大學成立教育研究所，國校師資培育置諸大學。下薩克森（Niedersachsen）則建立在學六個學期之教育學院，北萊因──西伐利亞（Nordrhein-Westfalen）和斯列斯維──霍爾斯坦（Schleswig-Holstein）的教育學院則在學四個學期，美國占領區的拜彥（Beyern）直到1950年仍維持納粹時期「教師養成所」舊制，其後才以教育學院取代，在學六個學期。法國占領區內的教育學院肄業兩年。西柏林的蘭克維茨（Lankwitz）教育學院則肄業六個學期。這些師資培育機構仍隱含著不少陳舊的師範教育理念，如受教期限甚短，依性別與宗教派別劃分教育學院，有些甚至仍以國民學校畢業爲入學資格等。1926年教育學院透過科學教育學的學習而提昇水準的理想並未實現。

1950年名哲學家與教育家魏尼格（E. Weniger）即撰文批評當時的教學管理趨勢，而主張在大學中設立和專門科學學習有直接關係的教育科學的學習以聯結教育理論和實踐〔**註十四**〕。這項主張爲1965年德國教育委員會所提「師範教育之建議」及1968年德國邦教育廳長會議決議所採納。然其主張未來有志於從事教育工作者應在第二學期與第四學期之間，到國民學校作六個星期的實習，則未被接受。

綜合1945年到1955年之間所謂師範教育之重建，如從科學化和理論實踐聯結的觀點來看，並未超越1920年代師範教育之成就。

國民學校師資培育之學術化

1950年黑森（Hessen）邦已開始逐年開始將傳統重教育科目之教育學院（Pädagogische Akademie），改爲強調專門學科的教育學院（Pädagogische Hochschule），修業六個學期。1955年德國教育委員會，也建議爲使國民學校師資提昇至學術教育之境地，必須採取此種措施。然則，如果從國民學校師範生專門學科的選修科盡付闕

如，而代以某一個單一擬任教學科的教學法來看，所謂的科學化並不
徹底。質言之，專科教材教法的研究並未臻學術水準，僅是一些教學
技巧的堆積，而未與專門學科整合。專科教材教法研究更不用說尚未
成為中學教師教育的內容，實科學校的師資教育（Realschulehrer-
ausbildung）地位更為尷尬，1953年邦教育廳長會議議決成為國民學
校師資培育之附屬或中學師資培育之另一種較不完備的模式。直到
1965年德國教育委員會最後一次的師範教育建議中提出任何種類型的
教師必須接受共同的基本教育，師範教育更向統一化、科學化邁進。

師資培育制度架構之統整與課程的革新

　　1960年代，德國學術界體認到師範教育改革最大的障礙在於對於
整個學校制度缺乏共同的看法。1959年德國教育委員會的「學制改革
方案」（Rahmenplan zur Umgestaltung und Vereinheitlichung
des Allgemeinbildenen Öffenlichen Schulwesens）建議了基礎學
校、試探學級以及國民中學（Hauptschule），取消國民學校（Volks-
schule），因此所謂國民學校師資培育遂失去依據。1960年德國教師協
會提出了布列門計畫（Bremer Plan）主張不同種類學校教師分開
培養的體制應該取消。教師培育機構之統一化從1960年代以來一直是
一個討論相當熱烈的課題。1964年「教育家與教師會議」（Kongreβ
der Lehrer und Erzieher）提出師範教育的七點建議，其中之一，即
建議在大學的教育學院或教育系成立一種科學化的合作方式——兩段
式的師範教育學程（Kooperativ-Zweiphäsiges wissenschaftilches
Lehrerstudium），其中包括了教育科學、專門科學以及專科教材教法
三個重要的部分。
　　這種教育學院模式的改革為頗多教育學者所贊同，如愛丁（F.
Edding）、羅特（H. Roth）以及羅賓宋（S. B. Robinsohn）均大
力支持此種改革模式〔註十五〕。羅特甚至以為普通大學中的教育學
院才足以保證師範教育之導向學術化與科學化〔註十六〕。羅賓宋在
1971年提出的建議中更以為師範教師之徹底改革不僅在組織上要統

整，更應在課程上力求更新，否則改革易流於支離破碎。因此他建議所有師範學生均應接受共同的基本教育，包括普通教學法、人類學、社會學、心理學、教育史、比較教育、實習。以基本教育爲基礎才開展其專門學科的學習，其中應包括專科教材教法。

至於獨立設立之教育學院，1950年代黑森邦已逐年改名爲Pädagogische Hochschule，1962年改名完成，並於1963年開始設立與普通大學一樣的、獨立的教學與研究單位Seminar，1965年確認其爲大學教育之一環。1970年4月開始獲得大學自治權，享有頒授教授資格（Habilitation）、各種學士學位之權力，雖然教育學院的教授頭銜是否可與一般大學等量齊觀，仍爲頗多學者所討論，但在法律地位上，其與一般大學平等，殆已無可置疑。〔**註十七**〕

綜觀1960年代以來，德國資格培育制度的發展，各級各類學校教師提昇至高等教育水準已經實現。改革的箭頭更進而指向師範教育之課程結構、實習制度以及進修教育等的革新。以下謹就現行法令規章所呈現的現有制度加以分析。

現行師資培育制度分析

如前所述，德國師資培育自1970年以降均已提高至大學水準，高中成熟證書爲入學之先決條件，入學方式與攻讀其他學門之學生一樣均採登記甄選以決定錄取與否。至於培育機構之體制，由於各邦歷史背景與現在執政黨政策不一，組織結構並不相同，相應的課程結構亦因而有異。再者，理論與實踐之聯結向爲德國教育學傳統相當重視的課題，師範教育中也因而非常強調實習。除奧登堡（Oldenburg）大學試行一個階段的教育（einphäsige Stufenlehrerausbildung，即實習與養成教育合併在大學中實施）之外，其餘各邦在養成教育結業後經第一次國家考試及格，須經十八個月到兩年的實習，才能應考第二次國家考試取得教師資格。最後，進修教育也成爲教師義務性的要求，

以迎合學術不斷進步之需要。質言之，制度與課程結構有密不可分的關係，實習又攸關教師資格取得之國家考試，進修教育現又已成師範教育的重要環節，三者為探討西德現行師資培育制度最重要的課題，以下即就此三者略予分析。

制度與課程

德國各邦師資培育體制不一，詳加分析，可以分為下列五種主要的教育模式：

依學校種類劃分之師範教育模式

依學校種類而劃分的師範教育模式以拜彥邦師範教育為例證：

教育機構

拜彥邦普通學校各級教師列在一般大學實施。另外，原為造就基礎學校與國民中學師資之紐倫堡教育學院（Pädagogische Hochschule）仍保留，而與普通大學之學院（Fakultät）平行，其專門學科的課程由耶爾蘭根（Erlangen）大學提供。至於實科學校與普通完全中學之師資則由耶爾蘭根大學負責培養。

各種學校師資培育年限

依照1985年5月24日新修訂之拜彥邦師範教育法第二條之規定，教師職位可分為基礎學校教師、國民中學教師、實科學校教師、完全中學教師、職業學校教師及特殊學校教師六種〔註十八〕。至於各種師資的修業年限依1979年12月21日新修「第一次國家考試規程」之規定，準依大學法規定辦理〔註十九〕。其年限略如下述：基礎學校、實科學校、國民中學教師修業至少八個學期，完全中學教師十個學期。至於職業學校以及特殊學校教師，屬於任教完全中學程度者修業八個學期，任教完全中學以下程度者修業六個學期。另據師範教育法第五條之規定，各類教師均須參加為期兩年之實習，方得應第二次國家考試〔註二十〕。

課程

教育專業課程

有關教育專業課程，在「第一次國家考試規程」中有概括的規定：基礎學校、國民中學、實科學校、特殊學校必須修足32個學分〔**註二一**〕。其中20個學分為教育學與心理學，其餘社會科學和哲學（與神學）各半。高中師資課程至少大約12個學分，教育學與心理學各半〔**註二二**〕。

詳加分析，其教育專業課程如下：

課程名稱	學分（SWS）
基礎學校與國民中學師資課程	
1.教學分析與計畫導論	2
2.教育理論	2
3.教育行為與行動理論	2
4.教學理論的基本概念與問題	2
5.普通教育學（或學校教育學）	2
6.心理學	10
7.社會學、政治學或民俗學	6
8.神學或哲學	6
完全中學師資課程	
1.教學分析與教學預備（演講課）	2
2.教育理論（演講課）	2
3.教育基本概念（練習課）	2（實科學校師資三學分）
4.心理學	6（發展心理學和教育心理學各兩小時演講課，另二小時為練習課「診斷」（Diagnotik）

專門學科與專科教材法

1. *基礎學校師資*：除了學習一門專業學科以外尚須有至少44個學分的基礎學校的教材法。
2. *國民中學師資*：除了任教專門科目的學習外，尚須包括至少44個學分的專門學科群的教材教法（包括專門學科的基礎原理，且其中至少必須包括8至12個學分的專科教材教法）。
3. *實科學校師資*：必須兼習兩個學科及其教材法，平均約44個學分。
4. *完全中學師資*：兩個教學科目及其教材教法之加深學習。每一個專科教材教法至少4學分。每一專科及其教材法平均至少80個學分。

在學期間實習課程

1. *基礎學校、國民中學和實科學校師資*：12天總計40小時的學校教育實習，12天總共40小時的專門學科教學實習，以及4個學分的專科教學實習（在大學內和所修專門學科聯結）。
2. *完全中學師資*：到有關中學去實習18天總計16個小時，另有4個學分的專科教學實習。

依學校層級劃分之師範教育模式

依學校層級而劃分的師範教育模式，以北萊菌——西伐利亞邦師範教育為例：

教育機構

1984年6月26日新修訂「師範教育法」第二條規定，學術性大學和綜合學院（Gesamthochschule）為各級公立學校教師培育之所〔**註二三**〕。原有之獨立設置教育學院已於1980年4月1日起併入各大學為獨立的學域（Fachbereich），或依原有學科之不同而併入相關的學域。

各級學校師資修業年限

依新修「師範教育法」第四條之規定，學校教師分為下述層級：初等教育教師、中等教育前半段教師、中等教育後半段教師及特殊教育教師〔註二四〕。其修業年限初等教育與中等教育前半段師資修業至少六個學期，中等教育後半段教師修業八個學期。各級教師結業後必須接受兩年之實習教育。

課程

教育專業課程

各級學校師資須修完32至40學分，並且劃分為基本課程和專修課程兩個階段，各分為四個學期，學分各半。以1988年7月15日新修訂波昂大學教育學科修業學則為例，將教育專業科目分為下述五個領域〔註二五〕：

*1.*陶冶與教育。
*2.*發展與學習。
*3.*教育的社會基礎。
*4.*教育制度與組織形式。
*5.*教學與普通教學理論。

其課程分配如下：

課程	學分
基本課程（16學分）	
第一學期	
教育基本問題（演講課）	2學分
初級討論課	2學分
第二學期	
A、B兩個領域兩門學科	4學分
第三學期	
C、D兩個領域兩門學科	4學分

（續上頁）

課程	學分
第四學期	
初級討論課兩門	4學分

專修課程（16學分）
第五學期
　普通教學理論（演講及討論課各二學分）　　　　4學分
第六學期和第七學期
　與專門科目相關的教育課程（演講與討論）兩學期　8學分
第八學期
　與專門學科相關的教育課程（演講）　　　　　　2學分
　討論課　　　　　　　　　　　　　　　　　　　2學分

專門學科與專科教材教法

初等教育師資須修德文和數學兩個教學科目，另選修一個教學科目；中等教育前半段師資修兩個教學科目，各占45學分；中等教育後半段師資，須修兩個教學科目，各占65學分。

在學期間實習課程

新修「師範教育法」第二條明定學校實習課程必須包括在教育專業課程之中〔**註二六**〕，惟各校學則規定不一。基本上須利用大學現有上課時間到相關中、小學去做至少需五週的實習。另外，學習中也有一個一般的定向實習（Orientierungspraktikum）及一到兩個專科實習（Fachpraktikum）。

整合模式

整合的模式：以卡歇爾（Kassel）綜合學院爲例：

教育機構

1971年秋開始試辦的師範教育模式，把學術性大學和技術性學院整合在一起而成爲綜合學院（Gesamthochschule），師資培育即在

綜合學院進行。

修業年限

卡歇爾綜合學院提供師資培育的課程有兩種：其一，提供基本教育與中學教育師資的課程修業六個學期；其二，提供中學教育和高中教育師資的課程修業八個學期。另各需接受十八個月的實習課程。

課程

教育專業課程

整合式的師範教育專業課程已經把教育學、心理學、政治學、社會學、歷史、宗教與哲學等整合為以下四個重點學習領域：

1. 政治與社會制度（特別強調其教育層面）。
2. 社會化與社會學習。
3. 學校與企業係教育制度。
4. 課程與教學。

每一個重點學習領域在課程安排上又分為三個層次：實際情況瞭解與自我經驗能力的獲得、科學方法能力的獲得以及實踐能力的獲得。第一學期和第二學期四個重點學習領域必須各修其一，第二學期以後，任選二～四領域加深學習。各級教師均須修36個學分。

專門科目與專科教材教法

基本教育教師修兩個專門科目，各6個學分，藝能科教師另加實際演練課；中等教育教師修兩個專門學科，各46學分，高中教育教師，第一個專門科目62學分，第二個專門科目46學分。（以上均含專科教材教法）。

在學期間實習課程

在學期間實習課程包括實習準備課程3學分，五週實際到相關中小學實習，及實習檢討課程3學分。

統一的師資培育模式

統一的師範教育模式以布列門大學為例：

教育機構

強調各級學校教師平等，各級學校教師均統一於大學受教，並且特別強調實踐導向與設計教學（Projekt）。

修業年限

布列門邦視各級教師地位平等，在大學中提出三個不同層級的重點學習。初等教育、中等教育前半段、中等教育後半段。三個學習重點的學生均須修業八個學期。

課程

教育專業課程

由於強調實踐導向，故除第一個學期有八個學分的導論課外，其餘教育課程悉以兩種方式進行：其一、設計課程，以教學和學校實際問題為核心進行設計；其二、實習：到教育機構或工廠去實習。總共28個學分。

專門科目與專科教材教法

各級教師均有修兩個教學科目，各58個學分。

在學期間實習課程

包括見習以預備教學計畫、實際依教學計畫試教以及學校與教育機關之參觀與研究。每生必須作兩科各五週的試教（均各包含教學計畫設計、實際教學與評鑑）。

一個階段的師資培育模式

教育機構

1974年夏開始於奧登堡大學試行一個階段的教育，把實習教育整合於養成教育中。

修業年限

按學習重點之不同，分為下述兩種：

1. 以初等教育和中等教育為學習重點者修業九個學期，分為三個階段：第一至第三學期為第一階段，第四至第七學期為第二階

段，第八、九學期爲第三階段。

2.以中等教育後半段爲學習重點者修業十一學期，亦分爲三段：第一至第三學期爲第一階段，第四至第九學期爲第二階段，第十、十一學期爲第三階段，課程安排係依階段劃分而設計。

課程

教育專業課程

教育專業課程主要可分爲四個領域：

1.課程、教學與學校組織。
2.教育的社會機構中的社會化與學習歷程。
3.經濟、社會結構與政治制度
4.社會發展中的工作、知識與教育。

所有學生第一個學習階段須修至少18個學分、第二階段12個學分、第三階段6個學分。大部分以設計課程方式進行。

專門學科與專科教材教法

所有學生均須習兩個專門科目，以初等教育爲主修重點者須修德文與數學，另可在自然環境和社會環境中選修其中之一。主修中等教育後半段者必須加深其中一個專門科目。以初等教育和中等教育爲主修科者專門科目約須42學分，中等教育後半段者約77學分。

學校實習課程

這種模式的師範教育已經把「實習教師研習班」的一年半至兩年實習課程納入養成教育，故對學校實習課程特別重視，其安排略如下述：

1.第一階段：有兩個各爲期四星期的學校研究計畫。
2.第二階段：有兩個各爲期六星期的教學計畫。
3.第三階段：有一個爲期半年的教學計畫。

其中前兩者占200小時，後者占160個小時，另有80個小時分配第二和第三階段。每一個實習學生均須選定「督導老師」（Kontaklehrer)，其任務包括示範教學，實際參觀實習生的試教並給予建議，並與大學教授共同評定實習成績。

實習與考試

如前所述，德國教育學傳統自特拉普、康德以降一向重視理論與實踐的結合，因而早在1826年6月1日普魯士「皇家學校通諭」（Cirkular Reskript）即已明訂建立「實習教師研習班」及兩次的教師資格考試。是項規制至今仍爲各邦所遵行。除第五種師範教育模式將實習併入養成教育外，其餘師範生例須在大學結業後參加第一次國家考試取得實習教師（Lehreramtanwärter, Referendariat）資格後，經一年半至兩年的實習（或預備服務期），再參加第二次國家考試才能取得教師資格。茲以北萊茵——西伐利亞邦1985年11月新修訂「教師第一次國家考試規程」及1980年7月新修訂「教師預備服務期及第二次國家考試規程」爲例子，將實習與國家考試略予說明如次：

第一次國家考試

第一次國家考試由邦教育廳長所任命的考試官署組成考試委員會爲之。考試包括論文、筆試與口試。論文以擬任教學科爲範圍。口試則由兩位教授（其中一位爲論文指導教授，或應考者最後一個學期任教學科教授）及一位學校教師組成。考試及格才可取得「實習教師資格」，不及格者只能補考一次。

實習制度

實習機構及年限

在獨立設置之「實習教師研習班」（Gesamtseminar）及其附屬學校進行研習及實際試教，爲期24個月。

組織與課程

實習教師研習班設班主任一人，各級學校實習教師組組主任各一人及各專門學科主任各一名。班主任總理班務，組主任負責各級學校教育問題之研習，每週三小時，專門學科主任負責專門學科研習，每週二小時。並在組主任的同意下，至所屬學校進行見習與獨立試教，試教每週不得超過八小時。

實習成績的評定

組主任最遲在實習結束前一個月評定教育科目方面研習之成績，專門學科主任須在結束前兩個月前依研習及試教情況評定兩個專門科目之研習成績。是項成績均併入第二次國家考試總成績計算。

第二次國家考試

考試權責單位

邦教育廳長所任命組成的考試官署（Prüfungsamt），其成員包括：

1. 主任、副主任及事務組長。
2. 高級學校視導機構官員及低層視導單位官員。
3. 教師研習班主任及副主任。
4. 分組主任及副主任。
5. 分科主任。
6. 由教育廳長聘任五年一任的專家，例皆為大學教授。

考試內容

考試內容計分為：

1. 兩篇分屬兩個專門科目教學領域的論文。
2. 兩個專門科目的試教。
3. 口試。

考試及口試委員會之組成

由考試官署主任或專家出任之考試委員擔任主席，包括學科主任兩位及組主任一位，組成試教和口試委員會。

論文審查

論文題目須於實習結束前決定，內容以未來擬任教學科之教學計畫、執行與評鑑爲主，須經組主任及學科主任同意，論文送請兩位專家評定成績。

試教

由組主任建議試教時間，至於班級、科目單元則由受試者自行選擇，以試教一節課爲原則，分數則由前述委員會委員共同評定。

口試

口試時間六十分，一半時間口試有關教育問題，另三十分鐘口試兩個專門科目。

考試成積之計算

國家考試成績之計算方式如下：

學科主任對第一專科實習成績評定	$\times 2 = 10\%$
學科主任對第二專科實習成績評定	$\times 2 = 10\%$
組主任實習成績評定	$\times 2 = 10\%$
第一篇論文	$\times 3 = 15\%$
第二篇論文	$\times 1 = 5\%$
第一門學科試教	$\times 3 = 15\%$
第二門學科試教	$\times 1 = 5\%$
第一門學科口試	$\times 1 = 5\%$
第二門學科口試	$\times 1 = 5\%$
教育科目口試	$\times 2 = 10\%$

$: 20 = 100\%$

第二次國家考試及格即可取得教師資格，不及格者只能補考一次。

進修制度

為使教師專門學科與教育學識不致與時代脫節，德國已將教師進修視為師範教育不可或缺的一環。拜彥、柏林北萊茵——西伐利亞各邦「師範教育法」均明訂有關教師進修條文，其類型有二：

在職教育

在職教育（Fortbildung）是一種義務性的進修教育，旨在使教師認識教育學術的新研究成果，教學方法的新趨勢，社會、政治現況及教育的關係等。課程通常由「實習教師研習班」、「教師進修中心」，大學或學院提供，教師可請公假參與。參加空中教學課程亦可減少教學時數。

繼續教育

繼續教育（Weiterbildung）是一種志願性的帶職帶薪的進修教育，通常為取得校長、督學、學校輔導員或「實習教師研習班」任教資格，教師可以申請到大學或獨立學院「補修」學分，或攻讀「碩士」、「博士」學位，以便取得更高職級的任用資格。

結論：發展趨勢與借鑑

本文係以詮釋學方法探討形諸法令規章之德國師範教育制度及其歷史動態發展。現行制度就為一個過去與未來兩面對照鏡子（Zerr-spiegel, H. -G. Gadamer用語）之焦點而言，可以從整個制度「影響史」之發展迴映出下述幾個重要的趨勢：

所有教師一律平等提升至大學接受教育

德國傳統學制採取雙軌制，充滿階級色彩。師資培育亦因而國民學校教師與中學教師分途培養，前者教學技術導向，後者學術導向。1919年威瑪憲法明訂設立基礎學校作為全體國民共同接受基本教育之所，學制民主化之精神初現。1960年代以後，教育民主和社會平等之要求亦殷，傳統國民學校教師和中學教師二分也因學制邁向民主化而告消逝。現行師範體制有些邦依學校種類而決定師資培育途徑，有些邦則進一步的依學生發展階段之不同分為初等教育、中等教育前半段、中等教育後半段師資的培育，培育機構雖均屬高等教育，但並未完全一致。布列門等邦更將所有各級教師分為不同的學習重點，統一於同一大學來施教。奧登堡大學則進一步的連結業後的兩年實習課程併入大學養成教育中，是項實驗已於1979年開始有畢業生，其成效如何有待進一步的評估。惟未來發展各級教師培育均由同一個大學來辦理當為不可免之趨勢。

實習課程之再擴充

理論與實踐之結合向為德國教育學傳統關心的重點課題，師範教育發展之初也特別重視教育學理之實際運用。因此，綜觀整個德國師範教育發展史，學科結業後，一年半到兩年的所謂「預備服務期」規制起源甚早，除此之外在學期間，師範生亦須至相關中小學實習。早期「實習」概念偏於教學，近年來實習概念已擴充及於學校，以及學校相關的生活領域，其理念在於教師未來生涯的發展不僅限於教學而已，更與整個學校同仁之間人際關係的處理，校外生活問題的因應有密不可分的關係。教育實習的範圍因此必須擴大，以涵育未來發揮專業能力之廣博經驗基礎。奧登堡大學的實習課程中即已包括了八週的學校研究，各邦「實習教師研習班」也已有學校問題探討，以及到各教育機構見習與實習之課程。

再者，學科結業後之「實習」與「養成教育」分由不同機構辦理的措施，近年來也引致不少學者的批評，認其為理論與實際的脫節，因而有奧登堡大學一個階段的師範教育之實驗，惟其有待克服之困難

也不少，如實習學校與督導教師難覓，擔任實習課程教授對學校實務未盡理解等為其中較為重大的問題。不管這種實驗的成敗如何，其將刺激各邦加強「實習教師研習班」與大學之合作，當可預見。

師資培育邁向科學化

德國師範教育的歷史，正如貝克曼（H. -K. Beckmann）的評析，是一直朝向更高度科學化而發展〔註二七〕。早期的師範教育理論先驅，如特拉普‧赫爾巴特等均曾致力於將師範教育之科學化。1930年代瑞斯曼（R. Riesmann）等也力主在教育學院中建立一門嚴格的教育學術體系，然則有些學者，如慕特修斯（K. Muthesius）、羅特（H. Roth）則以為，要使師資培育更為科學化，必須與整個科學發展的脈動相呼應，不宜從各種科學中孤立起來，因而師資培育宜置一般大學〔註二八〕。近年來，教育學者感於所謂「科學化」並非單純是意識轉向某種方向的訓練而已，更是觀念之嚴格，判斷之謹慎，問題意識之敏銳等的教育。因此，在師資養成與實習課程中也特別重視科學方法過程，如布列門大學之強調設計教學，奧登堡大學之學校問題獨立研究課程，以及國家第一次考試和第二次考試論文審查等均著眼於培育師範生養成以嚴謹的科學方法解決問題之能力。

師資培育邁向專業化

隨著師資培育之科學化，師範教育已脫離十九世紀之技術模式，放棄了教學是其他學科應用於教育領域的理念，而把教學與教育當作一個專業化的領域。然則，所謂專業化也並不意味著培養教師為專門學科的專家（Fachmann）而已，因為在專門學科中並沒有辦法培養一種作為「教育家」的氣質。因而，近年來在師資培育課程中也特別強化一種教育專業道德之養成〔註二九〕，使未來的教師能運用其專業知識樂於從事學生個別潛能之開展。

師資課程整合化

為了因應科學化與專業化以及現代學術發展之要求，師資培育課程也再加以統整。正如本文第二節所述，1970年代以後的師資培育之

改革逐漸從體制的更新轉向課程結構的再統整，不僅教育專業科目打破了傳統學科界線，劃分爲幾個重點學習領域，更進一步試圖進行教育科目與專門科目的整合，使專門學科的教材能成功的轉爲教育教材，以符應實際教學之需。布列門、奧登堡大學之改革，即是課程整合化的顯例。

教師資格趨向多學科化（Polyvalenz）

過去二十餘年由於人口結構的改變以及政經發展的影響，使得以往師資欠缺情形轉而爲供過於求，造成教師失業情形相當嚴重。爲了因應未來師資供求上可能的變化，近年來在教師培育上採取更爲彈性的作法，鼓勵教師取得兩門學科以上的任教資格，以因應未來可能的職位變動〔註三十〕，甚至於預備一些可能是擔任教育以外的工作資格，其具體的作法是鼓勵教師修兩種以上的主科，或透過進修教育的管道而取得其他任用資格。

進修教育制度化

爲因應學術日新月異之變化，以及教師資格多學科化的要求，德國近年來積極規劃進修教育之體系。有些邦在「師範教育法」中明訂參加「在職教育」爲教師的義務，其施行場所有些邦在「實習教育研習中心」（稱爲Gesamtseminar），有些邦則另設「教師進修中心」。各邦均於師資培育相關的法規中，規定「繼續教育」，以取得其他學科任教資格或其他種類學校任教資格之辦法。

綜合前述發展趨勢，盱衡我國師資培育現況，爰提下述建議，以爲改進我國師範教育之參考：

充實現有師範院校及教育系所師資與設備，強化其教育學術研究功能

我國現行師資問題論者每每歸罪於師範院校功能未曾發揮，而未曾考量政府每年投注於師範院校師資與設備改善之經費實遠不如其他公立大學，未有充分的人員與設備，何期能提昇其教學、研究品質？再者，現在主張師資培育宜由普通大學來辦理者每引英、美、德等國家師範教育作爲論證之依據。事實上，這些國家普通大學之教育研究

早已具備深厚的基礎，方足以承擔師資培育之任務。以德國而言，自1779年特拉普在哈勒大學設立教育學講座以來，各大學教育學研究成為重要的一環，早已孕育出足以培育教師的專業文化。時至今日，斯普朗格強調教師人格陶冶的特殊化「教育大學」雖已不具強烈的說明力，然而即使堅決主張師範教育應由一般學術性大學來培育的羅特也認為教師職業之先前教育至少50％並不是來自專門學科的學習，而是來自教學方法，教學心理學、發展心理學、教育理論等的熟悉〔**註三一**〕。因而，教學研究應為師資培育之先決條件。反觀我國各普通大學既無教育系科之設立，一時要承擔師資培育任務恐非易事。解決之道在於先行充實現有師範院校及教育系所之師資設備，強化其研究功能，以培育更多教育研究人才，作為將來各大學開設教育系或教育學院之預備。

逐年取消現行國中、國小師資分離培育體制

從德國師資培育制度的歷史發展來看，中小學分開培養之體制原係傳統雙軌學制下的產物，近年來各邦都已由大學來統一培養。我國現有師專均已改制為師範學院，提昇至大學水準。未來更進一步，逐年設法將現有的師範學院或合併，或併入其他師範大學、教育學院等，使中小學教師均在同一機構培養，以減低中、小學教師地位與待遇之差距。再者也可以統合現有人力致力改善師範教育品質之研究。

改善現有師資培育課程結構

我國師範院校課程歷次調整往往流於科目之間的加減，而未從科學研究的結果考量，以提供培育師資所需的合適課程。德國近年來，試圖打破學科界線，以科際整合的方式形成重點學習的領域，足為我國改善現有師資培育課程之參考。

改進現行實習制度

我國現行師範教育，大學四年級及結業後的第五年均有「教學實習」課程，惟其實施情形，根據陳奎憙教授之檢討，略有以下數項缺失：實習偏向教學觀念過分狹隘、實習輔導機構功能不彰、實習指導

教師及實習學校難覓、經費不足、結業生實習未作適當輔導等〔**註三二**〕。從教師專業社會化理論來看,實習試教之經驗影響未來教師職業生涯之社會化至深且鉅〔**註三三**〕。因此,現有實習缺失亟待改善。改進之道,除了加強現有師大師院與附中附小之間的關係、慎選實習課程教授督導教師、充實實習經費等措施外。最重要的應該是採取德國「實習教師研習中心」的優點,將現有板橋教師研習中心,豐原教師研習中心以及高雄教師研習中心擴充其組織結構,使其成為未來分區督導師範生第五年實習的機構,使得教育實習能夠更為落實。

建立嚴格的教師資格考試

我國現行師範教育體制,師大師院,教育學分班,教育專業班畢業即可取得教師登記資格,較諸德國須經兩次嚴格的國家考試,我國教師資格的取得似嫌過分容易。今後似宜建立嚴格的教師資格考試制度,以免師資來源失之浮濫,尤其未來師資培育如果開放給一般大學辦理,教師資格考試的權威與公信力更宜建立。

建立教師進修制度

我國現行教師進修多由師範院校運用現有人力辦理,不僅所提供課程難以配合教師需求,抑且使師範院校教師疲於奔命,難有時間準備教學或從事研究。今後教師進修似宜採德國「教師進修中心」之基本精神,另立專責機構辦理,並在相當法規上規定在職教育為教師之基本義務。再者,現行「師範教育法」對繼續深造教師追償公費之規定應予取消,各項限制教師進修的法規亦應廢止,以鼓勵教師繼續進修,擴充教師生涯發展的機會,其對師資水準之提高,國家整體教育建設,當有莫大的裨助。

註釋

註一：田培林：〈德國學校教育發生的背景及其改革經過〉，刊於田培林著，賈馥茗編：《教育與文化》（下冊），台北：五南，民國65年，頁537。

註二：J. Guthmann, *über die Entwicklung des Studiums der Pädagogik*, Brühl-Baden: Konkordia, 1964, s. 5.

註三：H. -K. Beckmann, *Lehrerseminar, Akademic, Hochschule*, Weinheim: Beltz, 1968, p.71.

註四：Fr. A. W. Diesterweg, *Samtliche Werke,* (Hrsg.) H. Deiters, H. Ahrbeck u. a., Berlin, 1956, Bd. I. S. 110ff.

註五：Fr. A. W. Diesterweg, *Wegweiser zur Bildung für deutsche Lehrer besorgt von Julius Scheveling,* Paderborn, 1958, p.55.

註六：Ed. Spranger, *Gedanken über Lehrerbildung*, Leipzig, 1920; wieder abgedruckt: *Die Pädagogischen Hochschulen, Dokumente ihrer Entwicklung* (I) 1920-1932, (Hrsg.) H. Kittel, Weinheim, 1965, p.17ff.

註七：C. H. Becker, *Das Problem der Bildung in der Kullurkrise der Gegenwart*, Leipzig, 1930, p.27.

註八：H. -K. Beckmann, a. a. o., p.108.

註九：參閱拙作：〈教育理論與實踐的關係〉，收入拙著，《理論、詮釋與實踐》，台北：師苑，民國77年，頁79～115，特別參閱，頁92～94。

註十：許智偉：《德國師範教育》，台北：台灣書店，民國57年，頁30～33。

註十一：E. E. Geiβler, *Allgemeine Didaktik*, Stuttgart: E. Klett, 1981, pp. 56-91.

註十二：參閱拙稿：〈西德中等教育之趨勢與展望〉，刊於《台灣省立高級中等學校行政研討會紀錄》，台北：國立師大，民國76年，頁163。

註十三：W. Homfeld, *Theorie und Praxis der Lehrerausbildung*, Weinheim: Beltz, 1978, pp.125-126.

註十四：E. Weniger, "Die Pädagogische Ausbildung der wissenschaftlicen Lehrer durch die Universitat" in *Die Sammlung*, H. 5 (1950)，p. 108ff, esp. p. 110.

註十五：Vgl.

    1. F. Edding, "Vorschläge zur Reform von Ausbildung und Laufbahn der Lehrer" in *Pädagogische Rundschau*, H. 18 (1964)，p.272ff.

    2. S. B. Robinsohn, "Thesen zur Lehrerbildung" in *Neue Sammlung*, H. 5, (1965)，p.197ff.

    3. H. Roth, "Folge XIV: Warum Keine Pädagogische Fakultät?" in *Die Deutsche Schule* H. 56 (1966)，p.55ff.

註十六：有關羅特的主張請參閱拙作《教育理論與實踐的關係》，同註九，頁94。

註十七：參閱拙稿：〈西德大學師資等級結構及其晉用辦法〉，刊於《國立編譯館館刊》，第十六卷第二期，民國76年6月，頁101～120。

註十八：*Bayerisches Lehrerbildungsgesetz*，（以下縮寫爲BayLBG）Art. 2.

註十九：*Bayerise Ordnung der ensten Staatsprüfung für ein Lehramt an Öffentlichen Schulen,*（以下略爲BayLPOI), 17.

註二十：*BayLBG,* Art. 5.

註二一：嚴格説來，Semesterwochenstunde是指每學期每週上課之時數而言，譯爲學分並不十分貼切，因爲德國大學並不採學年學分制。

註二二：*BayLPOI,* 36.

註二三：*NRW Gesetz über die Ausbildung für Lehrämter an öffentlichen Schulen* (NRWLABG) 2.

註二四：*NRWLABG,* 4.

註二五：*Studienordnung fur das Fach Erzichungswissenschaft, der Rheinischen Friedrich-Wilhelms-Universitat.* 15. Juli, 1988, 7-10.

註二六：NRWLABG, 2.

註二七：K. -H. Beckmann, "Modelle der Lehrerbildung in der Bundesrepublik Deutschland" in *Zeitschrift fur Pädagogik,* 26 (1980)，pp.535-557, esp. p.552.

註二八：參閱拙著，同註九。

註二九：W. Brezinka, "Das Berufsethos der Lehrer: ein vernachlassigtes Problem der Erziehungspolitik" in ders. *Erziehung in einer wertunsicheren Gesell-schaft,* München: E. Reinhordt, 1986, pp.169-235.

註三十：Deutsche Gesellschaft fur Erziehungswissenschaft, *Stellungnahme zum Erziehungswissenschaftlichen Studium im Rahmen der Lehrerausbildung und zur Diskussion und Beratung einer Neuordnung des Diplomstudien-gangs Erzrehungswissenschaft,* Freie Universität Berlin, 1982, p.33.

註三一：zit. aus, H. -K. Beckmann, 1980, a. a. O., p.551.

註三二：陳奎憙，〈師大師院教學實習的檢討〉，刊於國立台灣師範大學：《師範教育學術研討會紀錄》，台北：師大，民國75年，頁206～216。

註三三：王秋絨，《教師專業社會化理論在教育實習設計上的蘊義》，台北：師大書苑，民國76年，頁48。

附　錄

——引證之主要德國師資培育法規及法規評註

一、德國師資培育法規

1. *Bayerisches Lehrerbildungsgesetz* vom 24. Mai, 1985 (GVBl. pp.120, 125) .

2. *Berlinisches Lehrerbildungsgesetz* vom 13. Feb. 1985 (GVBl. p.434; ber. p. 948) .

3. *Gesetz über die Ausbildung für das Lehramt an öfentlichen Schulen im Lande Bremen* vom 2. Juli, 1974 (Gesetzblatt der Freien Hansestadt Bremen, p. 279) .

4. *Gesetz über das Lehramt an offentlichen Schulen im Lande Hessen* vom 28. Juni, 1983 (GVBl. p.186) .

5. *Gesetz über die Ausbildung für Lehramter an öffentlichen Schulen im Lande Nordrhein-westfalen* vom 26. Juni, 1984 (GABl. NW. pp.440, 441) .

6. *Ordnung der Ersten Staatsprufungen für Lehramter an schulen* vom 18. NOV. 1985 (GVBl. NW. p.777) .

7. *Studienordnung für das Fach Erziehungswissenschaft im Rahmen der Ersten Staatsprüfung Zur Befähigung für das Lehramt für die Sekundarstufe II und I* vom 15. Juli 1988 (Amtliche Bekanntmachungen der Rheinschen Friedrich-Wilhelms-Universitat Bonn, 18. Jahrgang, Nr. 12, 5. Aug. 1988) .

8. *Verordnung über die Ausbildung und die zweite staatliche Prüfung für die Lehramter an Grund-und Hauptschulen, an Realschulen und an Sonderschulen im Lande Niedersachsen* vom 12. Apr. 1984 (GVBl. p.128) .

二、師資培育法規評註

Vennemann, M. *Lehrerausbildung in Nordrhein-Westfalen*, Neuwied: Luchterhand, 1981.

英美德各國師資培育制度
及其改革動向

　　教育品質之提昇有賴於具有優越專業素養之教師,是以世界各國在追求卓越的教育改革中,莫不以師資培育之興革為其重要環節。惟師資培育制度基本上是整體社會文化之一環,其興革措施自受各國不同文化背景之影響。波普克維 (Th. S. Popkewitz) 即以為,師資培育的組織與實際運作均有賴於文化符碼 (codes of culture) 。文化符碼是一個民族對於學校實際教育過程知覺、思考、感受和行動的方式〔註一〕。基祿克斯 (H. A. Giroux) 更以為師資培育制度與學程規劃實質上是文化政治 (cultural politics) 的一種形式〔註二〕,其變革自宜強調文化範疇分析的重要。

　　從各國歷史文化背景加以考察,美國師資培育之改革受其進步主義與績效責任文化傳統影響,重實用與效率;英國基於導生制及功利主義思想,則強調實地經驗,頗富傳統導生制之習藝色彩;德法兩國在歐陸理性主義和觀念論哲學傳統下,歷次改革均未脫以理論反省教育實踐之基本思考模式〔註三〕。近年來在科技快速進步下,後現代主義的文化思潮席捲世界各地,後現代主義的反理論知識,強調直接的感覺經驗、多元主義等思想,也摻入各國的師資教育改革中〔註四〕。我國師資培育法之一連串改革措施,似也強調實務經驗,反教育理論之色彩。後現代主義所強調此時刻的經驗、多元主義可能使師資培育陷入了「什麼都行!」 (Anything goes!) 的反專業主義的困境,有降低師資素質之虞。

　　我國在師資培育改革過程中,實不可不慎。本文之旨即在比較分析各國近年來師資培育制度之改革,歸納共同發展趨勢,以為師資培育改革借鑑之資。

各國師資培育制度改革之比較分析

　　基於不同文化背景，各國師資培育改革之策略，並不相同。以美國而言，教育權限雖在州政府，惟各州由於共同的進步主義哲學及績效責任傳統，措施雖不一，但仍有共同的思考邏輯可循。是項思考邏輯係將Keith的線性因果模式〔註五〕，運用於師資培育改革之支持理由。基於線性因果模式，近年來美國師資培育改革者皆認為美國在世界經濟體系競爭力之下降係由於學生表現欠佳，而學生表現欠佳則又歸因於師資素質不良，亦導源於師資培育體制未臻健全。因此，改革師資教育之呼聲，甚囂塵上。

　　在一片改革的呼籲中，根據L. Darling-Hammond和B. Berry的分析，最主要有兩波改革〔註六〕。第一波的改革主要見諸1983年「全國卓越教育委員會」（National Commission on Excellence in Education）所頒報告書「國家在危機中」（A Nation at Risk）及「美國師範學院聯合會」（American Association of Colleges for Teacher Education）所頒「師資培育亟待變革」。第二波的改革則以「卡內基教育與經濟論壇」（Carnegie Forum on Education and Economy）1986年的「一個準備就緒的國家：廿一世紀的教師」（A Nation Prepared: Teacher for the 21st Century）以及「霍姆斯小組」（Holmes Group）於1986及1990年分別發布之「明日的教師」及「明日的學校」為主題，提出師資教育改革建議。這幾項報告書對各州師資培育均有重大影響，茲就入學資格、課程內容、實習制度、教師證照及學程認可，分述近年來的改革：

　　*1.*入學資格：為了提昇教師素質，進入師資培育學程之資格，較前嚴格。入學資格包括學術能力測驗、最低平均分數標準、教學相關的實習經驗。再者，要求通過加州成就測驗、學術性向

測驗或前專業技術測驗之評量的州也越來越多。

2. 課程內容：近年來的改革傾向於加重通識科目及專門科目，有些州甚至規定教育科目之上限。有關藥物濫用，城市青年文化等也被有些州放入師資培育學程中，這多少反映了美國社會文化發展趨勢。

3. 實習制度：為初任教師成立實習輔導小組，協助其度過初為人師時所遭遇到的困難，並將輔導小組的評估報告作為授予教師證書與否之依據。

4. 教師證照：1986年有四十六州要求進入師資學程及證照均須通過基本能力、教材及專業知識的測驗，其中基本能力測驗為多數州所採取。近年來越來越多州更以實習成績作為授證的依據。

5. 學程認可：近年來許多州政府詳細規定教學所須之特殊的工作、時間因素、知識等，除修完學分，更要衡量其結果。

除了上述的改革外，也有一股反專業化變通方案（Alternative Certification Programs）出現，這些方案原為解決1970年至1980年代教師荒而產生之應急措施，聘用未受州政府所認可之師資培育課程，僅給予短期講習者為教師。不過這種原為應急方案之措施，卻有更多州採行的趨勢。雖然有支持此種方案的學者指出，教育學科除浪費時間外，殊少用處〔註七〕。但骨子裡恐怕受到後現代主義影響，知識商品化，用經濟觀點來處理師資培育所為之「省錢」措施〔註八〕。

以經濟學上的成本效益的觀點來進行師資培育之規劃也是近年來英國教育改革重要趨勢。如前所述，英國師資培育原極富功利主義與導生制強調實地經驗的色彩。1979年保守黨掌政以後，把經濟的衰退歸因於教育體制之不健全，尤其師資培育未能切合實際。1983年教育科學部向英國國會提出「教學素質」（Teaching Quality）白皮書，即借用工業上的品質管制，來提昇師資素質。師資素質用工業管理品質管制措施具體實現於1984年設置的「師資培育審議委員會」（Council for Accreditation of Teacher Education），這個委員會

負責審核各校師資培育。審議委員由教育科學部長任命,多來自工商界,來自師資培育專家者甚少,審核的標準主要以「實用和相關」(Practical & Relevance) 為主。可見政府積極介入師資培育,且又試圖以經濟與實用的觀點來導引師資培育的規劃。

教育科學部對師資培育控制權在1988年教育改革案〔註九〕公布後,更行膨脹。教育部長在此法案中,新獲權力達兩百餘種,尤以課程評鑑及經費方面的權限擴充得更多。過去原屬地方教育當局 (Local Education Authorities) 之在職訓練及經費撥付,現均改由中央教育部直接掌理。中央政府對師資培育運用經費核撥加強控制,尤見諸1994年成立之「師資訓練權責單位」(Teacher Training Agency)〔註十〕,這個單位除了取代原有「師資培育審議委員會」(於1994年8月31日廢止) 的學程審核功能外,並可以透過經費撥付的增減來控制大學和中小學的師資培育品質,尤其更明訂增加撥款的方式來鼓勵中、小學和大學合作,成立師資培育學程。師資培育重心顯然由大學轉移至中、小學。這種轉移早在1992年教育部第九號通諭〔註十一〕已明確的規定,學校在師資培育中應承擔更重要的任務,學校在師資培育中和大學成為同等地位的合約夥伴,合格的學校要求大學合作,除非有特殊理由大學不得拒絕。學校和大學共同承擔責任 (joint responsibility) 來規劃管理師資培育學程,共同選擇、訓練及評鑑學生。這種措施到底是否違反師資培育專業化原則,頗引學界相當熱烈的討論。

英國近年來師資培育有以下幾個重要的發展趨勢:

1. 中央對於師資培育審議及控制的加強:1984年設置之「師資培育審議委員會」改由1994年的「師資訓練權責單位」所取代,除了加強學程的審核外,更以經費分配與核撥的方式來控制師資培育學程之品質。正如M. Wilkin的評論,保守政府執政以來,政府控制程度之深,真是1960和1970年代所難想像〔註十二〕。

2. 理論課程式微、學校經驗地位提昇:1989年的「試用教師培育

方案」及1990年的「契約教師培育方案」進一步的強化學校實際經驗之重要。1992年的第九號通諭和1994年教育法案,將學校視爲和大學地位相同的師資訓練夥伴(Partner)更使輕理論、重實務的傾向達於極點。

3. 大學教授專業權威低落、學校輔導老師(Mentor)地位提高:大學既與學校成爲師資培育的共同夥伴,可以共同評定教師資格,其結果使得大學教育學教授權威益形低落,學校輔導老師的地位更形重要。

4. 經濟掛帥之意識形態滲透師資培育過程:早在1983年的「教學素質」白皮書發布之後,即有不少學者批評其以工廠品管概念,來進行師資素質,無視於教育本質。1984年以後,學程之審議更以經濟有效爲主,加強了師資培育「商品化」的傾向。這種傾向到1994年「師資訓練權責單位」成立,更爲明顯,「師資訓練權責單位」不僅可審核學程,也可依審核結果增減撥款,使得師資培育大學與學校和教育部之間,形同買賣關係,儘量符應教育部要求,以取得更多的經費。

德國師資培育素受人文主義傳統影響,經濟掛帥的情況雖未如英美師資培育制度,然勢之所趨,目前對於行之百餘年兩個階段式的師資培育(Zweiphäsige Lehrerausbildung)也有不少人提出批判。批評者認爲在大學受職前課程,經第一次國家考試及格後,至教師研習中心實習,再經第二次國家考試取得教師資格的培育方式,易於陷入理論與實踐割離的錯誤。因此,奧登堡(Oldenburg)從1974年開始實施一個階段式師資培育,即將教師研習中心的實習整合爲大學教育的一部分,將實習和學術課程分爲三個階段,用三明治課程的安排方式在十一個學期間完成。

除了實習制度之檢討與統整之外,近年來的重大改革也包括了將1920年代依精神科學教育學者斯普朗格(Ed. Spranger)建議的獨立教育學院,併入大學,以達師資培育科學化之要求。再者過去各種類型學校師資分類培養的方式也改弦更張,多數都依照發展心理學原

則將師資培育學程分為初等教育、中等教育前半段、中等教育後半段及特殊教育師資等不同學程，均在大學培養，有些大學僅設其中之一種學程，有些大學則設兩種或兩種以上學程。

再者，為了使課程更切合實際，過去教育學科分為教育心理學、教育社會學…等界線分明的課程安排方式，逐漸統整為依照教育問題為核心的設計課程。專科教材教法的地位也有很多邦提出檢討，過去專科教材教法由教育系或專門學科學系開出的情況已有減少的趨勢，而改由超越學系之上的研究中心研究發展，以使專科教材教法更切合實際的需求。綜言之，德國近年來師資培育之改革有以下幾個顯著的趨勢：

1. 師資培育統一於大學：以往中、小學及實科學校師資分途培養的方式逐漸消逝，目前改用發展心理學原理分別設置初等教育、中等教育前半段、中等教育後半段學程於同一大學或不同大學，打破以往中、小學教師階級分明之傳統。

2. 師資培育課程之統整：以往按照學科界線分明分別設置教育學程的情況逐漸減少，改以教育問題領域開設課程逐漸增多。Bremen大學之設計課程模式，Oldenburg大學開設學校問題獨立研究，均屬統整課程之顯著例子。

3. 實習課程之擴充：德國師資培育制度學科結業後，繼之以一年半至兩年之實習，起源甚早。除此而外，在大學就學期間並須至相關中、小學實習。近年來，更積極改善實習措施，實習不限於「教學」，更廣泛擴充及於其他教育或社政機構，其理念在於教師的工作與整個社會文化發展脈動息息相關。實習的擴充才不致使教師孤立於社會文化之外。

4. 教師資格多學科化：為因應未來可能的政經社會情勢變遷，德國師資培育近年來採取更彈性的作為，鼓勵教師取得兩個學科以上的任教資格，甚至修習兩種以上的主修科，以取得教職以外的其他工作資格。

發展趨勢與借鑑

綜合前述美、英、德三國近年來師資培育改革之比較分析，可以歸納以下幾點共同趨勢，足供我國未來師資教育改革作為借鑑之資：

1. 政府積極承擔師資培育品質管制責任：德國各邦師資培育法對師資培育學程、實習及教師資格考試委員均有所規範。美國大多數州只要修畢州政府所認可之學程即可，近年來有逐漸多的州規定除了修畢之外，州政府更透過立法詳細規定教學所須的特殊工作、時間因素等，並考核學生修習結果。大學在師資培育的自主性大形削弱。英國1994年以「教師訓練權責單位」取代原有之「師資培育審議委員會」，除了學程審核外，更透過經費分配的方式，來控制師資培育學程之品質。英、美、德各國措施，顯然與我國「教育改革審議委員會」所提出的教育「鬆綁」口號背道而馳。事實上，師資素質良莠關係未來國民品質至深且鉅，絕不可悉聽市場機能自行調節。教育失當，造就不良國民，絕不可能像有缺陷商品，加以拋棄即可。因此，政府宜拿出魄力，對師資培育進行品質管制。擬議中的「師資培育審議委員會」宜採英國審議制度之優點，先由專業人員組成類似英國「教育標準局」（Office for Standards in Education）之專業審查委員會，從專業觀點對各大學師資培育學程進行專業審查。審查結果報請由各界代表所組成之「師資培育審議委員會」依國家整體發展，作政策層面之審議。

2. 師資培育課程彈性而多樣化：美、英、德各國為因應社會文化發展的新需求，師資培育課程類皆採彈性化處理，如美國近年來師資培育課程納入藥物濫用，城市青年文化等均為反映現實需求之表現。德國甚多大學開始採取以教育問題為核心，進行

課程規劃，打破以往以嚴格學術分類設課情況，再者在專科教材教法之改進上也不遺餘力。觀諸我國新訂「大學院校教育學程師資及設立標準」之規定，課程仍未脫科目增減之組合，流於僵化。事實上，所謂教育「鬆綁」應是在課程多留給各校自主的空間。教育部只要依嚴格科學研究結果，就一個稱職的教師所應具備之基本知識、能力及人格素養等作原則性的規定，各校可依此規定彈性設計課程。教育部再以統一的初檢考試，來要求修畢師資培育學程者達到某一程度的水準。目前一讀通過之「教師法」規定，初檢只要在形式上修畢教育學程即可取得實習教師資格，而不問其實質內容為何，似非負責的立法當局所應為。應審慎考慮在「師資培育法」修訂再改為初檢用考試方式，檢定實習教師所應具備的基本學識，才能使各大學設計教育學程時更為審慎，以提昇未來教師之品質。

3. 教育實習之落實：美國鑑於過去紙筆測驗甚難評估教師實踐之能力，因此，有很多州開始實施「初任教師方案」(beginning teacher program) 在學校成立由大學教授、學校行政人員及輔導教師所組成之支援小組，輔導新任教師，並以輔導過程之形成性評量作為授證與否之依據。英國1992年的第九號通諭強調中、小學和大學具同等地位是共同培育師資之夥伴，1994年教育法案更以直接撥款的方式，鼓勵中、小學從事師資培育方案，其重視實地經驗，至為顯然。德國在兩次國家考試時間，有長達一年半至兩年的實習已行之百餘年，近年來更在實習方案上不斷更新。我國新頒「師資培育法」規定，初檢與複檢之間有一年的實習，制度形式頗類於德國，惟卻將德國兩次國家考試棄而不用，改以檢覆方式為之，不僅難以維繫師資品質，亦且損及接受實習學校學生之受教權益。今後宜在實習法令規章、研習中心實習課程規劃、實習學校審慎選擇、大學與實習學校關係之釐定做全面性的規劃設計，才能使教育實習真正落實〔註十三〕。

4. 教師資格考試之改進：美國多數州已採行實習輔導所為之形成

性評量作爲授證與否之依據，英國1992年第九號通諭規定由大學教授與學校輔導教師共同評定，前者以教育及專門學科基本學識之評定爲主，後者則評定其實踐能力。德國第一次國家考試包括筆試、口試及論文，第二次國家考試則尙包括實習成績、試教及口試。我國新訂「高級中等以下學校及幼稚園教師資格檢定辦法修正草案」規定，初檢採審查證件方式，複檢以實習成績申請教師證書。稽諸美、英、德三國之教師證照制度，似未有如我國規定之寬鬆者。爲提昇教師素質，落實實習，並確保受實習學生之受教權益，初檢宜採筆試，考驗其學識能力，篩除不適任者進入實習教師行列。複檢宜採試教與口試並行，考核其實際教學能力。

結語

新「師資培育法」頒行後，我國師資培育確已達所謂「多元化」之要求。然則，「多元化」並非師資培育之目的，多元化而能提昇師資素質才是今後改革的重要目的。多元化也並不意味著，將師資培育視同商品製造，任由自由市場機能來調節。英美兩國近年來在師資培育商品化情況下，深受師資素質降低之苦，已漸改弦更張，政府積極承擔師資培育品質管制之責。我國宜引以爲戒，教育部宜在師資培育政策之釐定、課程之設計、實習之規劃、教師證照考試制度之建立等做前瞻性的整體擘劃，才能提昇我國師資水準，培育健全的下一代國民。

註釋

註一：Th. S. Popkewitz　(ed.)　*Critical Studies in Teacher Education*,London: The Falmer Press, 1987.

註二：H. A. Giroux, *Teachers as Intellectuals: Toward a Critical Pedagogy of Learning*. Massachutts: Bergins & Garvey Publishers. Inc., 1988.

註三：楊深坑、歐用生、王秋絨、湯維玲，《各國實習教師制度比較》，民國83年，台北：師大書苑，頁3－10。

註四：Shen-Keng Yang, Posttraditional Identity and Cultural Pluralism,*Bulletin of Graduate Institute of Education, National Taiwan Normal University*, 1995, Vol. XXXVI: 215-228.

註五：M. J. Keith "We Have Heard This Song ……Or Have We?" *Journal of Teacher Education*, vol.38, no3 (1987)，pp.21-25.

註六：L. Darling-Hammond and B. Berry, *The Evolution of Teacher Policy*, Washington, D.C：Center for policy Research and Center for the study of Teaching profession, 1988.

註七：同註六。

註八：同註四。

註九：*Department of Education and Science, The Education Reform Act, 1988*, London: HMSO.

註十：Department for Education, *Education Act 1994*. London: Her Majesty's Stationery Office, 1994.

註十一：Department of Education and Science, *Circular 9/92: Initial Teacher Training (Second Phase)*，London: Her Majesty's Stationery Office, 1992.

註十二：M. Wilkin, "Initial Training as a Case of Postmodern Development: *Some*

Implications for Mentoring" in D. McIntyre, H. Hagger & M. Wilkin (eds.) Mentoring. London: Kogan Page, 1993.

註十三：同註三。

德國小學師資培育制度

前言

　　理論與實踐之適切的結合向爲德國教育學傳統探討的核心課題。康德（Imm. Kant）在1793年刊布〈論一般規範〉一文曾經指出：「理論可能是對的，但無裨於實踐」〔**註一**〕。一般常誤以康德主張理論與實踐之完全割離，實則康德這篇論文探討的是道德、國家法律及國際法等涉及規範性之問題範疇，其所謂的理論只是包括了一些具有某種程度普遍性的實踐規則（praktischen Regeln）以作爲指導原則（Prinzipien）。實踐亦非爲單純的操作（Hantierung），因而並非爲原則之應用（Anwendung），而必須考量何種條件下可使原則發生作用〔**註二**〕。理論與實踐之間因而必須有某種力量作爲轉折之媒介，這種力量康德名之爲反省的判斷力（die reflektierende Urteilskraft）〔**註三**〕。這種力量在赫爾巴特（J. Fr. Herbart）的教育學體系中轉而爲圓熟的教育智慧（Pädagogischer Takt）以作爲教育理論與實踐之聯結。實則赫爾巴特之科學理念亦未全然與實踐割離。氏在1806年所出版之《普通教育學講義》中即曾云：「我認爲科學並非爲眼鏡，而是眼睛，更是人類所擁有的最好的眼睛以便觀察事務」〔**註四**〕。睽諸赫爾巴特科學不宜與實際遠隔，教育學尤然，須化爲實踐性的教育活動，兩者之間轉化之動力即在於具有理論基礎且又有實際經驗磨練之教育智慧。正如紐曼和歐克思（D. Neumann & J. Oelkers）兩人的評論，赫爾巴特有關理論與實踐問題之觀點對於

十九世紀末葉國民學校師資（Volksschullehrer）培育制度之發展有極爲重要影響。受到赫爾巴特學派的學者在大學成立教育學講座之影響，培育小學師資之師範學校也逐漸邁向科學化（Verwissenschaft-lichung）〔註五〕。

　　隨著科學技術不斷發展與進步，以及國民學校教師提昇本身地位之要求，小學師資培育制度之科學化已逐步的完成。然則，正如哈伯瑪斯（J. Habermas）所指出的，在一個科學化的文明中，由於技術控制力量與實踐力量之未能作明確的劃分，以致理論與實踐之間的關係之釐定倍感困難。科學化的過程如未逾越技術控制的格局，未能從技術理性的反省層級（Reflexionsstufe）解放，則科學化本身容易滋生危險〔註六〕。以此觀點來衡量德國小學師資培育制度的科學化過程可見科學化往往流於技術化，教師往往流於教書匠，忽略教師的人格陶冶，因而引發1950年代以降師範教育理論之論爭〔註七〕。

　　我國國小師資培育機構已提昇至大學水準，隨之而來的是教育專業課程與專門課程之重新分配與統合成爲一個亟受矚目的焦點問題。頗多師院教授往往誤以教學純爲技術性的工作，因而心態上常有貶低教育專業課程之陶冶價值的傾向。這種觀點，正如前舉哈伯瑪斯的論述，有把教育理性窄化爲技術理性的危險，德國在師資培育邁向科學化的過程中也曾步入此項危險，其歷史經驗頗足爲我國國小師資教育改革之借鑑。本文即爲理論與實踐關係作爲思考的基線，對德國國小師資培育制度作一種歷史詮釋學之透視，以爲改進我國國小師資培育制度之參考。

歷史發展

　　德國傳統國民學校與文理科中學（Gymnasium）之文化根源不同。後者源自教堂學校，深受人文主義影響，以學術爲導向，係大學預備學校。國民學校則係宗教改革以後爲培養忠誠教民而設，係低下

階層子弟所進學校。由於兩種類型學校存在著階級上的差異，故師資來源也有顯著的不同。國民學校師資培育向受輕忽，直到十八世紀末國校教師仍被視爲毫無地位之手工工人，只教初級讀寫算，當時認爲毋須接受先前的預備教育。有些人文主義學校（humanistische Schule）或實科學校（realistische Schule）畢業生找不到合適的工作，只好降格以求，權充國校教師勉強糊口〔註八〕。似此，教學技術都談不上，更遑論於對教育本身的理論反省。

十九世紀以來，在赫爾巴特、雪萊爾馬赫（F. D. E. Schleiemacher）以及狄爾泰（W. Dilthey）等的努力下，教育學取得其科學性的學術地位。教學理論也由手工技術逐漸轉而爲學校知識之傳遞。十九世紀初普魯士在一連串的教育改革計畫中已經體認了師資培育的重要性而廣設師範學校來加以培育。收國民學校畢業生，施以六年的教育即可成爲國民學校的教師。

儘管十九世紀初的教育理論家一再強調教育實踐並不是單純的教育知識的應用而已。然則，十九世紀德國國校師資培育政策似極少受教育理論直接的影響。幾次重大的改革法令仍偏於狹隘的應用觀點。1826年6月1日所頒通諭（Cirkular Reskript），即強調師範學校必須與社會學校緊密聯結。規定兩次的試驗也以實際教學技能爲考試的主題，這也是當代德國各級教師必須歷經兩次國家考試與長達一年至兩年「預備服務時期」規制的起源。1854年普魯士改革師範學校指令強調的重點也僅止於提高教師實際教學效能，否定了教育理論反省在師資培育過程中的必要性。1901年普魯士師範學校課程與考試規定的公布是師範教育理念的一大突破，不僅加重了教育專業課程，也強調通識教育在國校師資培育上的重要性。

本世紀初德國興起了一股強有力的「德意志教育運動」（Deutsche Pädagogische Bewegung）之改革教育學的思潮。這股思潮強調實踐優位原則，以爲教育理論原則上參與了實踐的責任，幫助實踐者澄釋教育情境，以作明智之教育決定。李特（Th. Hitt）在1920年刊布之〈教育思想的本質〉即指出：「要確定什麼是教育（Was Erziehung ist）須先對「教育應該是什麼」（Was Erziehung soll）

有某種程度的想法」〔註九〕。質言之，理論與實踐緊密結合，理論的需要乃在於其能夠對實踐產生作用，而其形成則須在實踐中完成。這種理論與實踐結合的理念，斯普朗格（Ed. Spranger）具體的展現在其對師範教育之改革建議，氏在1920年刊布之〈師範教育思想〉即特別強調教師人格陶冶之重要，以爲只有生命可以點燃生命，要陶冶別人者本身必須先接受陶冶，因而建議建立一種特殊的教育大學（Bild-nerhochschule）以爲教師人格陶冶之所〔註十〕。

　　不僅改革教育學的思想家提倡由高等教育水準之機構來培育國小師資，即使就當時普魯士的政府決策階層而言，也有相同的看法。1919年8月11日公布之「威瑪憲法」（Weimarer Verfassung）第一四三條第二款規定：「師範教育的基礎原則應依高等教育之原則，是項原則全國統一一體有效」。普魯士的科學、藝術與教育部長貝克（C. H. Becker）即深爲贊同斯普朗格的教師人格陶冶理想，以爲師範教育主旨不在於理智的陶冶（Bildung des Verstandes）而在於全人格的形成（Formung des Menschen）〔註十一〕。氏因而建議建立強調教育專業科目之「教育學院」（Pädagogische Akademie）以作爲培育國小師資之所。是項建議具體的體現於1925年7月20日公布之「普魯士國民學校師資培育新規程」（Die Neuordnung der Volks-schullehrerbildung in Preußen）。新設教育學院旨不在於培育研究者或專門學科的學者，而在於培育「陶冶者」（Bildner），在與民衆的直接接觸中喚醒並型塑民衆的精神生命。

　　教育學院的規制在1932年納粹執政後遭受嚴重的挫折。1933年全國教育學院悉被關閉，改設「高等師範學校」（Hochschule für Le-hrerbildung），收高中畢業生，肄業一年後經考試後，部分轉入其他大學與專科學校繼續分科教育以備取得中學教師資格。其餘則留原校續修一年，經考試取得國民學校教師資格。是項規制未久即告廢止，國民學校師資降至中等教育階段，1941年起設立「教師養成所」（Le-hrerbildungsanstalt），收國民學校畢業生，施以五年教育，而以所謂的「學校助理課程」（Schulhelferkurse）結業。

　　戰後德國被美、英、法、俄四强占領。美、英、法占領區於1949

年成立德意志聯邦共和國（西德）。在反納粹、反軍事以建立民主、平等的德國之訴求下，師範教育也要求統一化與科學化。然則，由於各占領區的規制不一，因而師範教育之重建未彰成效。

1950年代以降，在師範教育理論論爭益形尖銳，師資培育機構須提昇至高等教育程度雖為學者間所共同確認。然則，是否單獨設立國小師資培育機構則意見紛歧。黑森邦（Hessen）自1950年以來逐年將重視教育科目之Pädagogische Akademie改名為Pädagogische Hochschule，強調專門學科的學習，修業六個學期。1955年德國教育委員會深為贊同此種措施，以之為提昇國民學校師資之必要途徑。

然則，所謂提昇師資水準之理想並未達致。因為Pädagogische Hochschule貶低了教育科目之學習，卻未相對的提高專門學科的水準，專門學科的教材教法也流於技巧的雜湊堆積。因而引致學者強烈的批判。狄特瑞希（Theo Ditrich）在〈德國師範教育學術化的悲劇〉一文即指出Pädagogische Hochschule的觀念本身即為師範教育的錯誤發展，人格陶冶已非為其組成的部分，甚且其組織形式本身在結構上已經內蘊著理論與實踐割離的種子〔註十二〕。

另一方面德國大學校長會議（Westdeutsche Rektorkonferenz）從師資培育不宜和整個科學發展的潮流隔離，因而主張大學才是國民學校師資培育之適當場所〔註十三〕。羅特（H. Roth）更本於其科學實在論的基本立場，認為要求師範教育之嚴格的科學化，只有置諸普通大學才有可能〔註十四〕。

除學者之批判之外，學制改革的實際措施也使國民學校教師培育制度不得不改弦更張。1959年德國教育委員會的「學制改革方案」（Rahmenplan zur Umgestaltung und Vereinheitlichung des allgemeinbildenen öffentlichen Schulwesens）建議取消國民學校（Volksschule），改設：基礎學校（Grundschule）、試探學級（Orientierungstufe）以及國民中學（Hauptschule），因此，原有所謂國民學校師資培育遂失去依據。為解決此項問題，德國教師協會於1960年提出布列門計畫（Bremer Plan）建議各級各類師資培育均宜統一於大學施行，不宜分由不同機構來培養。師資培育機構之統

一化、科學化亦因而成爲1960年代以降師範教育熱烈討論的課題，不同的課程模式分別提出來試驗與討論，形成西德各邦師範教育體制多元紛歧的發展。即就單獨設立教育學院之黑森邦而論，也在教育學院體制內進行改革。1963年教育學院開始設立與普通大學一樣之教學與研究單位Seminar，1965年確認其爲大學教育之一環。1970年4月開始獲得大學自治權享有頒授資格（Habilitation）及各種學位之權力。教育學院在法理上已取得大學地位。

綜合本節分析顯示，德國十九世紀以來的國小師資培育制度的發展，初由類似手工技巧之教學實用技術之培養，轉而爲本世紀二〇年代強調爲教師人格陶冶之教育學院之設立。六〇年代以降各級學校師資統一於大學培育之要求成爲普遍的趨勢，各種不同的師範教育模式也提出來試驗，形成各邦師範教育多采多姿的發展。以下即就此項發展進一步的加以分析。

現行小學師資培育體制分析

如前所述德國提昇小學師資培育機構至大學水準的努力，至1970年代已經實現。各邦基於其不同的歷史背景與文化發展，提出不同的模式來施教。正如霍姆費爾德（W. Homfeld）的分析，各種模式均在於試圖整合教育專業科目、專門學科的教材教法以及實踐〔註十五〕，以下即依此觀點，將德國小學師資培育制度分爲五種模式加以評述：

依學校種類劃分之師範教育模式

依學校種類而劃分之師範教育模式在此以拜彥邦爲例證加以說明：

教育機構

　　基礎學校教師和其他各類學校教師均同在普通大學培養。原有專為培養基礎學校與國民中學師資之紐倫堡教育學院仍保留,而與大學中的學院 (Fakultät) 平行,其專門學科課程則由耶爾蘭根大學 (Eranger Universität) 提供。

修業年限

　　基礎學校師資至少須修業八個學期,才能參加第一次國家考試,及格者必須參與為期兩年之實習,方得應第二次國家考試以取得基礎學校教師資格。

課程

教育專業課程

教育專業課程計分為32個學分 (SWS),分配如下:

課程名稱	學分 (SWS)
1.教學分析與計畫導論	2
2.教育理論	2
3.教育行為與行動理論	2
4.教學理論的基本概念與問題	2
5.普通教育學或學校教育學	2
6.心理學	10
7.社會學、政治學或民俗學	6
8.神學或哲學	6

專門學科與專科教材教法

除學習一門專業學科而外,尚須至少44個學分的基礎學校教材教法。

在學期間之實習

1. 學校教育實習：12天總計40小時。

2. 專門學科教學實習：12天總計40小時。

3. 專門學科教學實習。

依學校層級劃分之師範教育模式

依學校層級而劃分之師範教育模式，以北萊茵——西伐里亞邦為例：

教育機構

各級教師均在學術性大學或綜合學院培育，原獨立設置之教育學院已於1980年4月1日起併入各大學為獨立的學域（Fachbereich）或依原有學之不同併入相關的學域。

修業年限

初等教育師資至少修業六個學期。通過第一次國家考試後，並須實習兩年才能參加第二次國家考試。

課程

教育專業課程

教育專業課程須修32到40學分，並分為基本課程和專修課程兩個階段，各四個學期學分各半。基本課程修畢須經中間考試（Zwischen-sprüfung）及格才能修專修課程。教育專業課程整合為五個學習領域：

1. 陶冶與教育。

2. 發展與學習。

3. 教育的社會基礎。

4. 教育制度與組織形式。

*5.*教學與普能教學理論。

專門學科與專科教材教法
初等教育師資須修德文與數學兩個教學科目，另須選修一個教學科目，占45學分。

在學期間之實習
利用大學上課時間至小學去做至少五週的實習。另學期中也有一個一般的定向實習（Orientierungspraktikum）和一到兩個專科實習（Fachpraktikum）。

整合模式

整合的模式以卡歇爾（Kasel）綜合學院為例：

教育機構
師資培育在綜合學院（Gesamthochsch ule）進行。

修業年限
基本教育師資修業六個學期。

課程

教育專業課程
整合式的師範教育已將教育學、心理學、政治學、社會學、歷史、宗教與哲學等整合為下述四個重點學習領域：

*1.*政治與社會制度（特別強調教育層面）。
*2.*社會化與社會學習。
*3.*學校與企業是一種教育制度。
*4.*課程與教學。

上述四個重點學習領域在課程安排上又各分為三個層次：(1)實際情況的瞭解與自我經驗能力的獲得；(2)科學方法能力的獲得；(3)實踐能力的獲得。第一、二學期上述四個重點學習領域必須各修其一，第

二個學期以後，任選二～四個領域加深學習，占36個學分。

專門科目與專科教材教法

基本教育師資修兩個專門科目各6個學分，藝能科目則另加實際演練課。

在學期間實習課程

在學期間之實習課程包括實習準備課程3學分，五週到小學實習及實習檢討課3個學分。

統一之師範教育模式

統一的師範教育模式以布列門大學為例：

教育機構

強調各級學校師資一律平等在大學受教，特別重視實踐導向之設計教學。

修業年限

各級師資修業年限為八個學期。

課程

教育專業課程

由於強調實踐導向，故除了第一個學期有八個學分的導論課外，其餘教育課程悉依兩種方式進行：其一、設計課程：以教學和學校實際問題為核心進行設計；其二、實習：到教育機構或工廠實習。總共28個學分。

專門科目與專科教材教法

各級教師均須修兩個教學科目，各58學分。

在學期間之實習

在學期間之實習包括見習以便預備教學計畫、實際依計畫試教，以及學校與其他教育機構之參觀與研究。每生必須作兩科各五週的試教（均各包括教學計畫設計、實際教學與評鑑）。

一個階段式的師範教育模式

教育機構

1974年奧登堡大學開始試行一個階段的師範教育，把實習教育整合於養成教育中。

修業年限

以初等教育為主修重點者，修業九個學期，分為三個階段進行，第一至第三學期為第一階段，第四至第七學期為第二階段，第八、九學期為第三階段。

課程

教育專業課程

教育專業課程分為四個主要領域：

*1.*課程、教學與學校組織。
*2.*教育的社會機構中的社會化與學習歷程。
*3.*經濟、經濟結構與政治制度。
*4.*社會發展中的工作、知識與教育。

上述各領域均以設計課程進行教學，所有學生第一階段須修至少18學分，第二階段12學分，第三階段6學分。

專門學科與專科教材教法

初等教育師資須修德文與數學，另在自然環境和社會環境兩者之中選修其一。專門科目占42學分。

學校實習課程

這種模式的師範教育已將「實習教師研習班」一年半至兩年的課程納入養成教育中，故特別重視實習課程的規劃，其安排略如下述：

*1.*第一階段：有兩個各為期四週之學校研究計畫。
*2.*第二階段：有兩個各為期六星期的教學計畫。

*3.*第三階段：有一個為期半年之教學計畫。

其中前兩者占160個小時，另有80個小時分配於第二、三階段。每一個實習生均須選定「督導老師」（Kontaktlehrer），其任務包括：示範教學、實際觀察實習生的試教且給予建議、並與大學教授共同評定實習成績。

以上除第五種師範教育模式外，其餘各模式之結業生須參加第一次國家考試及格後才能取得實習教師資格，申請進入獨立設置之「實習教師研習班」，及其附屬學校進行為期一年半至兩年之研習與實際試教。研習項目包括教育專業科目及學校實際問題、專門科目、見習及獨立教學。實習成績及格方准參加第二次國家考試，實習成績且併入國家考試成績計算，占總成績30%。第二次國家考試內容包括兩篇分屬兩個專門科目教學領域之論文，兩科試教及口試。考試及格即可取得教師資格，不及格者只能補考一次〔**註十六**〕。

結語

綜觀德國近年來小學師資培育制度之發展，可見其在朝向學術化、專業化之過程中，亦未忽略與小學教育實際的緊密契合。為求學術化、專業化，不斷提昇小學師資培育機構至大學水準。為使小學師資培育不致於與各門學術發展脈動脫節，原來獨立設置之教育學院大多併入大學，提高其學術地位。再者，為使師資培育課程符應小學教育實際需要，不僅在校實習課程不斷更新，引進所謂設計教學、三明治課程等設計，亦且對「實習教師研習中心」的體制與課程重加規劃，使得小學教師不僅能洞察高深學術理論，亦且具備靈巧實踐智慧，有助於小學教育品質之提昇。

我國國小師資培育機構已提昇至大學地位。然則，囿於聯考制度，師範學院所取未必為第一志願之學生。再者，由於體制上已臻大學層

次，遂使不少師院師生貶抑教育專業科目之陶冶功能，而專注於專門科目之深入研討，忽略自身所具造就小學師資之獨特任務。專門科目的研究，又限於師院單獨設置，經費、人員、配備自難與綜合大學匹敵，研究成果自難有卓越之突破。似此小學師資培育功能未盡彰顯，專精研究又難望傑出，師範學院教育的困境實宜痛加檢討。

為解除此項困境實宜參酌德國小學師資培育制度科學化過程之歷史經驗，將現有部分師院裁併入附近師範大學，或成為普通大學之教育學院，使小學師資培育機構和其他各級學校師資培育機構平等。一則可使有志小學教育之學生來源多元化，再則也可提高小學教育研究之學術水準。部分師院可以考慮改制為「實習教師研習中心」，專門規劃小學教師大學畢業後一年的實習工作，使現有師範生第五年之實習更為落實，使師範生更易於克服初為人師所面臨的震撼與危機，而能將在校所習教育理論具體化為圓融的教育智慧，而有裨於教育品質之提昇。

註釋

註一：Imm. Kant, "Über Gemeinspruch", in ders. *Immanuel Kants Werke*, (Hrsg.) von E. Cassierer u. a. Bd. VI, Berlin, 1923, pp.337-398, esp. p. 388.

註二：Cf. K. -K. Beckmann, *Lehrerseminar Akademie Hochschule*, Weinheim: Verlag Julius Beltz, 1968.

註三：Kurt Röttgers, *Kritik und Praxis,* Berlin: Walter de Gruyter, 1975, p.49.

註四：J. Fr. Herbart, *Allgemeine Pädagogik* (Hrsg.) von H. Nohl, Weinheim, 1965, p.9.

註五：D. Neumann & J. Oelkers, "Verwissenschaftlichung als Mythos?" in *Zeitsschrift für Pädagogik* 30. Jhrg. Nr. 2 (1984)，pp.229-252, esp. p.231.

註六：J. Habermas, *Theorie und Praxis,* 3. Aufl. Neuwied: Luchterhand, 1969, p. 232.

註七：參閱拙稿，〈教育理論與實踐的關係〉，收入拙著，《理論、實踐與詮釋》，臺北：師大書苑，民國77年，頁91-95。

註八：D. Neumann & J. Oelkers, a. a. o.

註九：Th. Litt, "Das Wesen des pädagogischen Denkens" in ders. *Führen oder Wachsenlassen,* Stuttgart: Kohlhammer, 1949, p.103.

註十：Ed. Spranger, "Gedanken über Lehrerbildung" (1920) in ders.*Gesammelte Schriften,* Bd III: Schule. und Lehrer, (Hrsg.) von L. Englert, Heidelberg, 1970, pp.27-30.

註十一：C. H. Becker, *Das Problem der Bildung in der Kulturkrise der Gegenwart* Leipzig, 1930, p.27.

註十二：Th. Dietrich, "Zur Tragödie der Akademisierung der deutschen Lehrerbildung" *in Lebendige Schule,* H. 8 (1957)，pp.433-443.

註十三：H. Kittel, "Das Jahr 1958 in der westdeutschen Lehrerbildung" in *Zeits-
　　　　chrift fär Pädagogik,* 15, Jhrg. Nr. 5 (1959)　, S. 413-432, esp. p.413.

註十四：H. Roth, "Noch einmal keine Lehrerbildung ohne Wissenschaft" in *Die
　　　　Deutsche Schule,* H. 56 (1964)　, pp.651-657.

註十五：W. Homfeld, *Theorie und Praxis der Lehrerausbildung,* Weinheim: Beltz,
　　　　1978, p.225.

註十六：詳參拙稿，〈西德師資培育制度之歷史回顧與展望〉，刊於《國立臺灣師
　　　　範大學教育研究所集刊》，第三十一輯，民國78年，頁25－55。

現代化與後現代思潮衝擊下的師資培育

緒論

　　教育與文化有密不可分的關係，德國精神科學教育學（Geis-teswissenschaftliche Pädagogik）的主要代表人物斯普朗格（Ed. Spranger）甚至以為，教育就是一種高度成熟的文化，作為教育過程主導者的教師也因而須具有高度的文化涵養。斯普朗格在《師範教育的省思》〔**註一**〕中就特別強調喚醒未來教師文化意識的重要，其所建議的「師範學院」（Bildnerhochschule）就希望作特別的環境設計，透過文化的涵泳，陶冶教師人格。美國學者波普克維茨〔**註二**〕更以為，師資培育的實際運作係由其所在之「文化符碼」（Cultural Codes）作一種結構化的組織，文化符碼則是某一個民族對於學校教育的感知、思考與行動之方式。

　　師資培育既與文化意識與文化符碼有密不可分的關係，有些學者如吉祿克斯〔**註三**〕，遂以為師資培育學程規劃是文化政治的一環，反映了某一個民族在某一時代的文化意識，1932年華勒〔**註四**〕出版《教學社會學》就曾指出，十九世紀以前西方教師地位的低落不僅歸因於早期西方人共同的文化信念，教師是「失敗的一環」（failure belt），更歸因於師資培育學程素質低下，毫無學術可言，更無法培養優良教師。提昇師資培育學程品質的努力實際上是教師專業化與地位提昇之文化意識覺醒的自我要求。這種專業化的努力過程又和西方啟蒙運動以來的現代化運動息息相關。

啓蒙運動以來，科技蓬勃發展，循科技之力以進行有效的社會改革，以追求現代化。師資培育的專業化，如前述，是西方現代化運動的一環。現代化既以科技力量爲主導，師資培育的專業化也意味著運用科學方法以追求教育上的普遍有效知識，以提昇教育品質。然則，當現代化運動席捲全球，成爲全球一致的訴求時，一股反統一化的後現代主義思潮也逐漸興起，反對現代化運動下的歐洲中心、理性中心的思想，對現代性所持「後設敍述」（metanarrative）所隱含的集體主義，否定各種地方性、局部性敍述所含括的文化認同等觀點，提出嚴厲的批判。後現代主義，正如吉祿克斯〔註五〕所云，試圖突破現代主義所劃定的文化疆界，任何文化疆界均爲歷史偶然下的人爲建構，均應予以打破，對各種各類的文化組型均應予以尊重。

　　面對現代化的文化統整與後現代主義之尊重文化多元與反對統整之知識體系，師資培育也步入了極待重整的十字路口。本文試從比較教育觀點，先就現代化對師資培育之影響做一歷史的回顧，再就後現代思潮對師資培育之影響加以探討，最後爲未來師資培育發展試擬建議，以培育具有高瞻遠矚文化理想的教師。

現代化對師資培育專業化之影響

　　師資培育的專業化，如前所述，係西方現代化運動的一環。現代化是社會從傳統、前現代邁向現代化的轉型過程。霍林格〔註六〕指出，邁向現代化的社會轉型特色在於更爲理性化、更爲世俗化，因而科學化的需求擴及於社會生活的各領域，師資培育學程規劃也因而要求邁向科學化。

　　西方的現代化一般咸認大約始於十七世紀，而於二十世紀達於顛峰。現代化之前的西方師資培育和傳統社會文化符碼視教師爲社會秩序維護者、穩定者息息相關。美國早期教師多爲城鎮牧師，其主要職責在於教導兒童聖經，以維護社會安定。英國貝爾（A. Bell）和蘭開

斯特（J. Lancaster）的導生制極富宗教色彩。德國十七世紀的「教師研習班」正如古特曼〔註七〕的分析，主要也在於培養擬至孤兒院任教的神職人員。中國古代的教師則與西方不同，主要在於傳授儒家經典，特別強調德行修養。東西方雖由於文化傳統不同，教師的任務也未盡一致，然則傳統教師維護和諧穩定的社會秩序之強調，則殊無二致〔註八〕。

　　啟蒙以來，科技發展日以千里，歐美各國也開始興起了一股專業分工的文化意識。各種以專業知識為基礎的專業社群也逐漸形成，以應付現代化社會的專業分工之需求。就哲學觀點而言，黑格爾〔註九〕認為開啟現代性哲學的先驅是笛卡兒（R. Decartes），因其首先提出了「我思」（Cogito）作為現代性主體性哲學的根本原則。魏爾希〔註十〕雖也認為現代性哲學笛卡兒首奠其基，但主要原因在於其「普遍學」（mathesis universalis）的規劃，透過數學方法的運用，笛卡兒想要建立一個名為「普遍學」的統一科學，可以對自然與人文現象作鉅細靡遺之了解與預測。統一的「普遍學」影響擴及於社會生活各領域，預測和控制的信念也就越來越強化。為了了解與控制社會發展，特別是為了對現代化過程進行了解，遂有社會科學的發展，為了進一步了解人性與教育的運作，理性的教育科學之形成也成為迫切的需求，康德（Imm. Kant）和特拉普（E. Chr. Trapp）就是兩位顯著的代表，想要建立和自然學一樣嚴格確實的教育科學，以為教育過程進行完全的了解與控制。

　　在笛卡兒「普遍學」與康德哲學影響下，德國十九世紀末葉以來逐漸形成一種成熟的教育文化（Pädagogische Kultur）。歐克思〔註十一〕曾經指出，十九世紀的學校教育學關心的焦點有二：學科紀律（Disziplin）與方法（Methode）。兩者均為教師專業化所必要，前者是教師專業化所需的制度上應具備的德性，後者則是決定教師專業所需的能力，兩者共同構成了一種屬於專業的教師所應具備的條件，滿足這些條件就須將師資培育導向更高的學術性要求。師資培育專業化的要求，兼以十九世紀以來學校教育日益擴充，遂使一種富於專業自主的教育文化逐漸形成。

在逐漸成熟的教育文化背景下，赫爾巴特（J. Fr. Herbart）是第一位主張透過嚴格的理性教育科學來培育具有專業素養教師的教育家。赫爾巴特認為，科學不是一副眼鏡，而是視力絕佳的眼睛，用以鉅細靡遺地觀察事務〔註十二〕。同樣的說法也適用於教育科學，教育科學可以對教育法則做嚴格確實的掌握。赫爾巴特強調教育科學和教育藝術不能混為一談。教育藝術是為了完成某些特定目的的一組教育技巧。教育科學則不限於具體的教學，而是建基在實踐哲學和心理學的一組理論。教育科學應為師資培育不可或缺的部分，因其提供未來教師養成對教育實際作睿智判斷之理論基礎。就西方思想史發展來看，理性教育科學之建立，用哈伯瑪斯的話來說〔註十三〕，構成了「啟蒙計畫」（Projekt Auflärung）的一部分，是使師資培育邁向現代化和專業化的第一步。教育專業知識自茲而後須成為師資培育學程的重要內容，而與後現代主義對於理論性後設敘述（theoretical metanarrative）之懷疑〔註十四〕，迥然有別。

在赫爾巴特的影響之下，普魯士教育部長亞爾登斯坦（V. Altenstein）公布了「皇家通諭」，這是第一部強調師資培育應重理論與實踐聯結的師資培育法令。法令除規定教師研習班和學校應密切合作外，也規定擬成為合格教師者須經兩次國家考試，第一試重在未來教師理論知識的考核，及格後須經三年實習，再考第二試，重在其專業態度、獨立判斷和實踐能力之評估〔註十五〕。

赫爾巴特的影響不僅限於德國，也擴及於歐美各國的師資培育，特別美、英兩國本世紀初的師資培育。美國的實驗學校及教學實習督導，正如喬尼麥納和強生〔註十六〕的評論，每天所面對的其實就是赫爾巴特所提出來的基本課題。整個教育學教授的發展史也和赫爾巴特思想的發展史有著密切的關係。英國本世紀初，亞當斯（Sir John Adams）的教育學教授就職演說也特別強調師資培育要求理論與實踐的結合，顯係受赫爾巴特的影響。

赫爾巴特的理性教育科學以及新興的心理學加上快速發展的科技更助長了師資培育的現代化與科學化。美國南北戰爭以後，快速工業化的結果促進了很多專業社群的形成，心理學從哲學中獨立出來，教

育學中的倫理部分併入哲學〔註十七〕。心理學與哲學，正如史耐德〔註十八〕的分析，並未涉及「如何敎」的問題，這個問題事實上是師資培育中最技術性的部分，也是美國師資培育強調的重點。1930年代進步主義（Progressivism）教育思想風行一時，技術主義的師資培育更是甚囂塵上。1960年代以降，行為主義心理學、績效責任運動以及能力本位的教育思潮更把師資培育的技術主義推向高峰。

英國師資培育之技術主義發展傾向也似乎和美國一樣，遵循類似的步調。本世紀初隨著社會與文化現代化步調之快速進行，師資培育學程中也開始要求對學校實際情況進行深度的理論省察。1914年賈德（C. H. Judd）就強烈的批判英國師資培育欠缺教育理論研究，這種缺失使得英國教師輕忽對教學與學校實際做科學性的探究〔註十九〕。教育理論課程開始見諸師資培育學程始自1908年之中等教師訓練規程。1944年有名的「麥克奈爾報告書」（McNair Report）特別強調師資培育學程中應整合人格教育和未來專業生活的預備教育。這種在師資培育中統合人格教育和專業教育的理想一直是1970年代和1980年代英國師資培育改革中論證的核心課題〔註二十〕。然則，1970年代的經濟危機使得英國政府與教育部不得不徹底重新檢討整個教育制度的目標。學校教育應儘量配合經濟需求，師資培育也不例外。在此情況下，師資培育中的人格教育越來越不受重視，教學效率相形之下更顯重要。工具理性滲入整個師資培育學程的規劃。

1979年保守黨執政，師資培育中的工具理性更為膨脹。保守黨重要的政策考慮之一是改善師資素質。1983年教育部向國會提出教學品質（Teaching Quality）白皮書。白皮書中以借自工業界的品質管制（quality control）作為建立認可師資訓練學程的主要標準。為達品質管制的要求，1984年成立「師資培育認可委員會」（Council for the Accreditation of Teacher Education），認可的主要規準是「實用」（practical）和「相干」（relevance）。基此考慮，很多理論性課程，如教育哲學、教育史、教育社會學漸從師資培育課程中消失。近年來更以經費控制來達品管的要求。1994年8月31日廢止「師資培育認可委員會」，改由具有撥款功能，並具法人團體性質之「師資

訓練署」（Teacher Training Agency）取代。「師資訓練署」除了促進教學專業生涯發展和保證中小學參與師資訓練外，更以經費控制來要求師資訓練品質之提高。控制師資訓練品質的手段是經由教育標準局（Office for Standards in Education）的評鑑，依評鑑成績來決定對各師資培育學程的經費與資源的分配與撥付。評鑑的主要規準在於「有效性」。由此可見，英國師資培育學程所彰顯已經由現代性的工具理性轉移至後現代主義之對後設敍述來與理論知識的懷疑以及知識商品化的抬頭。

相對於英、美兩國師資培育之工具性與技術性，德國師資培育素富理想主義和人文主義的色彩，對教育實際進行理論的反省有其悠久的歷史傳統。1901年頒行的「普魯士課程與考試規程」（Preusse Lehrpläne und Prüfungsordnung）是德國首次在師資培育學程中強調專門學科與教學方法的政府法令，這多少反映了德國本世紀初的文化與學術趨勢，其特色在於新興實驗教育學和精神科學教育學之間的互相爭衡。實驗教育學的重要代表人物繆曼（Ernst Meumann）運用馮德（W. Wundt）實驗心理學原理於教育研究，希望把教育研究建立在嚴謹的實驗基礎。雖然建立教育學爲大學中獨立自主學科的建議因精神科學教育學者的反對而未竟全功，但繆曼對六〇年代以降經驗分析教育科學之發展卻有深遠的影響。爲了促進師資培育的科學化，原來獨立設置之教育學院（Pädagogische Hochschule）漸漸併入大學，而使師資培育能迎合科學發展的步調。在經驗分析教育科學講求實效之影響下，傳統兩個階段式的師資培育制度面臨嚴肅的挑戰。奧登堡（Oldenburg）大學首先於1974年開始將實習併入大學，施行一個階段的師資培育。布列門（Bremen）大學的設計教學師資培育也是基於實用的考慮。

至於中國師資培育的專業化基本上是現代化運動的一部分，對於晚清的知識分子而言，現代化大多意味著西方化，師資培育也不例外，以模仿西方制度爲主。1897年南洋公學中首次設立師範院，直接模仿日本，間接模仿普魯士的師範教育。民國11年的新學制幾乎全盤移植美國制度。在杜威（J. Dewey）影響下，民主化成爲新學制的基本精

神，也由於強調民主化，師資培育也採開放原則，高中可設初等教師學程，大學可設中等教師學程。

1949年政府遷台，在面臨中共顛覆的危險下，師範教育視爲精神國防，應由國家辦理。爲了保證透過教育強化社會聚力，儒家思想與經典在師資培育中特別強調。爲了提昇教育專業素質，師範學院改制爲大學，師範專科學校改制爲師範學院。然在經濟掛帥的情況下，效率成爲規劃師資培育的重要指標，行爲目標和能力本位也因而引介入師資培育中，吊詭的是，台灣的師資培育一方面強調儒家人文主義，但在效率邏輯的主導下，西方的工具理性卻主導師資培育之運作。

民國76年7月15日政府宣布解嚴，各種社會力逐漸復甦，民主化、自由化與多元化成爲社會生活各領域的共同訴求，師資培育也不例外。爲了因應多元化的要求，新的「師資培育法」已於民國83年2月7日公布，任何大學只要符合條件均可申設教育學程，以培養師資，「師資培育審議委員會」也已成立，負責師資培育學程之審議，未來師資培育學程較富彈性，當可預期。然而，現代化所帶來的效率邏輯與市場機能的意識形態也滲入教育過程的運作。行政院「教育改革審議委員會」更以「鬆綁」和「市場機能」來作爲教育改革的口號。「鬆綁」而未有適當專業規範往往有流於後現代主義的「什麼都行！」(Anything goes!) 的危險。以師資培育而言，相較於德國取得合格教師須經兩次國家考試，美國近年來積極努力建立有效且可徵選專業人才任教的授證制度〔註二一〕，我國初檢和複檢均未有專業考試以篩選合適之專業人才，其陷於「反專業化」之危險似難避免。

綜合本節分析顯示，師資培育的專業化是整個西方社會現代化的一環。海德格〔註二二〕指出，現代化之顯著特徵乃在於將世界做整體的把握，這種對世界整體把握的想法隨著資訊科學的發展而更加速其進行。卡爾宏〔註二三〕指出，現代化持續開展的重大特徵在於非直接的人際關係數量急劇增加，成爲社會生活和制度生活維繫的基本力量。電腦的普遍運用，提供多層面的非人格化與非意識化的多元溝通網絡。傅柯〔註二四〕指出，人類現代性的界域在於一方面受到電腦化的衝擊，人類關係變得非人化、同一化、普遍化，另一方面又想透過

科技追尋一種專屬於自己的特殊性，和其他的個體不相統屬。就在這種吊詭的情況下，人類同時成為所有知識難以了解的客體，也成為主宰的主體。在這種充滿吊詭的知識組型下，世界各國師資培育也徘徊在專業化與反專業化、全球化與地方化之間，有待尋求可能突破之途徑，以下即就此問題進一步加以分析。

後現代主義思潮對師資培育的衝擊

教育學成為獨立自主的科學、師資培育的科學化與專業化，正如前述的分析，是整個西方世界現代化的一環。衛爾京〔註二五〕指出，教育科學可視為師資訓練的後設敘述 (metanarrative) ，基本上和哈伯瑪斯〔註二六〕所謂的「現代性計畫」 (Projekt Moderne) 有極為密切的關係。現代性計畫由十八世紀啟蒙運動哲學家所提出，其主要的努力在於發展各具本身內在邏輯體系的客觀科學、普遍道德與自主的藝術。康德將教育藝術轉化為獨立自主的科學，赫爾巴特理性教育科學的構想，均可謂為啟蒙以來現代性計畫的重要環節，其對後來師資培育均有深遠的影響。

現代性計畫所導引的西方現代化基本上是逐漸邁向理性化，用韋伯〔註二七〕的話來說，是「解除世界的魔咒」 (Entzauberung) ，以理性來代替神話思維，對世界進行有效的科學控制。理性控制擴展於世界各地，幾乎把全球建立成為一個統一的世界體系，西方理性化的模式幾乎普遍化成為一種高度制度化的全球政策體系，泯滅分殊的文化認同，而助長一種普遍化的世界公民認同之形成〔註二八〕。在此世界體系策略導引下，次序、效率與不斷進步成為全球人類共同追求的目標，現代科學與技術正好提供了追求此目標最有效的方法。現代科技主宰下的「技術宰制理性」 (technocratic rationality) 主導文化生活各領域之進行，流於其極，甚至把整個世界建構成為組織綿密的「科技城」 (technopoly) 〔註二九〕，在科技城內所有文化形

式均臣服於科技的控制。

　　在現代化訴求的師資培育也面臨了技術宰制理性橫行的窘境。貝爾〔註三十〕就指出，美國師資培育之技術理性宰制可由下列情況見之：新形式的能力本位師資培育廣泛流行，學徒基礎的臨床教授制度，系統管理運用於課程發展與課程評鑑，行為主義心理學運用於師資培育以及國家認可學程及州政府之證照考試制度等。發展特殊的教學技術與策略而不考慮文化與社會脈絡成為師資培育之首要工作。教師工作視為保持價值中立的技術性之行為管理者，教育視為系統管理和人類工程學，師資培育僅考慮到達到目標的有效方法，目標的合理性與否則存而不論。近年來的師資培育改革報告書更進一步的強化「技術宰制理性」的橫行。典型的例證是「卡納基報告書：準備就緒的國家：廿一世紀的教師」（Carnegie Report: A Nation Prepared: Teachers for the 21st Century）。報告書中將教師的能力比擬工業中的生產力。經濟上的效率邏輯明顯的運用於師資培育的改革中。

　　同樣的情況也見諸英國師資培育改革中。本文前引1983年英國《師資素質白皮書》所揭理念基本上是商品邏輯的運作。海耶斯〔註三一〕就曾評論白皮書，認其為後期資本主義生活品質枯槁化的附屬產物，是理性工具化的特殊例證。借用工業上的品管（quality control）概念來為師資學程認可樹立標準，於是地方教育當局（Local Educational Authorities）成為教師勞動力的管理者。1984年成立的「師資培育認可委員會」更以「有效」作為課程認可的主要標準，商業氣息相當濃厚。1989年的契約教師方案更將有效的技術模式引進教學中，反專業化的趨勢更為顯然。1992年第九號教育部通諭（Circulur 9/92）〔註三二〕更規定中小學和大學平等共同負擔師資培育之責，師資訓練課程的認可標準須強調教學能力，顯係技術理性的展現。1994年新設「教師訓練署」（Teacher Training Agency）更以經費控制手段來促使師資培育機構依其所定規準運作，不符規準者即難獲經費支援，現代社會的商品交換邏輯成為控制師資培育運作的重要機轉。

德國師資培育雖素富人文主義色彩，惟1960年代以降，精神科學教育學逐漸式微，經驗分析的教育科學成爲主導教育研究之主流，技術宰制理性也開始滲入教育領域。阿利希和瑞斯納〔註三三〕合著的《教育科學係技術學科》就試圖將複雜的教育過程用最簡約的技術公式陳述出來，這個技術公式馮庫柏〔註三四〕更進一步的想用電腦語言將之明確的界定，使得教育過程可以完整的在電腦的控制之下。於是教育實踐轉化而爲教育技術，教師成爲技術操作員，這在奧登堡大學和布瑞門大學的新師資培育學程的試驗中顯然有這種技術主義的色彩。

至於我國師資培育的改革基本上是社會與文化現代化的一環，當西方的現代化挾科技之力席捲全球時，世界逐漸成爲系統化的單一整體。台灣身處世界單一體系之一環，自難脫西方理性主義之影響。工具理性也因而主宰近年來師資培育之改革，行爲主義和行爲目標主導當前師資培育課程設計，班級管理成爲師資訓練課程必修科目。行政院教育改革審議委員會雖然揭櫫尊重學生人格和人文主義教育作爲教育改革的重要理念，但吊詭的是卻以「鬆綁」和「市場機能」作爲改革的策略。在「商品邏輯」的運作下，師資培育流於商品化、反專業化，殆難避免。

前述的分析說明了師資培育專業化的歷史進程是依西方現代化的理性邏輯在運行，理性推展至極，陷入技術控制，卻使師資培育陷入反專業化的困境。西方工具理性擴及於全球的結果導致了西方經驗所歸納出來的理論、模式和觀念普遍化而爲全球各地所宗奉。西方形式的抽象理論成爲指引社會與文化發展的指導原則，以西方邏輯爲基礎的知識集體主義控制了整個人類的生活世界。知識區隔化成爲分崩離析，而每一個範疇看起來又是獨立自主專家技術系統。近年來師資培育也顯示了這種技術主義的發展，實踐轉爲技術，生命中活潑動力、和諧與深度意義逐步解消在高度技術化的世界，現代化的歷史進程正逐步走入自己所開展出來的死胡同。

正由於現代化本身所面臨的困境使得後現代主義思潮開始發展。從知識論的角度來看，李歐塔〔註三五〕認爲後現代知識狀況是對現

代性的鉅觀敘述（grand narratives）——如精神的辯證、工人解放、財富累積及無產階級社會等——採取不信任的態度。現代化的科學實踐主要是由兩個哲學原則：即普遍知識的獲得與普遍自由的獲得。科學是一種知識形式，在各種知識形式中最有能力滿足這兩項原則，也就是科學知識可以使人免於無知和偏見，而導向自由。然而，現代性的後設科學敘述既已不再為人信賴，資訊科學的發展又使得知識生產與交換日益加快速度，因而任何人只要出得起價錢就可輕易的獲得知識，科學知識變成可資買賣的商品，而非某些特殊族群的專利品，商品邏輯成為控制科學知識生產與交換的運作機制。

教育科學也一樣受商品邏輯的控制。衛爾京〔**註三六**〕曾指出，教育科學是師資訓練的後設敘述，隱含李歐塔所謂的「後設敘述」之價值，因其增加未來教師對教育實際的了解，也強化其教學中道德意識的自覺，因而，滿足了科學合法性原則的要求。然而，後現代主義對「後設敘述」的質疑也擴及於教育科學與師資培育領域。師資培育課程中理論課程之削弱正顯示了後現代知識狀況蔓延到師資培育過程。以美國而言，很多州已經開始強調實際操作在教師證書考試的重要性。英國1989年和1992年的教育部通諭〔**註三七**〕也強調，在師資培育中，實地經驗的訓練比理論省察重要。1994年教育法案〔**註三八**〕更透過經費的撥付，鼓勵中小學從事師資培育。德國奧登堡大學和布瑞門大學新類型師資培育也強調實地經驗的重要。我國新「師資培育法」也以一年學校中的教育實習合格為取得合格教師資格的先決條件。從這些國際師資培育的發展趨勢中可以發現，師資培育的成功與否不在於有效知識的獲得，在於教師的實際教學能力的養成。這正是李歐塔所謂的知識有效性取決於「實際的操作」（Performativity）〔**註三九**〕。

和對後設敘述不信賴相關的另一個後現代社會特徵是知識分子地位一落千丈。傳統知識分子獨占知識特權，具有解決知識、道德與美感等重要問題的權威地位〔**註四十**〕。在後現代主義多元化的訴求下，正如哈維〔**註四一**〕所述，各個族群、各個團體都要求有權用自己的聲音為自己說話，也要求自己的敘述被接受、被視為真實而具有合法性。

知識分子喪失了使知識合法化的權威地位，知識分子正經歷了地位的危機（status crisis）。同樣的情況也見諸教育學術圈中的教育專業人員。啓蒙以來康德和赫爾巴特的教育傳統中認爲，教育的科學理論足以指引教育實踐的說法，已在後現代主義思潮的衝擊下，遭到摒棄。以德國奧登堡大學一個階段式的師資培育模式而言，中小學中的實習輔導老師（Kontaktlehrer）就和大學教授一樣享有對未來教師適任性同等地位的評鑑權。英國近年來推展的以學校爲中心的師資培育（school-centered teacher education）更將大部分的理論科目排除，學校的實習輔導教師也和大學督導教師（tutor）同樣享有共同設計師資課程之權利。美國師資培育中的「變通方案」（alternative teacher education program）也日漸增加，變通方案的基本假設是教育專業課程對於實際教學用處甚少〔**註四二**〕，從國際比較中可以發現教育理論家的地位動搖，喪失了其爲師資培育提供合法性理論基礎的權威地位。

由於後現代主義對整體化的後設敍述不信賴以及採取多元主義的立場，西方文化優位以及精緻文化主導的文化觀也漸放棄。由西方經驗所歸結出來的理論、模式與概念之合適性面臨嚴肅的挑戰。「多數人」和「少數人」之間的文化界限已被打破，精緻文化和常民文化之間已無區隔。美國比較與國際教育學會前會長拉斯特〔**註四三**〕在其會長演說詞中就指出，後現代主義給予那些所謂「異類」（Others）希望的感覺和合法性（legitimacy）。「異類」的聲音須加以傾聽與尊重，因此所謂的主流和非主流的文化疆界已經消逝。多元文化的課程遂在很多國家的師資培育課程中成爲強調的重要。台灣也在最近的教育改革中特別強調鄉土文化的教學，然則如何將本土文化融合匯進世界文化發展的大趨勢中，仍爲懸而未決的問題。解決之道或許宜在師資培育學程中強調文化教育，拓展未來教師的文化視野，使其能立足本土、胸懷世界，成爲兼容並蓄，胸襟開闊的優良教師。

結語──師資培育困境之突破

　　全球文化從現代到後現代的發展可以老子《道德經》中的一句話來加以狀述：「反者道之動」（《道德經》，第三十章）。西方啓蒙運動以來的現代化過去數十年來達於其極，使得整個世界幾乎成爲一個無時間性、普遍化的統一的技術系統。技術宰制理性因而主宰全球社會文化的發展，理性、秩序、效率和統一成爲文化和社會建構的宰制原則，流於其極卻產生了後現代主義反中心化、反集體化、感覺主義、多元主義與反歐洲中心的思想。

　　師資培育的專業化是西方現代化之重要環節。西方現代化達於極點時，技術宰制的邏輯也成爲師資培育的主導原則，技術主義的師資培育強調教室管理與學校效能，卻忽略了未來教師自我反省與文化意識之培養。對於這種技術主義之反動則是各國對教育理論科目與日俱增的懷疑，增加中小學在師資培育中所擔負的任務，以及在課程中加強本土文化的了解與多元文化的洞視。

　　正如赫拉克里特斯（Heraclitus）所述：「相反者實即爲相成者」〔註四四〕。後現代主義絕非反現代主義，後現代主義毋寧說是澈底的現代主義，和現代主義同樣具有解放內在與外在宰制的共同目的，以促使人類完成眞正的自我實現。同樣的，師資培育的科學化也並不意味著排除對教學之常識性的了解。而實地經驗的強調也不宜忽略對教育實際的理論反省。普遍有效性宣稱並不表示不尊重個別性與分殊性。西方文化現代化的普遍化傾向宜重新詮釋，俾使在全球化的歷史進行中含攝了對所謂「異類」（The Others）文化的了解、欣賞與尊重。因此，有效教學方法的訓練在師資培育中固極重要，但理論省察的涵育也不可少。師資培育課程中包括國際文化發展的同時，也應對本土文化的自我尊重加以重視，更應加強對「其他」文化的了解與欣賞。只有深度的教育理論涵養才能睿智的運用教學方法與策略於

教室管理與教育過程，也惟有具有寬廣文化視野的教師，才能深刻的了解本土文化，並在教學過程中善於運用技巧促進學生的自我了解，進而促進學生的國際相互了解。

註釋

註一：Ed. Spranger. *Gedanken über Lehrerbildung*. Leipzig: Velag Quelle & Meyer, 1920.

R. Stritzke (hrsg.) *Erfolgreiches Praktikum im Vorbereitunsdiesnst*. Donauworth: Ludwig Auer, 1980.

註二：Th. S. Popkewitz. Ideology and Social Formation in Teacher Education. In Th. S. Popkewitz (ed.) *Critical Studies in Teacher Education*, London: The Falmer Press, 1988.

Th. S. Popkewitz. *A Political Sociology of Educational Reform*. New York: Teachers College Press, 1991.

註三：H. A. Giroux. *Teachers as Intellectuals: Toward a Critical Pedagogy of Learning*. Massachutts: Bergins & Garvey Publishers.. Inc., 1988, p.167.

註四：W. Waller. *Sociology of Teaching*. New York: John Wiley, 1932 (reprinted in 1965), p.61.

註五：參閱：

H. A. Giroux. *Border Crossings. Cultural Workers and Politics of Education*. New York: Routledge, 1992, pp.54-55.

H. A. Giroux. "Living Dangerously: Identity Politics and the New Cultural Racism." In H. Giroux & P. McLaren (eds.) *Between Borders. Pedagogy and Politics of Cultural Studies*. New York: Routledge, 1994.

L. Goldman. Misconceptions of Culture and Perversions of Multiculturalism. *Interchange*, 1993, vol. 24, no.4: 397-408.

R. Goodings. M. Bryam & M. McPartland (eds.) *Changing Priorities in Teacher Education*. London: Croom Helm, 1982.

M. Gottdiener. *Postmodern Semiotics*. Oxford: Blackwell, 1995.

G. A. Griffin. A State Program for the Initial Years of Teaching. *The Elementary School Journal,* 1989, vol. 89, no.4: 395-403.

註六：R. Hollinger. *Postmodernism and Social Sciences.* Thousands Oaks, Ca.: Sage, 1994, p.6.

註七：J. Guthmann. *Über die Entwicklung des Studiums der Pädagogik.*Buhl-Buden: Konkordia, 1964.

M. Haberman & T. M. Stinneff. *Teacher Education and the Profession of Teaching.* Berkley, Ca.: McCuthan, 1973.

註八：Shen-Keng Yang. "Reforms of Teacher Education Program in Cultural Contexts." *Bulletin of Graduate Institute of Education, National Taiwan Normal University,* 1993, p.230. vol. XXXV.

K. M. Zeichner. "Alternative Paradigms of Teacher Education." *Journal of Teacher Education,* 1983, vol. 34, no. 3: 3-9.

註九：G. W. Fr. Hegel, 1972, pp.120 & 123.

註十：W. Welsch. *Unsere postmoderne Moderne.* Weinheim: VCH Acta Humaniora, 1991, p.69.

註十一：J. Oelkers. *Die grosse Aspiration: Zur Herausbildung der Erziehungswissenschaft im 19. Jahrhundert.* Darmstadt: Wissenschaftliche Buchgesellschaft, 1989, p.7.

註十二：J. F. Herbart. *Allgemeine Pädagogik.* Göttingen, 1806, p.9.

H. Hirchie. "Ein Vergleich der Verordnungen zum Vorbereitungsdienst von Referndaren an berufbildenden Schulen in den einzelnen Bundesländern." *Erziehungswissenschaft und Beruf,* 1979, 27. Jhrg. H. 2: 287-302. P. H. Hirst Professional Studies in Initial Teacher Education: Some Conceptual Issues. In R. Alexander & E. Wormald (eds.) *Professional Studies in Teaching,* Society for Research in Higher Education, 1979.

註十三：J. Habermas. *Der Philosophische Diskurs der Moderne.* Frankfurt am M.: Suhrkamp, 1985.

註十四：J. F. Lyotard, *The Postmodern Condition: A Report on Knowledge,* Manchester: Manchester University Press, 1979.

註十五：H. K. Beckmann, *Lehrerseminar, Akademie, Hochschule.* Weinheim und Berlin: Verlag Julius Beltz, 1968, p.48.

W. Homfeld. *Theorie und Praxis der Lehrerausbildung.* Weinheim: Beltz Verlag, 1978, p.54.

H. G. Homfeldt. (*hrsg.*) *Ausbildung und Fortbildung.* Bad Heilbrunn/ Obb.: Verlag Julius Klinkhardt, 1991.

M. Horkheimer & Th. W. Adorno *Dialektik der Aufklärung.* Frankfurt am M.: S. Fischer, 1969.

F. Jameson. "Postmodernism or the Cultural Logic of Capitalism." *New Left Review,* No.146 (1984)

G. Kallweit. Zwischen Theorie und Praxis aus der Innenperpespektive eines Studienseminars. *Die Deutsche Schule,* 1988, 80. Jhrg., H.2: 393-408.

D. Kellner. Postmodernism as Social Theory: Some Challenges and Problems, *Theory, Culture and Society,* 1988, vol.5, nos. 3 & 4.

A. Kroker & D. Cook, *The Postmodern Scene: Excremental Culture and Hyper-Aesthetics.* London: McMillan, 1988.

K. Kumar. *The Rise of Modern Society: Aspects of the Social and Political Development of the West.* Oxford: Blackwell, 1988.

E. Laclau, *New Reflections on the Revolution of Our Time.* London: Verso, 1990.

S. Lash, *Sociology of Postmodernism.* London: Routledge, 1990.

註十六：E. V. Johanningmeiner & H. C. Johnson, Jr. 1975, p.3.

註十七：M. Borrowman. 1956.

註十八：B. L. Schneider, Tracing the Provence of Teacher Education. In Th. S. Popkewitz (ed.) *Critical Studies in Teacher Education,* London: The Falmer Press, 1987, p.214.

註十九：J. W. Tibble. *The Future of Teacher Education.* London: Routledge, 1971, p.5.

H. Titze, "Die Tradition der Pädagogik und die Selbstkritik der Moderne." In J. Oelkers (hrsg.) *Aufklärung, Bildung und Öffentlichkeit,* Weinheim: Beltz Verlag, 1993.

G. Vattimo. *The End of Modernity.* Cambridge: Polity, 1988.

Udo von der Burg. *Entstehung und Entwicklung der Gymnasialseminar bis 1945.* Bochum: Studien Verlag Dr. N. Brockmeyer, 1989.

註二十：R. J. Alexander. M. Craft. & J. Lynch. (eds.) *Changes in Teacher Education.* London: Holt, Rinehart and Winston, 1984, p.106.

M. W. Apple. "The Politics of Official Knowledge: Does a National Curriculum Make Sense?" *Teachers College Record,* 1993, 95, pp.222-241.

S. J. Ball. (ed.) *Foucault and Education.* London: Routledge, 1990.

註二一：L. Darling-Hammond, A. E. Wise & S. P. Klein, *A License to Teach: Building a Profession for 21st Century,* Boulder: Westview Press, 1995.

Department of Education and Science, *Circular 3/84: Initial Teacher Training. Approval of Courses.* D. E. S., 1984.

Department of Education and Science, *Quality in Schools. The Initial Training of Teachers.* London: Her Majesty's Stationery Office, 1987.

註二二：M. Heidegger, 1977, pp.129-130.

註二三：C. Calhoun, 1987.

註二四：M. Foucault, *The Order of Things.* N. Y.: Vintage Books, 1994, p.319.

V. J. Furlong, P. H. Hirst, K. Pocklington & S. Miles, *Initial Teacher Training and the Role of School.* Milton Keynes: Open University Press, 1988.

L. C. Gecks, *Sozializationsphase Referendariat-objektive Strukturbedingungen und ihr psychologischer Preis.* Frankfurt am M.: Peter Lang, 1989.

註二五：M. Wilkin. "Initial Training as a Case of Postmodern Development: Some Implications for Mentoring." In D. McIntyre, H. Hagger & M. Wilkin (eds.) *Mentoring.* London: Kogan Page, 1993, p.42.

Shen-Keng Yang, Social Dynamics and Induction Phase of Teacher Education. *Bulletin of Graduate Institute of Education, National Taiwan*

Normal University, 1991, vol. XXXIII.

註二六：J. Habermas. "Moderne-ein unvollendetes Projekt". In ders. *Kleine Polit-sche Schriften,* Frankfurt am M.: Suhrkamp, 1981, pp.444-464.

J. Habermas. *Theorie des kommunikativen Handelns.* 2Bde. Frankfurt am M.: Suhrkamp, 1981a.

註二七：M. Weber, 1970, p.155.

註二八：A. Benjamin. (ed.) *The Lyotard Reader,* Oxford: Blackwell, 1989, p.321.

A. Bell "Structure, Knowledge and Social Relationship." *British Journal of Sociology of Education,* 1981, vol.2, no.1.

G. Bernbaum, H. Patick, S. Jackson, & K. Reid, "A History of Postgrad-uate Initial Teacher Education." In D. Hopkins & K. Reid (eds.) *Rethin-king Teacher Education,* London: Croom Helm, 1985, 7-18.

S. Best & D. Kellner, *Postmodern Theory: Critical Interogations.* London: McMillan, 1991.

L. E. Beyer, *Knowing and Acting: Inquiry, Ideology and Eeucational Studies,* London: The Falmer Press, 1988.

註二九：N. Postman, *Technopoly.* New York: Vintage Books, 1993, pp.40-55.

R. Roberston. Mapping the Global Condition: Globalization as Central Concept. *Theory, Culture and Society,* 1990, vol. 7, nos. 2 & 3.

R. Roberston. & F. Lechner. Modernization, Globalization and the Prob-lem of Cultrue in World-Systems Theory. *Theory, Culture and Society,* 1985. Vol. 2, no.3.

B. Schach, *Professionalisierung und Berufethos.* Berlin: Duncker & Hum-boldt, 1987.

S. Seidman & D. G. Wagner (eds.) *Postmodernism and Social Theory.* Oxford: Blackwell, 1992.

B. Smart. *Postmodernity.* London: Routledge, 1993.

W. Smith. "The Teacher in Puritan Culture." *Harvard Education Review.* (1996) no. 36.

J. Smyth (ed.) *Educating Teachers. Changing the Nature of*

Padagogical Knowledge. London: The Falmer Press, 1987.

註三十：L. E. Beyer, "What Knowledge is of Most Worth in Teacher Education."
In J. Smyth (ed.) *Educating Teacher,* London: The Falmer Press, 1987,
p.20.

I. Brusis. Lehrerausbildung bleibt bildungspolitischer Dauerbrenner. *Neue
Deutsche Schule,* 1980, 32, Jhrg., H. 14/15: 308-312.

P. J. Burke. The History and Development of Teacher Preparation. In P.
J. Burke & R. G. Heideman (eds.) *Career-Long Teacher Education,*
1985, Springfield, Ill.: Charles C. Thomas.

A. Callinicos, *Against Postmodernism.* Cambridge: Polity, 1989.

S. Crook, J. Pakulski & M. Walters *Postmodernization: Change in
Advanced Society.* London: Sage Publications, 1992.

註三一：J. Hayes, 1985, p.54.

註三二：Department of Education and Science, *Circular 9/92: Initial Teacher
Training (Second Phase).* London: Her Majesty's Stationery Office,
1992.
Department for Education, *The Government's Proposals for the Reform
of Initial Teacher Training.* London: Her Majest's Stationery Office,
1993.

註三三：L. -M. Alisch & L. Rössner, 1976.

註三四：F. ron Cube, 1978.

註三五：J. F. Lyotard. 1986.

註三六：同註二五，頁40.

註三七：Department of Education and Science, *Circular 18/89: The Education
(Teachers) Regulations.* London: Her Majesty's Stationery Office, 1989.
Department of Education and Science, *Administrative Memorandum 1/90:
The Treatment and Assessment of Probationary Teachers.* London: Her
Majesty' Stationery Office, 1990.

註三八：Department for Education, *Education Act 1994.* London: Her Majest's
Stionery Office, 1994.

K. Feldmann. Das Schulpraktikum-ein koplexes Problemfeld. *Die Deutsche Shule,* 1978, 70. Jhrg. H.3: 275-288.

H. J. Forneck. *Moderne und Bildung.* Weinheim: Deutscher Studien Verlag, 1992.

H. Foster (ed.) *Postmodern Culture.* London: Pluto Press, 1983.

註三九：J. F. Lyortard. *The Postmodern Condition: A Report on Knowledge.* Manchester: Manchester University Press, 1979, p.47.

Max-Planck-Institut für Bildungsforschung, *Empirische Untersuchung zur Ausbildung von Studienreferendar.* Berlin, 1976.

MOTE (Modes of Teacher Education) E. Barret, L. Barton, J. Furlong, C. Galvin, S. Miles & G. Whitty, *Initial Teacher Education in England and Wales: A Topology.* Goldsmiths College, London University, 1992.

J. Nias. & S. Groundwater-Smith (eds.) *The Enquiring Teacher.* London: The Falmer Press, 1988.

註四十：Z. Bauman, *Legislators and Interpreters: On Modernity, Postmodernity, and Intellectual,* London: Cambridge University Press, 1987, p.219.

註四一：D. Harvery, 1990, p.48

註四二：L. Darling-Hammond & B. Berry, 1988, p.21.

註四三：V. D. Rust, 1991, p.619.

註四四：H. Diels & W. Kranz, (hrsg.) *Die Fragments der Vorsokratiker,* 8. Aufl. Berlin: Weidmann, 1956. 22. Herac. B.51.

我國實習教師制度之規劃研究

緒論

研究動機與目的

　　世界各國近年來的教育改革莫不以師範教育之革新爲重點工作之一，師範教育之改革則又以教育實習的強調爲共同的趨勢，惟各國由於社會文化背景不同，其在教育實習上之具體作法亦未盡一致，所茲生之問題也未必全然相同，對於世界各國教育實習之具體作法及其問題，尚未有從當代師資培育理論之發展觀點作深入之比較分析，有待進一步詳加探討，方能尋繹合理可行之教育實習教師制度之準據。

　　就我國當前師範教育體制而言，稽諸相關法令的規定，可見亦相當重視教育實習，惟以制度規劃未臻健全、實習組織不當、經費短絀等因素，使得師範生第五年實習形同虛設，未能充分發揮導引師範生克服從學生到教師，從理論到實際之間可能產生的困擾，近年來國內有關實習之研究均曾證實師範生對於第五年實習滿意程度低落，實習工作困擾多端，經過實習之後任教意願降低等。〔註一〕由此可見，我國實習教師制度亟須改進，惟夷考相關研究，略皆以問卷調查爲主，試圖在現有體制下，提出輔導實習教師之策略，其研究與建議在現有體制下，自有其價值。然而，問題癥結所在，恐更在於整體制度規劃未臻健全，有待從制度層面，作全面性的深入分析，以爲實習制度根

本變革之參考。

近年來，我國決策當局也已體認到師範教育問題之解決有待於在政策層面作通盤考慮，教育部因而成立修訂師範教育法諮詢小組，從事有關師範教育法修訂之資料搜集與研究，張春興所主持之「中小學師資培育制度改革意見之調查研究」，即曾建議教學（或教育）實習爲取得合格教師資格之必要條件〔註二〕，是項研究對於實習之事權機構及場所也有一般性的建議。惟對實習之課程、教學、輔導、評鑑等尚未及作制度上全面性的規劃。再者，依其建議普通大學及師範院校畢業生通過初試，即取得實習教師資格，在其通過複試之前尚未具合格教師地位。以未合格之實習教師在學校任教，所可能滋生的教學上與法律上問題也亟待在法理上對實習教師作適當的定位，以免滋生困擾，凡此問題均亟待對實習教育問題作更全面性、更深入的研究，以進行制度之整體規劃。

基於上述之認識，本研究擬探究合理可行的實習教師制度，俾以健全實習制度，確保教師品質的提昇。具體來說，本研究的目的，主要有下列四項：

1.探究實習教師的理論基礎，以爲規劃實習教師制度之參照。
2.比較美、英、日、法、德國與我國實習教師制度的背景，並評估其實習的現況及困難。
3.分析我國實習教師實習的現況及困難，做爲改進實習教師制度之依據。
4.綜合研究結果，建構出較合理、可行的實習教師制度。

研究方法與步驟

研究方法

爲達上述研究目的，本研究擬用理論分析、比較研究、深度晤談及問卷調查法等作爲研究方法。以理論分析的方法，達成目的一，用

比較研究，完成目的二，再配合深度晤談，促成目的三，續採問卷調查，考驗擬訂之理想模式，最後綜合上述之方法，以達目的四，建構出較合理、可行的實習教師制度。

研究步驟

在研究的步驟上，本研究首先概覽蒐集的有關文獻，以了解師範教育的相關理論、研究、與實証研究；然後一方面對世界各主要國家有關實習的背景和現況進行了解；另一方面採晤談實習教師的方式，分析我國實習制度的問題及實習教師所遭遇之困難。綜合理論分析，各國比較及晤談結果，試擬實習制度架構並編製問卷，邀請專家學者座談以修正架構及修改問卷內容，接著進行問卷施測，以了解教育人員對實習制度看法。綜合各項研究結果，擬訂一套適合我國之實習教師制度，再邀集專家學者座談，依座談結果進行修正或補充，最後，提出研究建議。

本研究的研究步驟見圖3。

名詞釋義

實習教師

根據「師範教育法施行細則」第十一條及「師範院校學生實習及服務辦法」第七條（71年）之規定，師範院校結業生，分發至學校實習，為期一年，稱之為「實習教師」。本研究所謂之「實習教師」其概念包括：師範教育法未修正前之大五實習教師、師範院校結業生，以及修法後所稱之試用教師；或國外文獻所論及之初任教師等。

實習教師制度

實習教師制度乃指維持實習教師此教育階段的一套體系。換言之，實習教師制度是由師資、課程、教學、輔導、評鑑、法令等所構成的一套體系，作為實習教師教育遵循的典則。

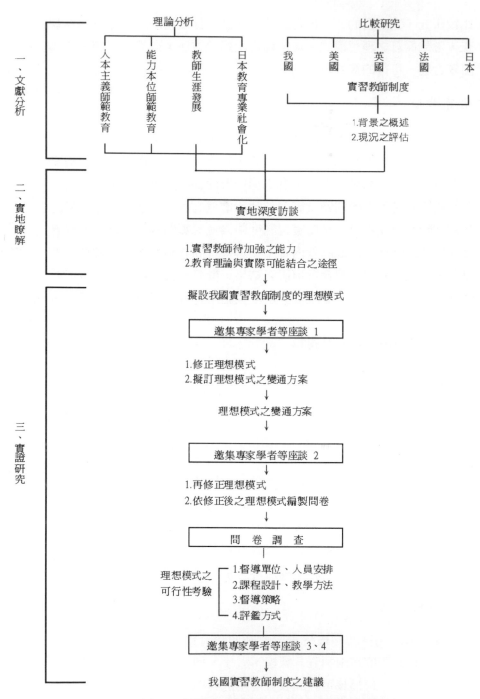

圖3　實習教師制度之研究步驟架構圖

實習教師理論與實徵性研究評析

　　實習可協助師範生體會教學理論和應用理論概念於實際情境的能力之間的關係，它是統整理論與實際的傳達媒介。根據國內外許多研究指出：教師們在衡量過去所接受的師範教育課程時，咸認為「實習」（student teaching）最為有用，〔**註三**〕若就理論上而言，如果實習制度規劃得當，將增進教師之效能，提高教師的專業化程度。學者常將教育實習活動比擬為具有醫護教育中的「臨床實習」〔**註四**〕或工廠中的「品質管制」之性質。足見實習在教師專業教育中占有舉足輕重之地位。本研究首先探究實習教師的理論基礎，分析「教師生涯發展」（teachers' career development）理論、「教師專業社會化」（professional socialization of teachers）理論、「能力本位師範教育」（competence or performance based teacher education）理論與「人本主義師範教育」（humanistic teacher education）等對實習教師制度的啓示，以奠定本研究之理論基礎；再就我國實習教師之現況、問題及有關研究進行分析。

實習教師理論探討

　　實習教師的理論基礎實以下列四種師範教育的理論為其根源。故扼要分述其梗概，以了解制度規劃之依據。

教師生涯發展理論

　　「教師生涯發展」是指教師由準備進入教育事業，至正式踏進教育專業，以至在教育專業上獲得生涯成熟的過程。現略述教師生涯發展階段的分期及其啓示。

　　柏爾克（P. J. Burke）等人以時間流程將師資培育計劃分成三

個階段：(1)職前（per-service）教育階段；(2)導引（induction）教育階段；與(3)在職（in-service）教育階段。此一連續發展的過程，包括職前的四或五年培育期，導引階段之第一到第三年的全時教學以及在職教育的專業成長與發展。〔註五〕亦有學者提出不同的教師專業生涯發展分期：譬如芙樂（F. E. Fuller）等，根據教師關切的事務問題，分四個階段：(1)教學前關切期（pre-teaching concerns）；(2)關於求存的早期關切期（early concerns about survival）；(3)教學情境關切期（teaching situation concerns）；以及(4)對於學生的關切期（concerns about pupils）〔註六〕。勃頓（P. R Burden）則針對第一年的初任教師到第五年的教師進行分期，階段之順序為生存（survival）──適應（adjustment）──成熟（mature）。

由上述學者分析教師生涯發展的階段來看，實習教師被列在柏爾克的「導引教育階段」，芙樂的「關於求存的早期關切期」和勃頓的「生存階段」，均是焦慮緊張，面臨「現實震盪」（reality shock）的重要轉折期。因此從此理論可得下列之啟示：

1. 生涯發展是一連續、具動態、可變的歷程，會受到環境組織及個人環境因素之影響，所以實習教師制度要注意實習教師個人、環境等差異性，並視師資培育為一連貫統整之體系，各個階段必須緊密結合。

2. 教師生涯發展理論均重視初任教師或實習教師階段，認為應給予其充分而良好的協助與指導，所以應加強此一階段之功能而非取消之。

教師專業社會化理論

「教師專業社會化」指：「教師在專業的生涯中，習得一切教育專門知識技巧，內化專業倫理信條，表現專業責任、專業自主性、專業服務態度等，成為教師專業行列中一份子的過程」。也就是一個人從「普通人」變成「教育者」的專業成長過程〔註七〕。一般研究常分別探究師範生、實習教師及合格教師三個階段的專業社會化。本研

究以實習教師之社會化爲討論的重心。茲舉代表之學者的研究爲例說明之。

　　勒西（C. Lacey）以個案研究法來探討實習教師的社會化過程發現，實習教師總共歷經了四個階段：(1)蜜月期（the honeymoon period）：本於專業知能與信念，熱心投注教學工作，一心想成爲好教師，學校同儕與組織氣氛尚無改變實習教師的力量；(2)尋找適當教材教法時期（the search for material and ways of teaching）：因無法控制教室秩序，臨場應變能力不足，教學活動不順利，所以努力準備教材，希望提高學生學習興趣。此時期實習教師仍未放棄自己的理想；(3)危機期（the crisis）：此期漸感力不從心，有挫敗之感，開始抱怨、訴苦，並懷疑自己原先抱持的理想；(4)擺渡期（learning to get by or failure）：實習教師在抱怨之餘，轉而對學校及自我理想重新評估，調整理想與現實之差距。若調適成功則繼續教職，否則便造成離職。〔註八〕另外，尚有弗樂和包恩（Fuller & Bown）著名的「新進教師的關注三階段說」：關注自我的生存（survival concerns）——關注教學環境（teaching situation concerns）——對學生的關注（pupil concerns）〔註九〕等實習教師社會化分期。

　　教師專業社會化理論與教師生涯發展理論有密不可分之關係，只是其強調的重點，分析的角度不同罷了。因此帶給本研究的啓示有下列三點：

1. 藉由師資培育機構及學校等通力合作，安排較佳的教育環境，將有助於培養實習教師專業能力及提高任教意願。
2. 教師專業社會化理論擴展了師資培育之觀念，重視離校之實習制度與在職教師之進修。
3. 師範院校對實習教師之影響力有其限制，因其他社會因素對實習教師有更大的影響，故須掌握其影響因素，方得設計良善之制度，以協助實習教師順利渡過此一關鍵期。

能力本位師範教育理論

「能力本位師範教育」理論是1960年代後期在美國興起的一項師範教育改革運動，此運動受到廣泛的注意並被許多師範教育機構所採納。我國亦曾於師專試行數年，然其成效及其所引起的爭議，仍須進一步研究評估。本文擬從「能力本位師範教育」之角度探討此理論對實習教師制度的啟示。

能力本位師範教育受到行為目標之影響，並且與績效運動 (accountability) 的觀念相結合。因此能力本位師範教育的方案中，有三個要點〔註十〕可顯示其特色：(1)明確的目標導引；(2)個別化的學習活動；(3)具體的效果評鑑。

上述特色，可供實習教師制度規劃及指導時的參考，若能掌握能力本位師範教育理論之要義，落實實習教師制度，培養應具之能力，重視實習之績效責任，採行具體而多樣化的方式指導實習教師等，方有改善現今不完善師資培育制度的可能性。

人本主義師範教育理論

人本主義 (humanistic or personalistic approach) 的基本立場，就是一種以「人」為本位，看重「人」的價值的哲學觀。因而人本主義師範教育，即是把人文的哲學觀用在師資培育上，其基本主張為〔註十一〕：

1. 教學乃個人品格的反應，每位教師有其獨特人格，因而發展出獨特的教學風格。
2. 師範教育目的培育良師，而良師即是一獨特之人 (a unique human being)。
3. 師範教育內容重點，乃在發展教師對自己個人及教師角色的觀點，而不在學科的學習。

上述的基本主張，對實習教師制度的啟示是：

1. 應審慎安排實習教師的課程；應用觀察實地的教學，以角色扮演或微縮教學，使實習教師在試教前體驗教學並進行自我評鑑，了解自己的能力，作為未來教學的基石。

2. 強調自我探索及與人互動的機會，安排實習教師參加研討活動，使其有機會思考、評估和統整自己教學的心得，並思考解決問題的方法。

3. 應重視實習教師人格之健全，關心影響其人格發展的不良因素並儘量排除之，希望以培育良師為目的。

綜合實習教師的理論基礎，可以歸納出下列四個原則，做為將來規劃實習教師制度的參考：

1. 制度須有連貫性、統整性：實習教師的導引教育須以職前教育為根基，注意理論課程與實際教學之統整並給予實習教師協助與指導，以順利進入正式教師的在職教育階段。

2. 應重視實習教師社會化過程及其影響因素：安排較佳的教育環境，了解實習教師所處的情境，掌握不利的因素，以思改善之道。

3. 培養實習教師的專業能力，以達「經師」之要求：從擬定目標、設立標準、設計課程、安排活動……等一連串多樣化的歷程中，確實奠定基本專業能力。

4. 健全實習教師之人格，完成「人師」之培育進行自我探索，與人互動，經營一具有人文精神的環境，建立起經驗式的課程，以培育良師。

實習教師實徵性研究評析

有關國內實習教師的分析，大都單就某一層面探討，近十年來已完成的研究報告或論文，統整歸納其研究，可分成下列三個面向：

1. 從教師社會化的角色分析實習教師之教學態度或任教意願：黃

鴻文的「學校經驗對國中教師領導行為的影響」其中略有涉略〔**註十二**〕而；張芬芬的「師大結業生分發實習前後教學態度與任教意願之比較研究」則較為完備〔**註十三**〕。後者的研究結果發現：師大72級618名的結業生，實習四個月後的教學態度與實習前相比，有負向的改變，而其任教意願也較消極，其原因來自實習後對工作性質、工作報酬與工作環境的看法比實習前消極。所以，實習經驗的衝擊力量不容忽視，而改善實習學校的工作條件，並加強實習輔導確屬必要。

2. 從實習教師服務狀況分析實習教師的工作困擾或滿意度：游自達的「國中實習教師工作困擾問題之研究」〔**註十四**〕，探討國中實習教師之工作困擾問題及其尋求協助之對象，選取師大、高師74級567名的結業生，實施問卷調查，所得結果：實習教師的工作困擾問題以「學生管理及行為輔導」和「學生課業表現」二方面最多。最常尋求協助的人員以學校中的資深教師，同時分發之同輩教師、同學占前三位；而最感需要之協助人員依序為學校中的資源教師、實習學校主任、結業生實習導師。是故宜加強實習教師的教室管理技巧，學生輔導方面的課程，以及實習導師、地方教育行政機關、分發實習學校之輔導功能。

3. 從輔導工作的觀點，分析實習之成效：李保玉、湯振鶴等研究「教學實習與在職師資輔導策略」，其中有一部分是調查各省（市）立師範學院之結業生實習輔導工作之成效以進行輔導策略的設計，最後針對結果，提出在觀念上的三點建議，以及對實務上的改進意見。〔**註十五**〕

綜合上述，得知我國尚缺乏有系統的研究進行實習教師的規劃。是故本研究將從整體的制度層面再繼續探討國內外有關實習課程設計、教學特色、評鑑方式……等實際上的運作情形。

世界主要國家實習教師制度之比較分析

　　1980年代各國師資教育不斷革新，企圖以多元化的典範，培育優秀的師資。在此風起雲湧的師資培育改革典範中，教育實習如何更新落實，倍受各學者及實務工作者的重視；他們並共同認爲教育實習制度的健全與否是師資培育課程成敗的關鍵。因此，近年來，高倡教育改革與教育精緻化的先進國家，在推陳出新的教育革新方案的理念下，以及不同的政治、社會、文化條件中，各自發展出頗具特色的教育實習制度。本研究爲擬定合乎我國教育需求，並足以開展實習教師的實踐理性之實習制度，將分別探討美、英、法、德、日的實習教師制度，企圖從各國比較的視野，討論改進我國實習教師制度之革新方向。

美國的實習教師制度

　　美國在1990年至少有31州以上實施或正在籌備初任教師的導引方案，藉由各型導引方案，協助、支持或評量初任教師第一年的教學。初任教師係指修畢師範教育學程取得學位，第一年全時在中、小學任教的教師。如「佛羅里達州初任教師方案」，該初任教師必須完成爲期一年的實習，熟精州法令所規定的能力，再經評量通過，完成初任教師方案後才能取得教師證書。再如印地安那州的「初任教師實習方案」，奧克拉荷馬州「導入年協助委員會方案」亦要求初任教師需實習一年，方能取得教師證書。目前美國已有12州的導引方案和教師證書的取得有關，其內容簡述如下：

　　*1.*目標與參與人員：美國各州的初任教師導引方案目標不完全相同，但主要目的不外增進初任教師的教學表現能力、提高任教

意願、培養專業態度、開展初任教師的個人與專業成長、傳遞教育文化，或是滿足證書的要求。採取的協助方式多為成立委員會或支援小組，由一組專業人員，包括教育專家、教育或學校行政人員，以及資深優良教師共同組成，分別擔任指導、諮詢計畫、聯絡、協調回饋、評量等工作。印地安那州的學校行政人員、資源優良教師以初任教師在參與該導引方案之前均需受訓，以了解方案的目的及內容。而該委員會或支援小組有責任在方案完成後，決定是否發給初任教師合格的教師證書。

2. 輔導方式：本節所述及之三個初任教師方案，訂定計畫以會議、教室觀察、討論、訪問等方式進行輔導工作，及時給予回饋並記錄初任教師的專業發展狀況，建立檔案作為評量的依據，必要時亦可加入各種研習、訓練活動。美國這種以學校為基礎的實習，透過大學院校、教育行政機構的參予或支持，規劃導引方案，密切合作，亦使實習學校的資深優良教師扮演著重要的協助角色。

3. 初任教師的權利與義務關係：初任教師進入導引方案實習的一年期間，其薪資、福利與取得教師證書的第一年教師相同（如印地安那州）。初任教師若未通過第一年的實習，可以有第二年的實習，亦可依規定程序提出申訴。至於初任教師參加會議提出答辯請求委員會協助、參與研習活動是權利亦是義務，進行教學、接受教室觀察、訪問以及評量更是方案不可或缺的活動。

美國的初任教師導引方案有下列五點，值得規劃我國實習制度時參考：

1. 獨立的實習教師培育階段：一般修畢師範教育學程（內含教學實習的課程），取得學位之後，仍需進入獨立的實習教師培育階段——導入階段；經過各種輔導措施及評量，方能滿足州立法的要求，或取得教師證書或繼續任用。這種獨立的實習教師培育制度，配合檢核，不僅有品質的管制，而且有一套導引方

案協助初任教師達到所要求的標準，兼顧過程與結果，是一種進步的作法。

2. 有計畫實施導引方案：從方案的制定、實施與完成有一定的基本模式與進度，但也給予各實習學校訂定計畫的彈性空間。計畫的擬訂由相關人員，甚至是初任教師共同商討，在進行的過程中，可因初任教師的狀況做彈性調整以符合個別的專業發展需要。

3. 大學校院、教育行政機關與實習學校的密切合作關係：以學校為基礎的實習方案，所涉及的協助人員不僅是實習學校的行政人員、教師、尚包括當地學區與大學院校的專業人員。這種學校教學人員、行政人員以及大學專業人員的合作關係良好與否影響整個初任教師方案的實施成效。同時實習學校扮演著重要的聯繫、規劃的角色，而實習學校內的良師（實習輔導教師）更是給予初任教師支持、指引、即時回饋的重要成員。因此，參與該方案之機構成員，若能如佛羅里達州的作法，在參與方案之前先行受訓，使參與者了解方案的精神、立意的實施過程。當彼此達成共識，甚至給予必要的督導訓練，整個方案的運作將會更順利、更有成效。

4. 實習輔導措施多樣化：美國教育權責係屬地方，由州統籌規劃教育事宜，因而各州的初任教師方案所使用的輔導措施各有不同之處，且輔導活動可由參與者共同決議作彈性調整，所以初任教師方案所採取的輔導策略因州因地因人而有差異。但就整體而言，會議、工作小組的輔導措施最常採用，指派資深優良教師，提供必要資訊給初任教師亦佔不少比例。運用導入會議、訪問、觀摩、觀察、錄影、研修課程、撰寫報告表、減輕工作負擔等方式促進初任教師的專業成長亦是可茲運用的輔導措施，都值得我國規劃實習制度時參考。

5. 評量多元化且兼顧形成性與總結性評量：參與初任教師導引方案的成員對初任教師有形成性評量之責，在每次會議或觀察後討論過程中，提出該初任教師教學上的優缺，並讓初任教師有

反省或辯解的機會，這種情緒支持或教學回饋是初任教師得以不斷自我反省的原動力之一，而這些評量過程均需記錄，做成檔案，最後進行總結性評量，委員會或小組提出推薦是否獲允取得證書之報告書，交由行政單位裁定或授予教師證書的單位確認核發。一般總結性評量，如佛羅里達州，由學校行政人員負責將專業發展計畫形成性評量文件及有關督學建議、初任教證件、申訴程序規定等總結性評量文件列成檔案，並撰寫報告，交由督學綜合決定，然後由教育委員會確認核發教師證書；奧克拉荷馬州，則在第三次委員會時推薦是否任用該初任教師授予證書。不過，如果委員會或工作小組兼負協助及評量之責，初任教師在有困難時不願求助小組成員，尤其是具評量色彩濃厚的行政人員，因為初任教師不確定行政人員當時是扮演協助或監督的角色。同樣的，實習輔導教師的評量權也會帶給初任教師困惑，因此，目前美國有18%的初任教師方案其輔導教師不具備評量之責，而是處於協助立場。因此，我國實習制度中的有關人員其協助與評量的衝突性，是值得注意權衡的。

上述從美國獨立的初任教師導入階段、有計畫實施導引方案，以及大學院校、教育行政機關與實習學校的密切合作關係，採取多樣化的輔導措施且兼顧形成性、總結性評量的過程，可供我國規劃實習教師制度之參考。

英國的實習教師制度

英國實習教師之理念與制度，隨著政治、經濟、社會以及師範教育理念、政策的改變，教師實習制度本身的問題衝擊，不斷改變。雖然其間的變化未必呈直線式的進步，然而在長遠的改變過程中，英國實習教師制度，仍可歸納成以下幾點特色與缺失。

特色

其主要特色如下：

1. 實習制度之確立受到各種專業及其他社會條件影響。

2. 實務中的反省為安排實習教師輔導的主要理念：英國實習教育特別重視學校與地方教育當局的合作，在師資缺乏時，實施「試用教師」及「契約教師」方案，雖然有時不免因經費缺乏，督導的實施效果不盡理想，但從實習教師輔導活動之設計，及其與職前教育銜接狀況，可看出英國實習教育的設計主要是以實務反省為基礎，加以發展，已脫離傳統藝徒式的技術練習層次。

3. 明文規定實習教師的權利義務：教育科學部在1989年的教師規程中，明白規定實習教師應有的權利義務，以使實習教師受到專業性的輔導，免於接受任何無關「學習」的雜務，影響實習成效。

4. 實習階段的課程安排以實務經驗為主：英國實習教師主要的輔導內容是依據第一年他們碰到的困難與問題而設計，督導活動也以協助實習教師解決問題的實務活動為主：如導入方案、教學觀察、訪問其他學校、實習會議、實習討論會、減輕教學負擔、教學示範等。

5. 實習活動的安排具有系統的程序性：在實習活動方面基本上分為：導入階段；輔導、過程性評鑑及督導階段；總結性評量及接受申訴階段。每個階段都依初任教師的專業發展而設計，一方面能符合教師專業發展的需求，另一方面也達到地方教育當局培訓真正具有教學能力的教師之目標。

6. 重視實習教師的實務經驗廣度：約有一半以上的實習教師參觀過其他學校，地方教育當局常為了增加實習教師的實務經驗，安排到其他學校的參觀，使實習教師獲得的經驗不只侷限在任教學校。然而，也有部分實習教師表示因初次任教時身心俱疲，加上資訊缺乏，仍有部分實習教師未能參加參觀活動。

7. 實習教師的督導權責主要在具有聘用教師的地方教育當局上，能使培訓更符合教學的實際要求，充分反映英國師資培育的工作中學習的實利觀，同時又能充分配合教育市場的需求。

8. 實習教師的評鑑兼顧過程性及總結性，有助於實習教師的專業發展。英國六個月以前，所有督導得依其觀察及其他資料，了解實習教師教學表現的進步情況，並需將此結果，與實習教師會談，如有問題，需透過輔導，責其改善。這種過程性的評鑑回饋才真正能協助實習生發展其專業知能，因此，實習教師的評鑑不只在評定教師成為永久合格教師的方法，更具有診斷、輔導實習教師改進其教學能力的功能。

9. 實習教師不及格者得無限期延長：凡經地方教育當局核評實習不及格者，得在原實習學校擔任其他職務或轉到其他學校重新實習，直到實習及格為止。可見實習教師的實習安排主要目的在於協助新任教師克服初任時的困難，提高其專業能力。

10. 具有公平的實習教師申訴辦法：為了確保實習教師學習的權利，被評為不及格之實習教師具有申訴權。凡對督導或評鑑不服者，得申訴重新受評。

缺失

英國實習教師制度雖在師資素質需要提高的呼聲中日漸受到重視，教育科學部並在教師規程中明確地規定實習教師的地位、權利、義務、同時以行政備忘錄頒佈實習教師的待遇及評量，因此，建立了實習教師的制度，使實習教師制度有如上的特色，但因最近英國師資缺乏，教育經費緊縮，實習制度仍有以下幾個缺點：

1. 缺乏導入方案：有些學校未提供導入方案，使實習教師初次到校時，無法很快了解並適應學校狀況，增加其身心俱疲的困境。

2. 督導功能未能全部發揮：根據皇家督導的調查，實習教師碰到教學困境，寧可請教學校中關係較好的同事，或在他校任教的好朋友，其次才請教正式督導，可見非正式諮詢督導的功能大

於正式的督導。該調查也顯示出，半數以上的人認為地方教育當局的輔導成效不彰，對於教師主任的督導也有30%左右的人，認為效果不好。尤其以下列兩方面實習教師認為獲得的協助太少：

- 課程評鑑。
- 課程準備。

3. 實習教師的工作職務沒有減輕，不利於專業成長：在實習的法令上，未明文規定實習教師的工作負擔宜減少，完全依任教學校而定。從柯類的研究中發現，約有47%的學校並未減輕實習教師的負擔，以致實習教師常有課前準備不週、身心俱疲、無法參加研修課程，或校外參觀等困難，影響實習成效。

4. 督導與評鑑權操在相同評鑑人員之上，且各類督導協調合作不易，督導功能難以發揮：實習教師督導雖需常與實習教師會談其表現，並加督導，然而因為督導者握有評鑑其實習及格與否的權利，影響形成性評鑑的回饋功能。同時，來自不同機構的督導，常持有不一致的督導觀點，使實習教師感受到專業角色的衝突。

啟示

綜上所述，英國中等教師實習制度在眾多影響因素之下，形成今日明確的措施，以及前述之特色與缺失。再回顧我國現有的大五實習輔導及其最近的改革方案，可發現英國實習教師制度對我國實習教育之規定，有以下幾點啟示：

1. 規劃教育實習制度宜先釐清影響實習的專業及外在的社會條件。實習教育的制度是否能完全落實，發揮制度的實質功能，將受到制度規劃是否適當有價值所影響。英國實習教師制度的規劃一方面深受實務反省理念的影響，另一方面在政治、經濟、社會變遷的大環境之下，發展其系統化的制度。我國教育實習制度的規劃亦宜從影響實習實踐成效的因素著手，以免流於技

術之改革。

2. 訂定實習教師的法律地位，減輕實習教師教學負擔：我國目前實習教師的權利、義務之規定不夠具體詳實，實習教師常被指派去帶最難帶領的班級，或擔任一些一般教師不願做的學校工作，使實習生難以從工作中反省教學，反而從實習中磨損教學意願及熱誠，增加其專業的無力感。英國卻有明文規定實習生不宜擔任的工作，以確保實習生的實習權益，不過英國並沒有明文規定實習教師授課鐘點要減少，使其有餘力得以參加研修活動，是其缺點。未來我國規劃實習制度時，可以依專業督導需要，酌情規定實習教師得減授教學時數。

3. 審慎安排符合實習教師需求的實習活動及研修課程：實習教師督導機構與任教學校宜充分合作，共同提供實習生系統性的實習及研修活動，並增加實習生的專業反省判斷能力，不宜只集中在教學技巧的督導及研習。此外，實習課程的安排要依教師專業發展階段予以設計，並注意其個別化的督導。

4. 增加實習評鑑在協助教師專業發展上的功能：實習評鑑宜增加其形成性評量的回饋功能，以協助實習教師的專業能力。

5. 明定實習督導的資料並提供督導進修之途徑：英國在職前教育階段的實習督導之中的大學教授要具有最近5年內每年36小時的學校教學經驗，才有資格指導實習生實習。我國大五實習指導教授專業素質不一，是否具有專業實務督導的專長，值得注意。而學校的校長、教務主任常只負責評定實習成績，未予以專業輔導，如何設計有系統的督導研習方案，協助現有實習督導人員增進其專業督導成效為當急之務。

6. 妥善規劃實習評鑑，避免專業督導與實習成績評鑑合一的弊病。在實習評鑑上，如能增加公開教學演示一項，以為評鑑資料之一，那麼實習成績之核定則可不必完全由原有的實習督導人員負責，可洽聘校外督導，評定部分實習成績，將可增加督導人員的專業督導功能。

7. 明定實習教師申訴制度：實習教師制度主要的目的是使實習教

師能在實務學習中獲得專業的成長，如果實習教師在實習過程中，爲督導者發現其專業成長，未達成某種專業水準，英國訂有教師申訴制度，可避免評鑑失誤或不公平之弊病，增加實習評鑑的專業信度。我國實習教師的考核一直未建立公開且公平的申訴辦法，影響實習教師對評鑑結果有怨難伸的挫折感。爲了使實習評鑑具有更大的效用，並建立其受信程度，宜訂定申訴制度，以確保實習教師的實習權利。

8. 協調各類實習督導的專業協助，創造務實的專業實習文化：從英國實習制度的演變可以發現，該制度愈來愈受到重視，然而其成效卻未盡理想，主要的原因是實習督導的品質未能符合實習教師的需求。由此可見，在制度確立之後，提供實習的學校或支援聘用實習督導的機構，要創造一個足以引導實習教師進行精緻化的專業成長環境，使實習教師充分得到專業設計的協助。換句話說，積極且合適的專業文化是實習教師獲得專業成長的動力。我國對實習的重視及經費支持，督導系統都未達專業水準，使實習成效不彰，宜積極改進。

法國的實習教師制度

法國的師資培育相當重視教育實習，不僅職前課程中的教育實習極爲落實，導入階段的結業實習制度，更是法國師範教育上的重要特色，對我國實習教師制度的建立，有極大的啓示。茲將法國實習教師制度，說明如下：

1. 法國中小學的師資，分開培育，且多元多軌。一般小學教師與初中普通課程教師（PEGC）係由師範學院培養訓練；高中一般課程教師係由師範大學（Ecoles Normales Superieures）培養，其他專業科目教師則由專業學院或大學培養，以主修某專門科目經過會考再接受教育訓練而取得教師資格。一旦通過Certifié或agrégé會考者，則由地區教育中心（CPR）培訓一

年至二年，通過理論學科考試及實習成績被認可者就可取得教師證成為永久性的教師。

2. 教師教書必須有證書，且有等級之分，各類證書，層層節制，以考試擬定專業能力。持有agrégé、Certifié、PEGC等身分者其待遇不同，授課時數亦不同，而沒有證書的教師，雖有高學位，則無身分，無工作保障，只能當教學助理或代課教師，拿不到全薪，因此，其正式教師之品質控制良好。

3. 重視實習——教學的臨床經驗，各種階段及各類證書之教師在經過資格考試、理論課程研究後，仍要有一年的實習，以實際了解教學狀況、熟練運用所學及藉此培養教師的專業精神，（最後實習成績不理想者，師訓單位雖可發給師範教育結業證書，但仍無法取得教書證書，即不能成為正式教學人員）。因此其教學人員之品質可嚴格控制，同時亦可維持全國的教學品質。

4. 由於教師是在極為激烈競爭下脫穎而出的社會精英，且工作有保障，地位崇高，在師範教育期間就具公務員身分，領預薪，公費待遇非常優渥。

5. 各學區設「地區教學中心」，專負實習教師輔導之責，實習輔導教師由大學區總長選拔優秀中小學教師任命，發給津貼，並舉行研習，以增強輔導效果。

6. 實習教師及正式教師之選拔極為嚴格。一般均在師範院校或大學修完教育專業課程後，先經筆試和口試，通過後始得為實習教師，經一年實習後，經複試（通常為試教）及格，始得成為正式教師。

7. 實習評審委員會由師範院校校長、教師、地區督學以及優秀中小學教師組成，師院教授負責訓練師資，也是師範生實習評審委員會之委員，可以核發師範生之「師範教育結業證書」（CFEN），但督學也參與師範生學習的考核工作，具有核發教學能力證書CAP之權力，因此可說「位高權大」。因為如果無法獲得CAP，師範生即使結業了，亦無法獲得教書工作。由此可見，督學在師資培育上扮演重要的角色。因此，若實習指導

教授與督學之間看法不一致，師範生在兩頭馬車引導下情況將
不好過。

法國實習教師制度對我國實習教師制度有下列啟示：

1. 加強職前教育課程中的「教育實習」，以充分了解中小學教育
實際情形，奠定結業實習的基礎。
2. 具「實習教師」之前，應經初試；實習期滿後，應經複試。初
試或複試內容應包括筆試、口試和試教等。
3. 組織實習評審委員會，以評審實習教師成績是否及格，委員會
應包括師院（及於教育課程之大學）院校長、教授、教育行政
人員、督學和中小學教師等組成，中小學教師應佔一定比例。
4. 專設實習輔導機構（如法國之地區教學中心），負責實習教師
輔導之行政工作，以加強師院、大學和實習中小學之間的聯繫。
5. 實習教師應具有教師名分，並支領教師待遇，以提高其地位，
維護其人格尊嚴。
6. 實習輔導教師應與實習指導教授、督學之間充分合作，統一步
調，以增加輔導效果。並應支領津貼，定期參加研習。

德國的實習教師制度

德國實習教師之理念與制度起源甚早，經百餘年來不斷修正，衍
而爲現行體系完備、課程規劃周密的制度，其特色有如下述：

特色

其主要特色如下：

1. 強調實習教師應愼用大學理論反省教育實際：德國實習教師資
格之取得須以修畢6～8個學期的師資培育學程（含在學之實
習）並通過第一次國家考試爲先決條件。在18～24個月的實習
過程中，特別強調以理論來反省實習期間所發現的教育問題，

此由實習成績評鑑報告，兼重計畫、行動與反省能力可以見之。再者，第二次國家考試為取得合格教師之必經途徑，其考試內容，除口試與試教，尚須撰寫兩篇教育實際之論文。由此可見，其對理論與實踐聯結之重視。

2. 實習機構組織架構完整：德國各邦實習教師中心，雖然名稱與規模頗不一致，然整體架構均甚完備。有些邦實習中心直接受邦教育廳指揮，有些邦屬地方教育當局掌管，管轄權雖不一，然行政體系完備，中心主任、組主任、分科主任各有所司，職權分明。中心與實習學校聯繫也甚緊密，可以有效的發揮輔導實習教師的功能。

3. 實習教師法律地位明確：德國各邦「預備服務與第二次國家考試規程」皆規定實習教師為「暫時公務員」，即公務員資格到實習期滿即自動取消，實習期間與初任公務員一樣，應受公務員法規範。在校實習期間，擔任班級教學須有實習指導老師在場，教學過程發生問題，責任歸屬於實習指導教師。由於其法律地位明確，且有資深指導教師在場指導，因此實習教師之教學，不致遭到學生家長之疑慮，頗值我借鑑。

4. 實習課程與研習活動安排週密：各邦實習活動的安排雖略有不同，但基本上都以半年時間在教師研習中心參加教育理論與學校實務研習，由組主任與學科主任，主講或主持討論。一年在校實際教學，通常早上教學，下午檢討，最後半年預備論文與第二次國家考試。如此安排在於促使實習教師能適當的將教育理論用於教育實務之反省，並將反省所得實際表現於教學。

5. 臨場與定期轉導並行，隨時發掘實習教師困難：實習教師在實習學校均有指導教師在場，可以在下課後隨時指正缺失。研習中心組主任和學科主任也定期訪視，與實習教師討論實習上的困難。

6. 實習成績評量兼重理論與實務、過程與結果：在研習中心研習期間，每一實習教師必須就教育與教學問題，從教育理論觀點提出報告，以供討論，這些報告與討論均為組主任與專科主任

評鑑之依據。再者,研習中心組主任與學科主任亦須定期訪視,將實習學校校長、指導老師的評鑑列為期末評鑑之參考。至於評鑑項目包括計畫、行動與反省能力,文字敘述與分數並行。組主任與專門學科主任評鑑分數占第二次國家考試總分30%。第二次國家考試除試教、口試外,也須提繳兩篇論文。由此可知,實習成績的評定是理論與實務兼顧、過程與結果並重。

7. 資格考試與任用分開:第二次國家考試及格雖可取得教師任用資格,但國家並不負責分發任教。故通過國家考試後,仍須以在學成績及實習成績向各學校申請任教機會,使得實習教師在實習期間不敢掉以輕心,認真實習。

缺失

德國實習教師制度雖有上述特色,然亦以下缺失亟待檢討改進:

1. 大學與研習中心及實習學校缺乏聯繫:就各邦實習教師制度規劃而言,負責職前養成教育之大學教授除可能(未必然)應聘為第二次國家考試口試委員或論文審查委員而外,幾乎與第二階段的實習教育完全無關,形成養成教育與實習教育脫節現象,頗值我國規劃實習教師制度引以為戒。

2. 研習中心任教人員與實習指導教師理論素養稍嫌不足:研習中心之組主任,學科主任及實習學校指導教師均由資深績優教師選任,缺乏理論背景,又無先前教育,故在指導上不無困難發生。

3. 輔導與評鑑角色一體,輔導功能難彰:實習學校校長與實習指導教師雖無直接評鑑實習成績之權,但其送往研習中心的評鑑報告,常會影響組主任與學科主任的評鑑。組主任與學科主任之訪視兼負輔導與評鑑功能,此輔導與評鑑並行,使得實習教師往往盡可能掩飾缺點,無法發揮輔導功能。

啟示

綜合檢討德國實習教師制度之優劣，盱衡我國現況，爰提下述五點意見，以為規劃我國實習教師制度之參考：

1. 審慎建立實習教師督導行政體系：德國實習教師中心與實習學校或歸之邦教育廳或屬地方政府主管，形成上下一貫之督導體系，其缺失在於大學未在實習中發揮任何功能，形成養成教育與實習斷裂現象。我國實習教師之輔導體系宜採德國優點，去其缺失，以分區設置教師研習中心為據點，由省市廳局掌管，慎選區內實習學校，以供區內實習教師實習。各師範大學則應強化其實習輔導功能，以補德制之不足。至於中央教育部則為通盤規劃與監督機構。

2. 妥適規劃實習課程與研習活動：德國實習教師除在研習中心參與課程、教材、學校實務及專門學科講習外，在學校實地實習期間，研習中心人員也定期訪問舉行研討，在校亦有研討活動，其課程設計甚為周密，足供我參考。我國國情與德國不同，設計兩年研習課程顯有困難，解決之道在於每年開學前在各個研習中心為各新考取之實習教師辦理定向研討活動，寒假期間再返校檢討一學期來之實習情形。平常則由研習中心及師範院校專人負責定期訪視。

3. 明定實習教師法律地位：德國各邦實習教師均在法律上明白規定其為「臨時公務員」，受公務員法之規範，實習任教期間由指導教師負成敗全責。依據我國新修訂「師資培育法」，就法律觀點而言，未通過複檢之前的實習教師並非為合格教師，一旦發生教學上糾紛，責任歸屬問題頗難處理，宜在法律上明定實習教師之權利義務關係，以利實習活動之推展。

4. 慎選實習學校與實習指導老師：以我國現有體制而言，實習學校與實習指導老師與實習教師關係最為密切，宜審慎擬定選擇標準，進行甄選。選定之學校，擴充其有關實習方面設備；選

定之實習指導老師以適當之職前訓練，加強其輔導實習教師知能。如此，當可汲取德制優點，而避免德制實習指導教師專業學理素養不足之憾。

5. 建立嚴格教師資格考試制度：德國第一次國家考試和第二次國家考試的通過，分別為取得實習教師與合格教師資格之先決條件。兩次考試之主考官署、人員、考試內容、及格標準，均有明文規定。我國宜參考其優點，避免其輔導與主考人員同一所造成之缺失，明訂初檢與複檢辦法，俾使實習更為落實，以甄選優秀人才為合格教師，使教育品質能夠提昇，完成國家建設。

日本的實習教師制度

實習制度是日本師範教育中最引起爭論的問題之一〔註十六〕，因為職前課程的教育實習學分極少，流於形式；又沒有實習教師制度，持有教師證書者通過考試以後，就成為正式教師。唯自1991年（平成三年）起，全面實施「初任教師研修制度」，雖與實習教師制度不同，但已多少彌補缺少「實習」的缺點。

茲將其大要敍述如下：

1. 日本的師範教育採開放制，除教育大學或學藝大學專司培育師資之外，任何大學（包括短期大學）只要經文部省核準，設置師資培育課程，就可培養師資。

2. 學生在大學獲得學士學位，並修完師資培育課程後，即可取得「教師證書」，具有「教師證書」且參加各都、道、府、縣教師甄試及格者，即是「合格教師」。

3. 今年起，高、初中及小學全面實施初任教師研修制度，凡初任教師均需參加各項研習活動，為期乙年。研習課程包括：(1)校內研習：教師一面教學，一面接受指導教師的輔導；(2)校外研習：參加教育研究中心的研習；(3)專題研習：參觀、研究等；(4)住宿研習，約五天四夜；(5)海外研習：參觀、見習等。

4. 各校設指導教師，負初任教師輔導之責，指導教師由校長就教導主任或教師中聘任，報請主管教育行政機關任命，指導教師得減少授課時數及校務工作。

5. 初任教師均已具正式教師資格，爲國家公務員，且初任教師研修制度又無評鑑之規定，故初任教師研習期間的成績和表現，與教師資格之取得與否無關。

內閣臨時教育審議會最先提出「初任教師研修制度」的構想，是將研修的一年作爲試用階段，以試用結果作爲是否續聘的依據，並設置「教師資格審查會」來淘汰不適任的教師，後因遭強力反對而作罷，成爲一種純粹是教師進修的制度。其立法過程和各方的批評意見，仍給我國結業實習制度的研議，具有若干啓示：

1. 反對以初任教師研修作爲試用制度的最大理由是，教育當局可能利用思想、教條、意識型態等作爲選考標準，以甄選「只爲政策與行政效命的教師」。故實習制度中的「初試」和「複試」及格的標準要多方研議，並明確規定。

2. 尊重實習教師（或新任教師）的自主性和人格發展，不要使「新任教師」成爲家長、兒童眼中的「新嫩教師」，以自己的專業「成長」爲目標。

3. 尊重教師團體的意見，允許他們參與甄試的過程、內容、方法和標準等，派任指導教師也要尊重教師團體的意見。

4. 採取團體輔導的方式，避免指導教師爲中心的一對一的輔導，使實習教師能從不同的教師獲益，不致孤立於學校系統之外。

5. 研習課程應以校內研習爲主，重點置於日常教育實踐的研討，以教師團體經驗的交流和相互批判爲中心，儘量減少校外研習次數。

6. 建立申訴管道，使實習教師有申訴不平或不滿的機會。

我國現行實習教師制度之檢討

　　我國中小學教師的養成採中小學教師分離培育制。係以師範院校（三所師大，九所師院）為主體，也包括政治大學教育系。師範院校學生及政大教育系公費生，須在校修業四年，及實習一年，方可取得學士學位，再經教師登記之程序，而取得合格教師證書。依現制，在進入一年實習，及取得教師資格之前，均不需要再經檢核或考試，只要在校成績及格，自然可分發至中、小學實習一年，成績評定及格即可畢業，成為正式教師。這是我國培育中小學教師的情形。所修習的課程含蓋普通、專門、專業教育課程三類。專業教育課程中包括「教學實習」一科，小學教師修八學分，安排在三、四年級；中學教師修四學分，安排在四年級。大四結業後，分發實習一年，是為結業後實習，與在校階段之「教學實習」統稱為「教育實習」。足見實習課程在師範院校所安排的課程中佔很重要的地位，亦是理論轉化及實務經驗獲取的重要階段。

　　我國在規劃結業後分發實習係以「師範校院結業生教育實習準則」為實施之依據。準則中明白規定目標輔導機構、人員、方式以及成績評定的方法等事項，但囿於師範院校實習會（室）組織不健全、無專人專責規劃，且經費不足；再限於師範院校大五導師非專司實習輔導，其專業能力不足，影響輔導成效；又因未在實習學校安置輔導人員，學校校長、教育行政人員僅有督導之名而無督導之實，實習教師在實習學校能獲得的主動協助與支持簡直微乎其微；再加上大學四年課程與大五實習階段產生斷層，無法銜接，且實習教師又擔負正式教師的工作，實習教師遭受角色衝突並徘徊於理想與現實之間。以上這些實習輔導的困境真實地存在大五實習制度中，所以放牛吃草式的實習是我國面臨的問題，必須加以改革，落實實習教師的輔導措施，以一套具結構化有助於實習教師的制度，導引實習教師，不僅使其擺脫孤立、無助的窘境，更能促進專業發展，改進教學知能。

　　目前教育部已訂定「國立師範大學結業生教育實習輔導實施要

點」。以師範大學、實習學校建立輔導網,並有師範大學大五實習輔導教師專司輔導之責,實習學校則有由校長、行政人員代表、指導教師代表組成之「結業生實習指導小組」,以及指導教師協助實習教師解決問題,再利用寒假舉辦三至四日之研習活動,充實新知,探討教育問題。此等措施較現行的實習制度明確,權責劃分也較清楚,不過其中有幾項問題值得未雨綢繆,再加深思者:

1. 就該實施要點的條文觀之,雖有意加重師範大學與實習學校彼此之間的合作關係,但其結果仍將輔導的主要責任置於師範大學,尤其是大五各學系每班的專任實習輔導教師。面對一班三十名以上的結業生,且可能分散於全省各地實習,該實習輔導教師是否能確實於上、下學期各給予每位結業生一至三天的視導、進行評量,並且指示實習學校如何配合輔導實習教師進行教學設計、研究、學生輔導等工作。這不僅需全省奔波,尚得考慮每週回校授課二至四小時,這對於一位具專業能力且富熱誠的大五實習輔導教師是很大的考驗。

2. 實習學校的「結業生實習指導小組」與指導教師是實習教師最常接觸的人員,至於是否為實習教師遭遇困難時尋求協助的對象,則需考慮其是否具有評量權,除非有特別重大的事或困難,依過去實習教師的作法及常理推測,恐怕實習教師「主動」求助於具評量權之該小組成員或指導教師的可能性不大。因此,如何在實習學校訂定一輔導計畫,不論實習教師是否主動求援,均能了解實習教師的教學狀況,處理學生問題的能力,是一值得考慮的課題。再者,該實施要點中未詳細說明輔導方式,且建立的獎酬系統是否與成員的期望有所差距?而該成員是否需接受督導訓練,原因為何?這些也是進一步訂定補充辦法時需注意的問題。

3. 分區輔導與課程研習是否為二合一的作法?如果分區輔導是為各輔導區之國立師範大學與該區教師研習中心共同辦理的三至四日之寒假研習,似乎將分區輔導窄化為課程研習,應再仔細

思量分區輔導的目的與措施。至於課程研習的用意極佳，若能再配合實習教師個別需要，設計課程或以實習學校爲進修研習之地點，進一步推動學校人員進修風氣，使實習導入課程研習，繼續發展爲以學校爲基礎的在職進修制度，教師的專業化歷程就能持續不斷，未嘗不是另一規劃途徑。

以上三點有關目前正擬訂的結業生教育實習輔導實習要點其中的疑義或問題，急待澄清或再進一步的規劃，使我國未來實習制度能較今日落實與完備。

實證研究之設計實施與結果討論

本研究的實證部分，採取訪談和問卷調查兩種研究方式，一爲晤談實習教師，了解實習教師的實際狀況，包括教學、生活調適、需求與問題，然後進一步探討實習教師對整體實習制度的看法。另一研究途徑則以問卷調查方式了解教育人員，包括師範院校、大學院校教授、中小學正式教師、實習教師以及教育行政人員、教師研習會中心等人員對實習制度的意見。

在此就訪談與問卷調查結果，配合本文實習教師理論與實證研究，以及世界主要國家實習教師制度，作一簡要的印證與討論。首先以訪談國中實習教師所歸納之研究結果說明實習教師的現況，包括生活狀況、工作情形與困擾；再就訪談結果中有關實習制度層面與問卷調查結果合併討論。

實習教師現況

從訪談結果中可以得知在現行的實習制度下，實習教師的生活狀況規律單調，在校時間忙於教材準備、批改作業與處理學生問題。由

於與正式教師無異，甚至更重的工作負荷，易使實習教師在任教初期有適應上的困難，產生轉校或轉業之想法，同時實習教師的教學態度則趨向於管理導向。從教師社會化的觀點觀之，這可能是實習教師在進入教育現場後，了解教師角色期望與規範所習得的角色知能，也可能與「重要他人」，如學生、同事、行政人員等彼此互動而得的社會化結果。另外，本研究結果與勒西（C. Lacey）所得出的實習過程：蜜月期→尋找適當教材教法時期→危機期→擺度期，芙勒和鮑恩（Fuller & Bown）所建立的教師關注理論──教師關注三階段：關注自我生存、關注教學環境、關注學生，以及國內張芬芬探討實習前後教學態度、任教意願的研究結果均頗符合。

其次，從本研究也可以了解實習教師在社會化過程中，適應環境或面對複雜教學情境時，常易有因不能有效處理問題而產生諸多困擾的情形。本研究透過訪談，得知實習教師的主要困擾不外乎教室管理、學生行為輔導、學生課業表現三方面，該研究結果與游自達以問卷調查國中實習教師工作困擾問題之研究結果吻合。根據能力本位師範教育的觀點，實習教師工作困擾的產生乃因其尚未習得成為一個有效能的教師所需要的能力，或未能加以統整而應用於實際情形，因此，實習教師常有理論無用論之感觸，值得進一步研究如何將習得的教育理論轉化並應用於實際教學情境中。本研究建議從制度的改善著手，建立評量及輔導制度，以了解實習教師的能力，並加強培養應具備之能力，方有減輕困擾的可能性。

再就實習教師的人際關係而言，本研究係透過實習教師求助對象來了解影響其社會化的「重要他人」。從訪談結果中可以看出實習教師與同輩實習教師的關係最為密切，常討論教學、教室管理甚至是生活上的事件，其次是同校的學長、學姊以及大學同學；至於資深教師或同事，乃在實習教師有問題不能解決時就近請教。實習教師與行政人員關係顯得疏淡，而與學生的關係則徘徊在「亦師亦友」或具威嚴的教師身分之間。至於與家長的關係，訪談內容較少提及也較分歧，本研究不做深入討論。從上述研究結果可以發現影響教師社會化的「重要他人」中，以同儕團體和學生最為重要，實習教師在所處環境

中與其成員不斷互動，其專業自我、教育態度受到成員的期望或示範作用，進而發展與調整其角色表現。由於目前實習教師制度不甚完備，實習教師進入教育場地之後，立即扮演正式教師的角色，前三個月的確有適應上的困難，在尋求協助、自我省思的過程後，逐漸接受學校規範，以同儕團體的「經驗」為解決問題的參考依據，而學生所扮演的角色伴侶，對實習教師的教學行為，工作情緒影響很大。所以，從整體而言，實習教師的人際關係對實習教師的社會化具有很大的影響；若就其尋求協助的對象來看，同儕團體（包括同輩實習教師、同校學長姊、大學同學、資深教師、同事）是實習教師最常尋求協助的人員，此項結果和國內游自達「國中實習教師工作困擾問題之研究」結果差異不大，惟其研究結果將學校資深教師列為協助人員之首位，其次才是同輩教師、同學，此與本研究結果以同儕團體列為求助對象之首有所不同，此種差異性可能與研究選樣之不同有關，有待進一步研究才能了解。

綜合上述，教師專業社會化理論、能力本位師範教育理論可以檢證目前我國實習教師的現況。再從教師生涯發展理論觀之，現行我國的實習教師制度，不利教師的長遠專業發展，可能在未進入正式教師的新生期即因無法順利調適理想與實際的問題就已離職，或者在初任教職的前六個月便將教學形態定型，往後未再改變。因此袪除社會化不利因素，建立實習輔導系統是奠定未來教育生涯的良好關鍵的一個重要課題。最後就人本主義的師範教育理論檢視我國實習教師現況，得知能在實習前數個月認為擔任教職很愉快者的比例不高，反而教學態度的人文傾向降低，管理傾向增強，任教意願也呈降低趨勢，教師的自我觀念及對教師角色的觀念也趨負面。由於實習制度上的缺失影響實習教師甚鉅，所以制度層面著手改進，較能收全面之效。以下即討論實習教師制度部分。

實習教師制度

茲分就實習教師（或初任教師）資格的取得，實習與課程研習之

安排，實習機構與組織，實習教師之權責與實習指導教師之挑選和獎勵，評鑑與合格教師資格之取得等六部分說明之。

實習教師資格之取得

　　民國83年2月7日頒布的「師資培育法」已明文規定，修畢職前教育課程經教師資格初檢合格者，始可取得實習教師資格。目前世界主要國家中，實習教師資格的取得，係經初試（第一試）之規定者，僅有德、法（中學以上之師資）兩國。美國各州要求不一，有的採登記制，有的為認可制，也有須經考試及格才能取得教師證書者，但取得證書後不一定有一年之實習。英國則在教育學士或PGCE方案或契約教師方案之後，獲得實習教師資格，再實習一年。至於日本，學生只要取得學士學位，並修完規定的教育課程，即可取得教師證書，其初任教師研修制度並無初任教師資格之規定，也與合格教師資格的取得無關。問卷調查結果有關初試內容、考試委員、師範生參加初試之必要性分別討論如下：

初試內容

　　根據問卷調查結果，實習教師資格取得的考試，採筆試、試教與口試，其能力的要求為通識能力、專門學科知識，教育專業科目知識以及教學基本能力。此與德國的第一次國家考試比較接近。依訪談結果，大多同意筆試，筆試科目包括普通（通識）、專門、教育專業知識，但與問卷調查結果不同。問卷受訪者較趨向將口試、試教置於複試階段，初試為筆試測驗。

考試委員

　　以師範院校教師、一般大學教育院系教師以及中小學教師代表為主，此結果與德國考試委員的組成來源類似。

師範生參加初試的必要性

　　調查結果和德國作法一樣，64.08%的受試者同意師範生及一般大學、學院畢業生，需要參加初試，初試通過，才能取得實習教師資格。

就該項訪談意見的結果，實習教師認為需要及不需要各有優缺，意見分歧，無定論。

實習與課程研習之安排

依本研究擬定的實習教師制度，在取得實習教師資格後，正式進入實習階段。實習階段包括學校實習與課程研習兩部分，其方式與內容討論如下：

學校實習

1. 實習學校的安排：問卷調查結果顯示，以贊成統一分發至各特約學校實習的比率最高，德、法兩國也是以分發的方式，安排教師實習。但訪談實習教師多以現行依實際缺額分發至各校，此恐與實習教師經驗有關，也較實務取向。

2. 實習輔導方式：實習教師在校實習期間，安排有指導教師協助實習，採隨時指導、討論的方式。這與美國有些州如佛羅里達、印地安那的初任教師引導方案或初任教師實習計畫、英國的輔導委員會作法、日本的初任教師研修制度，以及德、法二國都設有實習指導教師一致。而輔導的進行方式，德、法、日三國有更詳細的說明可以參考。

課程研習

實習教師在實習階段，除了在校實習外，還須參加課程研習，英、德、法、日以及美有些州都如此。至於課程研習機構、課程研習內容與師資來源，分別討論如下：

1. 課程研習機構：由問卷調查結果顯示，課程研習的負責機構，贊成以師範院校和教師研習會（中心）為最多。此與英、德、日有點不同，這三國課程研習之安排，主要由教師研習中心舉辦，但部分的研習活動則在實習學校進行。至於訪談結果，受訪者贊成由專為實習教師所設立的專責機構，如「實習教師中心」負責，與英、德、日由教師研習中心舉辦課程研習模式類

似。

2. 課程研習內容：課程研習內容偏重教學實務如教室管理、人際關係與溝通技巧、學生及訓導等問題的處理、教材教法研究、導師實務、學生心理等。此從德、日的研習課程內容可得部分支持，亦和訪談結果一致；且課程研習方式，受訪者贊同兼採分科研習與集體座談，至於德、日除了有人員安排講課、研討之外，還有動態的研習活動。

3. 師資來源：課程研習的師資來源贊成以師範院校教師、中小學優秀教師為最多，此調查與訪談結果一致；其次是現有研習會（中心）專任人員，可能因現行實習組織的差異，此調查結果與德國有所出入。

學校實習與課程研習的安排

學校實習與課程研習的安排，經問卷調查結果與德、日稍有不同，前者偏向分階段性的錯開進行，如學期間在校實習、寒暑假參加研習（40.0％）、一段長時間實習，或一段長時間研習（34.8％），訪談結果亦同。而德國、日本是在學校實習期間，每週安排研習課程與活動。

實習機構與組織

此部分，將分實習負責機構與組織關係兩方面討論之。

實習負責單位

有關實習行政業務的督導、教學視導、課程研習與實習評鑑等的負責單位，均以師範院校最受偏愛，訪談結果亦以師範院校為主要實習督導單位。此與美、英、德、法、日不一致，例如德、法均有實習專責機構主司其事。

組織關係

大多贊成實習督導單位與實習學校之間維持契約關係，此也與德、法不一致。德、法的實習督導單位與實習學校之間有上下層級之關係。

實習教師之權責與實習指導教師之挑選和獎勵

實習教師之權責

　　有關實習教師之權責，問卷調查結果與德國實習教師之權利義務有部分一致。諸如參與研習活動，在實習指導教師指導下或獨立進行教學等。德國對實習教師之資格明文規定爲「暫時公務員」，在實習期間享有公務員之權利，盡應盡之義務，並就取得教師資格有關的權利義務均有較詳盡的規定。本調查因限於問卷題數，無法一一問及。

實習指導教師之選擇與獎勵

　　從指導教師的選擇條件發現，指導教師可說是教學經驗豐富，成績優良之教師，此與美、德、法、日一致；再者，指導教師須受督導課程與訓練，可從美國印地安那州以及法國得到支持。至於對指導教師的獎勵方式（減少授課時數或給予津貼），可從美、德、法、日等國獲得印證。此外，從問卷調查中顯示，「具督導熱誠」、「善於處理學生問題」、「擅長教學」、「能分析批判教材內容」以及「師生關係良好」之特質，有94％之受試者認爲實習指導教師應具備上述條件，尤其是「具督導熱誠」全部受試者均贊同，是爲我國選擇實習指導教師尤應重視者。至於對實習指導教師的獎勵，從問卷調查與訪談均支持減少授課時數或給予津貼的作法。

評鑑

　　有關負責實習教師評鑑工作的人員以及評鑑項目討論如下：

負責實習教師評鑑工作之人員

　　問卷調查結果顯示，負責實習教師評鑑工作之人員以實習學校的實習指導教師爲最高（81％），其次是師範院校教師（51％）、實習學校校長、主任（51％），以及與課程研習有關的教師（51％），而訪談結果評鑑人員亦不超乎上述人員。此與德國有些出入，德國的實習指導教師無評鑑權，但可將實習教師平日的表現，告知組主任與學科主任，以爲評鑑依據。實習教師的評鑑主要操在組主任與學科主任

之手，此二者均為實習教師研習班的專任人員。

評鑑項目

　　依調查結果，評鑑項目以「在實習學校的教學表現」的贊成比率最高（93%），依次才是「實習結束後的統一試教」（56%），「課程研習成績」（51%），「平時實習報告」（46%），此與美、德頗一致。據訪談結果，實習教師贊成評量成績，分成「形成性評量」與「總結性評量」，而與複試項目相對照推敲，形成性評量可能涵蓋平日教學、報告、課程研習，而總結性評量可能則指口試與試教，與調查結果複試評量方式包括試教、筆試、口試有所差異，差異的原因與受試者對初試採筆試，複試採口試、試教的基本態度有關。

合格教師資格之取得

　　根據「師資培育法」之規定，合格教師資格的取得，須經複檢通過，此可從德、法兩國的第二試規定獲得支持。有關複試的考試委員之組成及複試內容討論如下：

考試委員之組成

　　從調查結果發現，考試委員之組成以師範院校、一般大學教育院系教師，以及中小學教師代表為主，而訪談結果亦同。以大學教授為考試委員之一，可從德、法獲得支持。與德、法相反，贊成教師研習會人員、教育部和省市教育廳局行政人員作為考試委員者較少，這與現行師資培育制度和背景之不同所造成的差異有很大的關係。

考試內容

　　問卷調查結果顯示，複試有試教、筆試和口試。這可從德、法得到部分支持。德國沒有筆試，但有論文考試，且將實習成績列入第二次國家考試成績計算範圍。法國小學教師只有實務口試，中學教師則有筆試、口試，實習成績亦列入計算。

結論與建議

本研究係透過當代師範教育理論之分析，以尋繹規劃實習教師制度之原理原則，比較各國實習教師制度，以為規劃我國制度之參考。並實地深度訪談實習教師，以了解我國現行實習教師制度之實際運作情形，作為重建我國實習教師制度「可行性」之準據。綜合理論分析、比較研究與深度訪談結果，本研究小組試擬我國實習教師制度之理想架構，以之邀請專家座談，並以此架構為基礎，編成問卷，廣泛徵詢意見，期使本研究建議之實習教師制度，理想與現實兼顧，能確實落實，付諸實施，成為改革我國師範教育制度之重要環節，以提昇我國師資素質。茲先將前述結果歸納如下：

結 論

實習教師理論基礎

1. 教師生涯發展理論：就教師生涯發展理論觀點言，實習教師係整個連續、動態而經常改變之生涯的重要一環，影響教師未來專業生涯發展，至深且鉅。實習的規劃因而必須重視實習教師個人、環境的差異性，提供適切的指導，使教師職前專業課程所習之教育理論能夠適切的運用於實際，並為發展專業生涯之基礎。

2. 教師專業社會化理論：就教師專業社會化理論而言，強調師資培育機構與學校必須通力合作，掌握影響教師專業發展之社會因素，設計良好的制度，安排助長專業能力發展之實習環境，以培養實習教師之專業能力及涵育終生以赴之專業態度。

3. 能力本位師範教育理論：能力本位的師範教育強調目標具體、

標準明確，以客觀方法評鑑作為適任教師所必須具備之能力。以此精神來規劃實習教師制度，則須考慮用具體而多樣化的指導方式來指導實習教師，掌握績效責任之義蘊，用具體而明確的考核方式，使得實習教師制度確實落實。

4. 人本主義的師範教育理論：人本主義的師範教育強調教師應有獨特的人格氣質，才能開展出獨特的教學風格，完成春風化雨之人格陶冶功能。因此，在實習制度的規劃上，審慎安排實習輔導課程，使實習教師在適切的試教，微縮教學及討論過程中，用已習得之教育理論反省實地的教學經驗，以培育其為「經師」，也為學生楷模之「人師」的人格氣質。

5. 本研究即綜合上述理論分析所得結果，在規劃制度時，採取能力本位師範教育精神，強調省市教育廳局對教師研習中心與實習學校之行政督導及績效要求，在實習結果之評估上力求明確。在實習環境及研習課程與實習指導活動的安排上，儘可能排除不利專業社會化的社會因素，提供多元化的學校與教學實際經驗，讓實習教師不斷的自我批判與反省，規劃自己未來的專業生涯，形塑自己的專業人格。

比較研究結論

本研究為使研擬之實習教師制度更為合理可行，除理論探討外，也比較世界各國實習教師制度形成之經驗，作為規劃我國制度之參考，茲將比較結果分為實習教師資格之取得、研習或實習之安排、課程與輔導措施、實習指導老師與實習教師或初任教師之權責，以及實習結果評鑑與合格教師資格之取得等五方面加以敘述：

實習教師資格之取得

德、法兩國實習教師資格之取得，須修畢大學或師範院校課程後經考試及格才能參加實習。美國則以登記或專業認可或考試取得教師證書，各州要求不一，1990年至少有31州以上實施或正籌備初任教師導引方案，要求修畢師範教育學程之初任教師，須實習一年，通過州

所規定之能力測驗，才能取得正式教師資格。英國則在修畢教育學士或PGCE方案或契約教師方案之後，可獲得實習教師資格，實習一年。日本原無實習教師制度，惟鑑於師範教育採取開放制後，造成師資水準低落，因此1987年開始試行初任教師研修制度，並於1991年全面實施。我國現制，師範院校結業生結業即由各校實習輔導處（室）省市教育廳分發各校實習，資格取得似嫌容易。而新頒「師資培育法」開放各大學設置師資培育學程，如無適當品質管制，恐難免蹈武日本師資培育水準低落之後果。因此，採取德法考試與美國認可制度之精神，審慎擬定實習教師資格考試辦法，實為當務之急。

研習或實習之安排

有關實習之安排方式，美國頗多州均在任教學校進行，英國則由地方當局負責督導，而由任教學校協助並輔導實習教師之專業成長。至於德國則由各邦或各地方政府所設之實習教師研習中心總其成。其安排方式略為前半年在研習中心作有關教學與學校實務之講習，然後分發至學校由實習指導老師指導實習一年，最後半年則返研習中心，綜合研討並預備第二次國家考試。法國直接由師範學校分發至地區教育中心（CPR）實習一年。日本原無實習制度，惟鑑於師資水準低落，1991年開始，全面實施「初任教師研修制度」，初任教師均須在教師研習中心及任教學校參加研究，而由各級教育機關組織「實施協議會」督導實習工作。我國現制，各師範院校實習輔導處（室）及各分發任教之中小學，法理上有督導實習教師之責。惟師範院校與中小學並無統屬關係，難以責成其確實輔導實習教師，各中、小學對實習教師又多放任不管，致實習效果難彰，實有待於師法各國優點，建立嚴密之實習輔導網。

課程與輔導措施

美國頗多州採取成立支援小組方式，由實習指導教師、學校行政人員和其他專業教育人員組成，透過觀察、會議、討論輔導每一位實習教師，並建立對其評鑑之檔案。英國亦由任教學校校長、培育機構系主任、有經驗之教師、大學督導、地方教育當局組成輔導委員會以

試教、觀察、討論等方式輔導實習教師。德國之實習教師在研習中心半年，在中心組主任及分科主任之指導下，進行學校實務、分科教材教法、學校法規等之研習。在實習學校則每一位實習教師均有專任指導教師從旁協助指導。研習中心並定期派員訪視，以備諮詢，並考核實習成績。法國則依專門科目分組，指導教授與實習教師各三人為一組，每週至少有8小時指導，並參觀各級學校，與實際在各校實習，而由行政單位、師範院校和地區教育中心組成「實習評審委員會」加以考評，至於「教學能力證書」（CAP）則由區督學負責核發。日本在新制教師研修辦法實施後，每週初任教師須接受教務主任或資深教師指導一天，到研習中心研習一天，此外必須參加海外研習與四天五夜之住宿研習。比較各國趨勢可以發現，實習教師之研習課程與輔導措施，均經精心設計。我國新頒「國立師範大學結業生教育實習輔導實施要點」，以實習學校和各師範大學建立實習輔導網，進行平時輔導、巡迴輔導及寒假為期三至四日之研習，顯見我國已朝實習教師輔導制度化之途徑邁進。惟是項辦法僅限於中學實習教師，再則課程研習與輔導方式，仍有待更進一步作周詳規劃。

指導教師、實習教師或初任教師之權責

有關指導教師之遴選各國均選具有教學經驗之資深優良教師，美國有些州及法國之指導教師並需接受職前訓練，實習指導教師均有定期指導實習教師之義務，但可減少授課時數。至於實習教師之地位，各國規定不一，美、英、日將之視同一般教師，德、法兩國則視之為「試用公務員」。惟各國均規定實習教師有接受指導及考評之義務。我國現制實習教師之教學任務和待遇與一般教師無異。「師資培育法」規定，未通過複檢之前仍非「合格教師」，其法律地位為何，有待詳加研究，予以定位。一則保障實習教師實習權益，再則也可避免在實習教師未盡適當之教學下，產生不良影響。

實習評鑑

有關實習評鑑，各國規定不一。日本無評鑑之規定，美國有些州以支援小組建立評鑑檔案，考核平時課堂表現，並於實習之後，就教

師能力及技能作總結性評量。英國則由地方教育當局就實習教師之教室管理、學科專長、教學組織與技巧、人際關係等項加以考評，並向最高教育當局提出對每一實習教師之「修畢」、「延長六個月」或「不得任用」的建議。德國之第二次國家考試係由邦教育廳組成考試委員會主考，分別以論文、試教和口試爲之，平時實習成績則佔第二次國家考試總成績30%左右（各邦情況略有出入）。法國實習教師實習期滿取得「師範教育結業證書」者，需通過教育證書考試，始能成爲正式教師，小學教師以實務口試爲主，中學教師之考試則包括筆試及口試，並將實習成績併入計算。我國現制，對實習教師之考評，實習學校主管與各師範院校各占50%，平時既無適當輔導措施，對實習教師缺乏瞭解，考評流於形式。新頒「國立師範大學結業生教育實習輔導辦法」規定實習成績之評量，由原結業學校大五實習輔導教師評定成績占40%，寒假期間研習成績占20%，實習學校之評定占40%，顯見較前進步。現行「師資培育法」正進行修訂中。在修法過程中宜就複檢之主管機構、主考單位、考評內容、及格標準等，參酌世界各國實施經驗，衡量我國現狀，審慎加以規劃。

深度晤談結果

爲使本研究所擬定之實習教師制度架構扣緊現實，本研究小組曾對實習教師作半年定期半結構性的深度晤談，瞭解現有實習制度之運作及問題，作爲規劃新制度之參考，茲將晤談結果分爲實習教師生活狀況、實習教師的工作情形與困擾、實習教師對實習制度之意見三方面，撮述如下：

生活狀況

實習教師多感到生活單調，心理調適常需三個月左右才能適應教師生活。調適方式往往訴諸降低學生要求，或求助於同事與大學同學之情緒支持。多數在調適期間有轉業，轉校或作升學預備之想。此項結果說明了規劃一個導入階段，給予適當的輔導，使得實習教師能夠自我調適，是相當必要的。

工作情形與困擾

實習教師大多擔任學校普通班或後段班導師，甚且經常有教學觀摩、競賽等額外工作，其負擔較之正式教師有過之而無不及。在乏人指導情況下，實習教師對「教室管理」與「學生行為輔導」常感束手無策，常有乾脆放棄學生之想。至於人際關係和求助對象以同校學長姊、實習教師及大學同學為主。其次才求教於資深教師或同事。由此可見，規劃一個完整的實習制度，減輕實習教師負擔，明訂其法律地位，加強實習輔導，才足以幫助實習教師渡過專業生涯發展之危機，造就具有專業能力且富於專業精神之合格教師。

對實習制度之意見

多數受訪實習教師建議結合大學四年課程與大五實習課程，並請具有專業素養之指導教授給予指導。至於實習學校方面應指派資深優良教師來協助、指導實習教師，並減輕實習教師工作負擔，使其真正達到實習目的。至於有關整個實習制度架構，多數實習教師贊同初試、實習後，再複試取得合格教師資格之過程。實習學校指派績優教師個別輔導，實習教師中心則負責課程研習。有關實習成績之評定，實習教師多主張形成性評量和總結性評量宜兼顧，並以複試代替總結性評量，複試包括試教與口試，通過即可取得合格教師資格。

問卷調查結果

本研究依據上述三項研究結果，試擬我國實習教師制度架構，經專家座談諮詢後，以所擬制度架構為基礎，編成「實習教師制度規劃研究調查問卷」，廣泛徵詢專家學者、中小學教師、行政人員及民意代表等，以考驗所擬制度架構之可行性，茲將問卷調查所得結果歸納如下：

實習教師資格之取得

本研究調查對象多數贊成師範院校結業生及修畢教育學程者，須經初試才能取得實習教師資格，考試內容以測試人文及科學素養、專門學科知識、教育專業知識及教學基本能力為主，方式則以試教、筆

試和口試爲之，初試委員由師範院校及教育系與中小學教師代表組成，錄取標準宜採固定標準，通過某最低標準，即取得實習教師資格。

研習或實習之安排方式

多數填答者贊同統一分發至各特約中、小學實習（52.7%）。至於安排方式則贊同在學期中在實習學校實習（40%）最多，贊同較長一段時間在學校實習，然後再以較長一段時間參加課程研習（34.8%）次之。

課程與輔導措施

有關研習課程內容絕大多數贊同「教室管理」列爲優先考慮（81%），次爲「人際關係與溝通技巧」（64%）和「學生、訓導等問題的處理」（64%），其它「教材教法研究」（55%）、「導師實務」（54%）及「學生心理」（51%）亦頗多受調查對象認爲應列入研習之內容。至於輔導措施多數人主張課程研習和實習指導教師指導應並行交互使用。

實習指導教師與實習教師的職責

實習指導教師之選擇條件幾乎所有受調查對象均認爲「具有督導熱誠」應列爲第一優先考慮（100%），其次，「善於處理學生問題」（97%）、「擅長教學」（95%）、「能分析批判教材內容」（94%）及「師生關係良好」（94%）等特質亦爲填答者所重視。至於對實習指導教師之獎勵方式以主張「給予指導津貼」（67%）和「酌情減少授課時數」（66%）爲多。有關實習教師之權責，大多人主張有義務參與課程研習（70%），其次，則認爲應接受實習有關人員的督導（59%），在實習指導教師指導下進行教學與導師工作或獨立教學也頗爲重要。多數填答人員認爲實習教師可領初任教師待遇，但不占學校實缺。

實習評鑑

多數填答者贊同評鑑人員以實習指導教師爲主（81%），次爲師範院校教師、實習學校校長或教務主任以及課程研習有關之教師（各

占塡答者51%）。有關評鑑內容則以贊同平時教學表現者居絕大多數
（93%），次則以實習結束後統一試教（56%）及課程研習成績
（51%）之主張爲多。至於主張實習結束統一筆試與口試者，微乎其
微。至於複試通過標準，多數認爲宜採固定標準，通過一定最低標準
即可取得正式教師資格，不宜依缺額彈性錄取。

建議

綜合前述研究結論，盱衡我國實習教師實施現況，爰提下述建議，
以爲規劃我國未來實習教師制度之參考：

建立嚴密的實習教師實習輔導行政監督與學術諮詢體系

我國當前師範院校結業生結業，由各校實習輔導處（室）與省市
教育廳局，斟酌結業生志願及中小學缺額分發至各校實習。由於未有
明確實習督導系統，結業生至各校均任由各校自行處理，以致弊病叢
生，並未眞正發揮實習功能。本研究深度訪談發現實習教師所擔任之
工作與一般教師無異，在無人適切指導下，不僅無法將在大學校所學
發揮於實際教學，甚且有適應困難之虞。各師範院校雖有五年級導師
之設，然由於實習教師分佈甚廣，甚難一一加以輔導，再者，師範院
校與各中、小學並無行政統屬關係，即使發現實習學校對實習教師有
不合理待遇時，亦難對之採取行政制裁措施。今後，宜兼採美國「專
業發展學校」（Professional Development School）、德國「教師
研習中心」（Gesamtseminar）及法國「實習評審委員會」的組織
與精神，建立嚴密的實習教師實習輔導行政監督與學術諮詢體系。其
法爲以省市教育廳局爲實習輔導行政之行政督導機構，直接指揮其所
轄之分區教師研習中心及特約實習學校。研習中心負責導入階段之課
程研習及寒假期間轄區實習教師返回中心之實習經驗檢討課程，並負
責定期與本區師範院校合作訪視本區實習學校之實習實施情形。實習
學校則組織實習指導委員並爲每一實習教師聘定指導教師，實際負責
實習指導工作。各師範院校之實習輔導機構，提昇爲一級單位，負責

與教師研習中心共同合作，設計研習課程與活動，並定期訪視區內實習教師，瞭解其實習情形。如此，行政督導系統與學術諮詢系統明確，方能有效落實實習工作。

增設教師研習中心，擴充現有研習中心員額編制，強化實習輔導功能

本研究發現，我國實習之未能落實，癥結之一在於未有實際負責規劃實習活動。改進之道，宜參酌德國實習教師研習中心，英國地區教師研習中心、法國地區教育中心之組織與精神，擴充現有板橋、台北市、豐原及高雄等地教師研習中心（會）之組織員額編制，並在東部擇一師範學院改制為教師研習中心。由各研習中心在省市教育廳局直接監督下，負責研習課程規劃與執行，實習教師分發作業，特約實習學校之選擇與督導等工作。

慎選特約實習學校，充實其設備並責其組織實習指導委員會

本研究發現我國實習教師分發各校後，均聽任各校自行處理，各校不僅常未給予適切指導，反而有後段班、教學觀摩，甚或將出納雜務分派予新進教師之現象，不僅使實習功能未能充分發揮，甚且使頗多教師放棄原有教學熱忱，影響其專業成長，至深且鉅。為拯救弊計，今後我國在制度的規劃上，宜在省市教育廳局之行政督導下，由各研習中心會同區內師範院校，審慎選擇辦學績優學校，充實其輔導實習教師有關之設備，責其成立實習指導委員會，充分發揮指導實習教師之功能。

提升師範院校實習輔導處（室）地位，增聘實習指導教授，明訂其實習輔導職責

本研究發現實習教師發生困難，不僅在其實習學校無人可資諮詢，即原就讀師範院校由於實習輔導單位人力欠缺，五年級導師負擔人數過多，難以提供適切輔導。德國實習教師制度，雖有兩百餘年歷史，惟缺失於大學與實習教師研習中心幾無關係，形成大學教學與實習教育斷層現象，我國規劃未來制度時，宜避免此項缺失，採取美、英兩國大學積極參與教師實習之基本精神，提昇各師範院校之實習輔

導（室）為一級單位，與教務、訓導平行，擴充其組織，劃分為行政業務、實習輔導與研究發展三組，積極與本區內教師研習中心通力合作，研究改進實習教師輔導課程與活動，並聘指導教授，實際參與實習教師之輔導。

研究並設計實習教師研習課程與實習活動

我國以往師範院校結業生結業後分發至各校實習，並無具體規劃研習課程與活動，近年來五年級導師之設，以及每學期實習教師返回母校座談，並未澈底發揮輔導實習教師之功能。本研究深度訪談與調查研究結果，均顯示實習教師對「教室管理」、「人際關係溝通技巧」、「學生、訓導等問題的處理」等能力，普遍感到不足。美、英、法、德、日各國在教師實習制度時，宜兼採各國之長，審慎設計各項研習活動。具體作法宜為實習教師在初檢及格後，即分發至各研習中心作為期三至四週的「導入研習」，先對學校實務及未來教學可能面對之問題作一個初步瞭解。再於寒假中返研習中心，對一個學期之教學經驗作一個理論的省察，使得實習教師能將大學所學得的教育理論能適當的運用於實際學校事務之分析與反省。

規劃各師範院校及教師研習中心之實習輔導責任區

本研究發現，各師範院校五年級導師未能充分輔導結業之實習教師，癥結在於實習教師分發之學校分布甚廣，即使有心輔導亦力有未逮。今後宜採德國實習教師研習中心之基本精神，審慎規劃各師範院校與教師研習中心之實習督導責任區。責任區範圍內之特約實習學校分布不宜太廣，方能使研習中心人員與大學教授力能照顧輔導區內之實習教師。

培訓實習指導老師，優其待遇，使其充分發揮指導實習教師之能力

我國以往實習教師分發之後，純在暗中摸索，乏人指導。美、英、德諸國均設有專人指導實習。本研究深度訪談調查研究及專家座談均顯示，選擇熱忱、績優教師來指導實習教師，為多數人師共識。然則，德國頗多邦由於指導老師未受先前訓練，造成指導上之缺失，亦頗值

我引以為戒。我國在規劃未來制度時，宜慎選特約學校中之優良教師，給予一個月之實習指導訓練，減少其在校授課鐘點，使其力足以指導實習教師實習。

組織教師資格檢覆委員會，訂定教師資格檢覆通過標準

本研究發現，美、英兩國實習教師資格之取得不須經考試，但實習之後，均有考評。德、法兩國實習之前及之後，均有考試，且均有包括論文、試教及口試。我國「師資培育法」規定教師資格須經初檢、實習及複檢等手續才能取得。惟目前初檢、複檢流於形式，有待審慎評估改進。本研究根據各國比較結論及調查意見，建議由省市教育廳成立「教師資格檢覆委員會」由學者、專家、省市廳局主管業務人員、教師研習中心代表，負責教師資格之初檢與複檢工作。

明訂實習教師法律地位及其權利、義務關係

我國現制實習教師仍為師範院校五年級生，依「師資培育法」之規定，在複檢及格之前，仍非為「合格教師」。以「非合格教師」從事與一般合格教師無異甚且更為繁重之教學工作，不僅易滋生困擾，也無法保障實習教師得到充分的實習機會。本研究發現美、英、德、法、日各國對實習教師之權利與義務關係，均法有明文規定。我國宜師法其精神，給予實習教師明確之法律地位，方能保障其在實習過程中，充分展現其專業能力。

綜言之，本研究本於師範教育理論與各國實習教師制度發展之歷史經驗，衡量我國現狀，建議由省市教育廳局分區建立教師研習中心，其下轄特約實習學校，並與區內師範院校通力合作，組訓實習指導老師，規劃實習課程，督導各校確實執行實習工作。如此，上下組織系統明確，左右聯繫網絡緊密，方能落實實習教師之實習工作，而提昇我國師資水準。

最後將本研究摘要繪製如下表。

本研究摘要一覽表

<table>
<tr><td></td><td></td><td>一、職前培育機構</td><td>二、實習教師或初任教師資格的取得</td></tr>
<tr><td rowspan="5">各國師資培育制度簡介</td><td>美</td><td>（一）一般大學（包括文理學院）。
（二）大學教育院系。</td><td>（一）以登記制度（所修課程、學歷）或專業認可（NCATE）或考試取得教師證書：各州對證書的要求不一，且取得證書之後不一定有一年之實習。
1.佛羅里達州：1980年開始須完成一年實習或在其他州有三年教學經驗，方能取得「教師證書」該州有「初任教師方案」。
2.印第安那州：1987年通過「初任教師實習計畫」（Beginning Teacher Internship program）凡取得教師證書或曾於其他州服務不足三年者，均需實習一年。</td></tr>
<tr><td>英
德</td><td>（一）大學之外的高等教育機關（B. Ed：教育學士）。
（二）大學教育系、公共部門的高等教育機構（P.G.C.E.：學士後在大學教育系或高等教育機關研習一年）。
（三）試用教師方案（1989年以後）
（四）契約教師方案（PGCE二年制）（1990年以後）</td><td>（一）獲得BEd學位。
（二）PGCE（一年）畢業。
（三）參與契約教師方案合格者。</td></tr>
<tr><td>法</td><td>（一）一般大學（設有教育學程）。
（二）學術性大學。
（三）綜合學院。</td><td>（一）實習教師資格的取得：
參加第一次國家考試及格者。</td></tr>
<tr><td>日</td><td>（一）師範學院：小學師資之培育。
（二）高等師範學院：中學以上師資。
（三）大學研究與訓練單位：各類師資。
（四）專業學院：專業科目教師。</td><td>（一）實習教師資格的取得：
師範院校畢業並取得「高中畢業會考及格者」→實習（Baccalaureat）
高中畢業會考及格者修習教育課程1年或2年→考試通過 未通過
通過（參加實習）未通過（算結業，只能當「試用教師」，不能實習）</td></tr>
<tr><td></td><td>（一）教育大學或學藝大學。
（二）設有師資培育課程的任何大學（包括短期大學）。</td><td>（一）教師證書的取得：
學生在大學修完學位並修完教育課程即可取得「教師證書」。
（二）任用考試：
具有「教師證書」且參加各督、道、府、縣的任用考試經錄取後即是合格教師。</td></tr>
<tr><td colspan="2">問卷調查結果</td><td>抽象對象與問卷回數人數：
1.師範院校教師 158
2.中學正式教師 92
3.小學正式教師 152
4.中學實習教師 76
5.小學實習教師 39
6.教師研習會（中心）人員 44
7.教育行政人員 145</td><td>（一）取得實習教師資格應具備的能力：
1.人文及科學素養的過識能力（95%）
2.專門學科知識(1)一科（96%）
(2)二～三科（75%）
3.教育專業科目知識（91%）
4.教育基本能力（98%）
△（ ）內係合計「重要」與「非常重要」之百分比，複選
（二）初教所採的評量方式：
1.試教，佔總分38.51%
2.筆教，佔總分41.87%
3.口教，佔總分24.16%
（三）初試之通過標準：
訂一固定最低標準，達標準以上即可取得（74.17%）
△（ ）內係選填人數，單選
（四）公費參加初試：
1.非常需要（30.28%）
2.有些需要（33.80%）
3.不甚需要（21.43%）
4.毫不需要（14.50%）
（五）參與初試之考試委員
1.師範院校、一般大學教育院系教師（81%）
2.中、小學教師代表（79%）</td></tr>
<tr><td rowspan="2">本研究</td><td>師資培育流程圖</td><td>職前師資培育機構</td><td>→ 初試 → 通過 → 取得「實習教師證書」</td></tr>
<tr><td>研究建議草案</td><td>（一）師師院校。
（二）一般大學教育院系。
（三）一般大學設有教育。學程者。</td><td>（一）舉行「初試」。
（二）通過初試者取得「實習教師證書」。</td></tr>
<tr><td colspan="2">※出席人員對實習教師制度之意見或補充
（以注音符號為出席人員代號）</td><td>ㄊ：師範院校應重實務，非師範院校重理論，實習再加強實務。
ㄏ：1.目前修訂的師範教育法培育機構採多元化，因此需要有品質管理，進行「檢定」（由教育部另訂辦法）
2.目前師大結構生實習輔導實施要點正起草中。
ㄎ：「教育學程」意義如何？
建議一般大學應設置「教育院系」才有資格培育師資，而不應只是開放教育學分。
ㄅ：本部分與擬頒師範教育法結合。</td><td>ㄆ：1.建立「實習教師」非「正式教師」的觀念，實習教師應以實習為主，非以教學為主。
2.以「綜合委員會」負責實習教師能力的檢定，建立評量標準，證書的發給、實習學校、導教師的選擇等事宜。
3.依學校層次（中、小學）分別舉辦考試檢定，檢定內容分為學科（專門科目）和教師科目兩種，至研究中心則是學如何教學。
ㄈ：以大學畢業考試代替初試。
ㄊ：初檢採師範院校不考試，非師範院校要考試之方式，且初檢由教育部統籌分發，分發採二階段式：第一階段分發到學校佔缺，第二階段則不佔缺。
ㄋ：需要「統一會考」並參酌「在校成績」
ㄌ：1.一年的教育實習必要性如何應考慮，且時間也不一定要一年；可從大一即開始實習，就不需要一年的教育實習或縮短為一學期。
2.初檢涉及公費制度、轉學制度。
3.「初檢」與「初試」之差異？師範院校結業生可免「初檢」。
4.實習教師「證書」係「資格證明書」。
ㄎ：維持實習制度，現在應做落實之工作。
ㄏ：由師範院校負實習、檢定的責任。
ㄅ：本部分與擬頒師範教育法相結合。</td></tr>
</table>

本研究摘要一覽表

		三、研習或實習之安排
各國師資培育制度簡介	美	（二）實習安排方式：在任教學校進行。
	英 德	（一）實習地點：1.各地區教師研習中心。 　　　　　　　2.實習學校。 （二）實習安排：在任教學校進行一年（全時）部分時間任教者二年。
	法	（二）申請方式：自行向各地區實習教師研習班申請 （三）實習地點：1.各地區實習教師研習中心 2.實習學校 （四）實習安排方式：1.第一個半年在「實習教師研習中心」研習教育專業課程、專科教材教法。2.一年在實習學校實習，包括見習與 　　　　　　　實地試教。3.最後半年在研習中心作綜合檢討，並預備論文及第二次國家考試。
	日	（二）分發方式與實習地點： 　　　由師範學校分發至各地區教育中心（CPR）實習。 （三）實習安排方式： 　　　在地區教育中心實習一年。
		（三）無實習制度（probationary system） （四）有「初任教師研修制度」：1.第1年任教的教師須參加初任教師研習　2.199年實施。 （五）初任教師之研習地點：1.任教學校　2.教師研習中心 （六）督導初任教師之單位及人員：1.各級教育機關組「實施協議會」　2.學校校長、教導主任。
問卷調查結果		（六）分發方式： 　　　1.統一分發至各特約、小學（52.7%） 　　　2.分散分發至各中、小學（37.4%） 　　　3.自行尋找學校實習（9.9%） （七）實習地點與安排方式： 　　　1.學期期間在實習學校（40%） 　　　2.較長的一段時間在實習學校並且以較長的一段時間參加研習（34.8%） 　　　3.短時間於實習學校實習並且亦以短時間參加研習，以此方式多次循環（25.2%）
本研究	師資培育流程圖	
本研究	研究建議草案	（三）分發方式：由省市教育廳局統一分發至各地之教師研習中心 （四）實習地點：1.教師研習中心：增設教師研習中心，隸屬於省市教育廳局。2.特約實習學校 △「教師研習中心」與「特約實習學校」係「契約」關係 （五）實習安排方式：1.初試完後在「教師研習中心」進行為期一個月的導入研習。2.開學後至中小學實習。3.寒假再到中心研習。
※出席人員對實習教師制度之意見或補充（以注音符號為出席人員代號）		ㄅ：1.由師範院校教師、實習學校及建立分區輔導網的方式輔導，且其中實習學校是經挑選的特約學校。 　　2.教育部研訂之「師範教育法」以「師範學校」為主導，本研究以「研習中心」為主導，兩者應可協調，並加強充實「教師研習中心」。 ㄆ：1.實習組織規程須修訂以發揮實習室（處）的組織功能 　　2.擴大教師研習中心的編制：師範院校應與研習中心配合，且在研習中心不僅一個月。 ㄇ：1.在未擴增研習中心之前，師範院校實習輔導室可負起相同之功能。 ㄊ：2.研習中心的功能就在實習教師的討論和實務課程，可在原輔導組增設實習處。 ㄉ：1.民法上「契約」「合約」「委託」之用法須了解後才決定由教育單位採何方式訂定教師研習中心與特約實習學校之關係。 　　2.實習教師不宜過於集中某些地區。 　　3.實習教師的待遇與正式教師不同。 　　4.由中央支付實習所需之經費。 ㄌ：1.研習中心（會）師資人力缺乏，無法勝任，應以師範院校為實習工作之主體。 　　2.研習中心係職業分類機構 ㄎ：不必以「特約」實習學校為實習學校。 ㄇ：贊同暑假的導入期，上課期間每週一整二日到研習中心研習，寒假安排一週的集中研習，其他時間在實習學校研習。 ㄎ、ㄇ：普設教師研習中心，可單獨設立或於師範院校附設；兼負在職教師、實習教師進修責任。 ㄈ：仍以師範院校為主要負責實習業務，定期研習可委由教育主管廳局主辦，教育廳局則委由教師研習中心承辦。

本研究摘要一覽表

		四、課程與輔導措施
各國師資培育制度簡介	美	(三) 輔導措施： 1.成立支援小組，成員包括實習指導教師（mentor），學校行政人員（校長或副校長）和其他專業教育人員（教授、督學……）。 2.用觀察、會議、討論等方式輔導並建立每位實習（初任）教師的評鑑檔案。
	英 德	(三) 實習項目：　　　　　　　　　　　(四) 輔導措施： 1.在同事陪同下教學。　　　　　　　　1.由任教學校校長、培育機構的系主任、有經驗之教師、大學督導、地方教育當局督導 2.由督導人員參觀督導教學。　　　　　　組成輔導委員。 3.參與學校的討論會。　　　　　　　　2.以觀察、會議、討論等方式輔導實習教師。 　　　　　　　　　　　　　　　　　　3.由當地教育局主責。
	法	(五) 輔導措施： 1.實習教師研習中心：課程研習。 2.實習學校：實習指導教師與教師研習中心組主任和學科主任配合，至少應指導實習教師20次，並學之討論教學問題。
	日	(四) 輔導措施： 1.由行政單位、師範院校和地區教育中心組織「實習評審委員會」，可核發「師範教育結業證書」。 2.該區督學負責核發「教學能力證書」（CAP），無此證書，不能獲得教師證書。 3.依專門科目分組，指導教師三人和實習生三人為一組。指導時間每週至少8小時。 4.參觀各級各類學校，並在各級各類學校實習，參與各類會議。
		(七) 輔導措施： 1.學校方面：指定教務主任或資深教師指導，每週二天。　　2.教師研習中心：每週一天。 3.海上研習：文部省主辦。　　　　　　　　　　　　　4.住宿研習：四夜五天。 △學校方面由校長為首，組成一「指導委員會」。
問卷調查結果		(八) 課程研習內容： 1.教室管理（81%） 2.人際關係與溝通技巧（64%） 3.學生、訓導等問題的理（64%） 4.教材教法研究（55%） 5.導師實務（54%） 6.學生心理（51%） (九) 輔導措施： 1.課程研習 2.實習指導教師
本研究	師資培育流程圖	
本研究建議草案		(六) 輔導措施： 1.教師研習中心方面：和師範院校合作聘請專、兼任教授至特約學校進行巡迴輔導，並且在中心設置研習課程。 2.特約實習學校方面： 　(1)設有資深優良之「實習指導教師」負討論、諮詢之責。 (2)教師行政人員負督導之責。
※出席人員對實習教師制度之意見或補充（以注音符號為出席人員代號）		ㄆ：1.實習督導不單是師範院校之責任，應交給綜合性之委員會負責。 　　2.在實習學校之實習項目應明訂，如各科實習、專科實習。 ㄇ：加強實習老師「班級經營」、「行政管理」能力。 ㄈ：應規定實習教師到實習校觀察的時間，如每週幾小時，而且上課鐘點不超過12小時，也不能代指導教師的課，其餘時間用於參與研習中心研討及到指導教師課堂見習。 ㄉ：教育廳局、師院校、實習學校、教師研習中心均須共同負責輔導。 ㄊ：1.避免實習學校不當之輔導措施。 　　2.初任實習教師的問題如：教室管理、教學（升學壓力、趕進度、配課）以及理想與實際衝突等。 　　3.輔導制度與措施，教師研習中心與教育行政當局應負更大責任。 　　4.特約資深教師的設置應可行。

本研究摘要一覽表

		五、指導教師、實習或初任教師的職權
各國師資培育制度簡介	美	(四)（實習）指導教師： 　1.有教學經驗。2.和實習（初任）教師同科、同年級，並時常接觸。3.正式觀察實習（初任）教師並加以診斷，提供回饋。4.印州的mentor須接受訓練；且每一年州政府輔導每位mentor 600元美金。
	英	(五)指導教師：1.有經驗之學校教師。　2.任教學校校長。　3.培育機構的系主任。　4.地方教育局的督導。 (六)實習教師：1.為合格教師（Qualified Teacher）。　2.支領合格教師待遇。　3.有義務接受任教學校，地方教育當局的督導。
	德	(六)實習指導教師：　1.資深優良教師。　2.可減授課時數。　3.將平日觀察實習教師之結果告知研班主任，以為評鑑之依。 (七)實習教師：　1.為臨時公務員。　2.支領初任公務員之待遇。　3.有參與各類研習活動之義務。　4.有義務接受實習指導教師之指導，並參加學校中各項會議。
	日	(五)實習指導教師（地區教育中心）：　1.均為高中之優秀教師，由大學區總長任命。　2.有固定津貼，並定期接受講習。 △實習學校內無「專任指導教師」 (六)實習教師：　1.具有「試用公務員」身分。　2.支領公務員待遇。
		(八)指導教師： 　1.由校長就本校之教導主任或教師中選任，報請各都道府縣教育委員會聘任。　2.減少授課時數及減輕行政工作。 (九)初任教師：1.為正式教師；2.國家公務員；3.可減少教學鐘點。 △初任教師可減少五分之一教學時數，且利用此時間參加研習中心研習。
問卷調查結果		(十)實習指導教師應具備條件 　1.具輔導熱忱（100%） 　2.善於處理學生問題（97%） 　3.擅長教學（95%） 　4.能分析批判教材內容（94%） 　5.師生關係良好（94%） 　6.相當的服務年資（三年以上）（88%） 　7.受過督導實習教師課程或訓練（86%） 　8.擅與家長溝通（86%） △（　）內係合計「非常重要」與「重要」之百分比，複壞	(十一)實習指導教師之獎勵方式 　1.給與指導津貼（67%） 　2.酌情減少授課時數（66%） (十二)實習教師之權責： 　1.參與研習課程（70%） 　2.接受實習有關人員督導（59%） 　3.在實習指導教師督導下擔任導師工作（52%） 　4.獨立帶班擔任導師工作（50%） 　5.在實習指導教師督導下擔任教學工作（50%）

本研究	師資培育流程圖	

| 本研究 | 研究建議草案 | (七)資深優良教師任「實習指導教師」
　1.具三年以上教學經驗
　2.教師優良
　3.須在教師研習中心中心接受「輔導訓練」
　4.可評鑑實習教師 | (八)實習教師：
　1.領實習教師的待遇
　2.不佔學校教師編制
　3.有義務參加教師研習中心之研習課程
　4.有義務接受指導。 |

| ※出席人員對實習教師制度之意見或補充（以注音符號為出席人員代號） | ㄈ：1.實習教師實習的第一年第一個學期不需教學，而在研習中心研習，只是到學校觀察。
　2.實習教師待遇介於正式教師與師範學公費之間。
ㄇ：1.若實習教師之工作內容、工作負擔與正式教師相同，待遇亦應相同。
　2.資深優良教師不宜擔任班級，平時指導一、二位實習教師，當實習教師至研習中心研習時，擔任實習教師任教班級的課程教學。
ㄊ：給指導教差二節鐘點費，指導三年紀功嘉獎或查明獎處。
ㄈ：1.建議實習教師分發到「有佔缺」的學校，較可控制未來的分發及上課節數，因集中在某些好學校，一則不易讓出那麼多課，除非制度化不然無法每年的有課給實習教師。
　2.男生服兵役之問題要考慮，建議男生服完兵役後才
ㄅ：1.實習教師第一學期才授課，多見習並參加研習會。
　2.實習教師領實習教師待遇，但可佔學校編制。 |

本研究摘要一覽表

		六、評鑑
各國師資培育制度簡介	美	（六）評鑑：（建立評鑑檔案） 1.形成性評量：實習教師平時在課堂的表現。 2.總結性評量：實習教師能力、技能的成就評量。
	英德	（七）評鑑： 1.由地方教育當局向教育最高當局提出「修畢」、「延長六個月」、「不得任用」等三種研習成果。修畢者才為真正具有合格教師地位（TQS）的教師。 2.考評項目：(1)教室管理　(2)學科專長　(3)教學技巧　(4)課前準備　(5)教學資源　(6)了解學生的需要　(6)與學生、同事的關係。
	法	（八）評鑑：第二次國家考試 1.主考機構：邦教育廳 2.考試方式：(1)論文　(2)試教　(3)口試。 3.成績計算：(1)平時實習成績　(2)論文　(3)試教　(4)口試。
	日	（七）評鑑： 1.實習期滿取得「師範教育結業證書」者，需通過教育證書考試，始能成為正式教師。 2.(1)小學教師證書：實務口試 　(2)中學教師證書：筆試、口試、實習成績。
		（十）無評鑑之規定且初任教師研修制度與教師資格之取得與否無關。
問卷調查結果		（十三）評鑑： 1.參與人員 　(1)實習指導教師（81%） 　(2)師範院校教師（51%） 　(3)實習學校的校長或教務主任（51%） 2.評鑑項目 　(1)平時教學表現（93%） 　(2)實習結束後統一試教（56%） 　(3)課程研習成績（51%） （十四）複試之通過標準： 1.訂定一固定最低標準，達此標準以上即可（77.9%） 2.依缺額之需要彈性錄取（22.1%）
本研究	師資培育流程圖	複試　　　　　→通過→　　　　取得「合格教師證書」
本研究	本研究建議草案	（九）評鑑： 1.形成性評量，佔總成績50%。 　(1)實習指導教師打「平時教學」表現分數，佔25%。　(2)教師研習中心之「課程研習」成績，佔25%。 2.總結性評量（亦即實習結束後的「複試」），佔總成績50%。 　總結性評量方式——試教（包括口試）。
※出席人員對實習教師制度之意見或補充	（以注音符號為出席人員代號）	ㄅ：複試可考慮德國繳交「論文」的方式。 ㄊ：1.師範院校畢業之實習教師以「論文」複試，非師範院校複試時考試，考學科。 　2.評鑑評分表要設計完整。 ㄇ：不合格者應訂有處理辦法，如第一年未通過複試，再實習一年，若第二年複試未通過，若有公費義務者，則賠償公費。 ㄈ：由學校主任考評實習教師。 ㄏ：1.目前「教師法」對實習教師的規定是：若複檢二之不通過則要賠償公費。 　2.目前修訂的教師法、師範教育法中已將「分發」改為「聘任」，中小學教師均採聘任制，任用難在中、小學校長，教育行政機構則是「介聘」教師至學校而已。 ㄋ：德國複試是由教師研習中心承辦，實習生須寫一篇論文，有關所任教課程、專門知識或教師法方面之論文，再加上試教及口試。

註釋

註一：參見張芬芬，《師大結業生分發實習前後教學態度與任教意願之比較研究》，國立台灣師範大學教育研究所碩士論文，民國73年。

王秋絨，《教師專業社會化理論在教育實習設計上的蘊義》，台北：師大書苑，民國76年。

游自達，《國中實習教師工作困擾問題之研究》，國立台灣師範大學教育研究所碩士論文，民國76年。

李保玉等著，《教學實習與在職師資輔導策略》，台灣省政府教育廳委託，省立台東師院專案研究，民國77年。

註二：張春興等著，「中小學師資培育制度改革意見之調查研究」，載於教育部中等教育司編，《世界各主要國家師資培育制度比較研究》，台北：正中，民國80年。

註三：參見：

L. F. R. Embrey, *A Physical Student teacher in an Elementary School: A Case Study,* Ohio State University: Ph.D. Thesis, 1986, p.3.

C. E. Silberman, *Crisis in the Classroom,* N. Y. : Random House, 1970.

C. M. Evertson, W. D. Hawley & M. Zlotnik "Making a Difference in Educational Quality through Teacher Education", *Journal of Teacher Education,* 36 (2) , 1985, pp.2-12.

註四：陳漢強，「初為人師的社會化問題」，《台灣教育》，第372期，民國70年，頁34～36。

註五：P. J. Burke & R. G. Heideman, *Career-long Teacher Education,* Illinois: Charles C. Thomas Publisher, 1985, p.5。

註六：F. E. Fuller & O. Bown, "Becoming a Teacher" in *Teacher Education,* ed. K. Ryan, Chicago: NSSE, 1975, pp.25-52。

註七：王秋絨，《教師專業社會化理論在教育實習設計上的蘊義》，台北：師大書
　　　苑，民國76年，頁9。

註八：C. Lacey, The Socialization of Teachers, London: Methuen, pp.79-95.

註九：同註六。

註十：李保玉等著，《教學實習與在職師資輔導策略》，台灣省政府教育廳委託，
　　　省立台東師院專案研究，民國77年，頁29～31。

註十一：同前註，頁35～37。

　　　　A. W. Combs, *The Professional Education of Teachers*, University of
　　　　Florida: Allyn and Bacon, Inc. 1965.

註十二：黃鴻文，《學校經驗對國中教師教室領導行為的影響》，國立台灣師範大
　　　　學教育研究所碩士論文，民國70年。

註十三：同註一之1。

註十四：同註一之3。

註十五：同註十。

註十六：日本教育學會，《教師教育的課題》，東京明治周書，1983。

第四部分
國際教育學術動態

教育知識、教育道德與專業倫理 ❏329

比較教育理論與理論變遷 ❏335

社會變遷、後現代與比較知識的多樣化 ❏345

價值理論與教育哲學的新發展 ❏355

多元文化下的教育與文化認同 ❏359

教育史研究新動態 ❏365

教育知識、教育道德與專業倫理

——第廿二屆薩爾斯堡教育會議紀要

　　教育學在社會科學領域中是門相當年輕的學術，其理論內涵亟待充實，方法論上的基本假設更須作批判性的分析與統合。此兩項工作涉及教育學的科學理論根基問題，缺乏教育學之科學理論反省，不僅無以使教育學研究配合時代需要，將使教育學本身的發展停滯不前。1964年以敏斯特（Münster）大學德國科學教育學研究所（Deutsches Institut für wissenschaftliche Pädagogik）和薩爾斯堡（Salzburg）大學比較教育科學研究所（Institut für vergleichende Erziehungswissenschaft）為主的14位教育學者深感當時教育學界誤以教育學僅止於實用性的知識，忽略教育學科學理論基礎問題之省察，因而發起了薩爾斯堡會議（Sulzburger Symposium），以提供合宜的形式與環境，進行有關教育學基本問題之批判性的討論與對話。

　　這項會議自1964年以來已歷22屆，其間雖然發起人之一兼聯絡人海特格（Marien Heiteger）教授於1972年轉任奧地利維也納大學教授，聯繫工作的重任也轉移到維也納大學教育研究所。然而，會議的時間每年仍然固定在聖靈降臨節（Pfinsten）假期，地點也同樣在薩爾斯堡瑪麗亞平原（Maria Plain）的慕斯哈美旅店（Gasthof Mooshammer），也許這所家族經營的旅店較能提供家庭式的氣氛，以進行科學討論吧！22年來討論的主題包括教育學之先驗理論基礎、教育詮釋學、經驗在教育學中的意義、教育學中的規範性問題、教育之歷史描述、系統教育學、溝通的意義、理論與實踐、文化、價值與教育……等等，幾乎含蓋教育學各層面的主要問題，討論結果均刊諸於《科學教育學季刊》（*Vieteljahresschrift für wissenschaftliche Pädagogik*）。該刊物為德語世界三種最重要的教育期刊之一，創刊迄

今已逾62載。薩爾斯堡教育會議在德語世界教育學之發展實有其不容忽視之貢獻！

　　該年年度會議的主題是：「教育知識、教育道德與專業倫理」（Pädagogisches Wissen, Pädagogisches Ethos, Berufsethik），筆者承波昂大學退休教授德波拉夫（J. Derbolav，係當代教育學中新黑格爾學派之代表，也是會議創始元老之一）之介，得獲柬邀，參與年度會議。

　　5月19日傍晚抵達開會旅店時，早已有來自德奧各大學30多位教育學者坐在旅店陽台露天酒店享受眞正古希臘意義下的Symposium了。薩爾斯堡素稱阿爾卑斯山脚下金三角之一，風景絕美。五月中旬嚴寒已去，到處一片嫩綠，旅店面對廣袤之瑪麗亞平原，一片翠綠中點綴黃花點點，憑添不少嫵媚。平原盡處薩城古堡隱然可見，煙靄裊裊中，音樂神童莫扎特似乎自其故居騰空而起，爲這不拘形式的會議伴奏千古絕響，一如古希臘的饗宴不能缺乏音樂。杯觥交錯聲伴微風吹動栗子樹的天籟中，酒酣耳熱的學者們，或談最近研究心得，或論各大學人事異動，無不逍遙自在。德波拉夫教授更因第一次有一位東方人與會，引發興緻，暢談其數度赴日本講學的東方見聞。更令我驚訝的是波昂大學教育學中新康德學派鉅子瑞澈爾（W. Ritzel）教授，在波昂八個月餘，一直緣慳一面，未得一見，卻沒想到在薩爾斯堡碰頭了。一談之下，又發現瑞澈爾教授十餘年前係台大哲學系黃振華教授博士學位考試時，副科教育學的主考官，因此，談起來倍覺親切。瑞澈爾教授對黃教授的康德理解頗爲推崇。後來與數位來往台大哲學系同學聊起，才知當年黃教授選教育學爲副科，原以爲副科考官應不會對其論文主題——康德多所質疑，沒想到竟然殺出一個幾乎比哲學主科考官更難纏的人物，考問的問題一直圍繞著康德，而且頗難招架。

　　5月20、21日正式進入議程。正如這個會議原發起人的理想，只在於提供合宜的討論環境。因此，沒有冗長的開會儀式，只由負責聯繫的海特格教授簡單的報告本年度會議籌備經過及與會人數後，隨即由波洪（Bochum）大學的夏勒（K. Schaller）教授報告其論文：教

育責任（Pädagogische Verantwortung）。夏勒本於其自創之溝通教育學（Kommunikative Pädagogik）立場來開展他的主題。溝通教育學的基本命題係本於精神科學教育學之教育關係的描述作出發，融貫了法蘭克福學派（Frankfurter Schule）的社會批判理論，以爲教育學所探究的是一種社會事實，其知識的興趣在於解放的興趣。據此，教育就爲一個帶有歷史性的社會事實而言（此係精神科學教育學的基本論點），實是促使社會改善（Besserung）的重要影響因素。社會不能視之爲靜態的圖像，而係在成員的溝通與互動過程中不停的修正與改善，其改善的目標指向整個社會之不斷的理性化（Rationalizierung）和民主化（Demoxrutizierung）。教育責任因而不能訴諸一種權威的導引，而是對整體教育關係的涉入，以啓迪受教者的理性自覺，使之在自我解放中，藉助於對眞理之無私的責任，使得其人格的自我實現與社會責任緊密結合，而發揮教育可以改善世界的責任。

對於夏勒的論文，海特格教授首先提出批評，他認爲人性有極限（Begrenzung），並不可能如夏勒所云在溝通中導向無限性的開展。再者，夏勒所謂的民主化與理性化的指義也不明確。狄柯普（K. -H. Dickop）教授指出夏勒對於個人在教育過程中如何導向社會性的責任，未作清楚的說明。羅維希（D. -J. Löwisch）則質問，使得責任導向共同性（Gemeinsam）之邏輯的可能性何在？而所謂的改善社會，改善（Besserung）的規準又何在？本聶爾（D. Benner）則以爲人格的完成，所謂的人格即帶有面具（Maske）的味道，如何透展視野與社會作交互作用以完成社會擬同體（Soziale Identität）便成爲有待解決之難題。對於這些質疑，夏勒的回答是個人責任與認同，以及世界改善責任必須聯結到一個超越的主體（transzendentales Subjekt），這個超越的主體是責任社會性與共同性邏輯可能性的條件。也是個人擴展特殊視野以與他人溝通、提昇人格、改善世界的指標。顯然的，夏勒的說明又落入了德國教育學中新理想主義（Neoidealismus）的理論架構中。

5月20日下午討論的是奧地利葛拉茨（Graz）大學福格爾（P. Vogel）教授之〈論教育知識形式的關係〉（Zum Zusammenhang

Pädagogischer Wissensformen）。在這篇論文中，福格爾試圖從教育知識類型的歷史演變中，批判教育學中的實徵主義（Positivismus）。教育知識類型之歷史演變實際上可說是教育研究典範之轉換（Paradigmwandel）。在此過程中，由有關教育過程之思辨性的哲學認識轉移到六〇年代以降探究獨立於主體之上的所謂客觀的經驗認識（empirisches Wissen）。福格爾指出先驗──批判的教育科學（transzendentalkritische Erziehungswissenschaft）忽視經驗固屬錯誤，而布瑞欽卡（W. Brezinka）把教育實踐視爲理論知識的技術運用，更嚴重的扭曲了教育的本質。教育本質上是帶有一種意向性的行動過程，蘊涵強烈的價值意味，教育的知識類型是屬於行動知識（Handlungswissen），其法則性在於提供經驗上行動的可能性（empirische Handlungsmöglichkeit）。對於福格爾的論文，海特格的質疑是所謂行動的知識在科學性的探究上如何使科學的敍述（wissenschaftliche Aussage）成爲可能大有問題。費雪爾（W. Fischer）則批評所謂控制的經驗（Kontrollierte Erfahrung）指義不明確。本聶爾教授認爲既是經驗行動的可能性是否可以稱爲法則（Gesetz）值得懷疑。筆者認爲不同的知識類型涉及了教育學上不同的方法論基本預設，這些預設均蘊育自不同的哲學傳統，其間的爭論恐將永難平息。有朝一日或許出現教育學上的康德，熔各種知識類型於一爐，建立綿密的教育學體系。然則，體系之嚴謹是否有裨於教育實際，永不無可疑。

5月21日早上由紐倫堡（Nürnberg）教授歐克思（J. Oelkers）宣讀：〈教育道德或專業倫理〉（Pädagogisches Ethos oder Professionsethik？）。這篇論文係以歷史批判的角度來探討教育專業化過程中，國小教師理想人格類型之變遷。論文分爲三個主要的部分，第一部分討論十九世紀以來國民小學教師的教育道德到本世紀初進步教育家（Progressiver Erzieher）專業倫理之變遷，而這個變遷主要顯現在教師有克服私慾之單純的義務感，轉向職業理想的追求、成功的教學、合宜的訓導，因此必須融入教師的道德人格之中。第二部分探究這個轉變的原因乃在於美學的主觀化（Subjektivierung

der Ästhetik）及哲學人類學轉向發展心理學的探究。也就是教師具
有藝術家的氣質以及對兒童發展之深入認識，是本世紀初以來改革教
育學（Reformpädagogik）對教師之理想形象的看法。最後一個部
分，歐克思指出在教育愈趨專業化的過程中，教育的道德仍須融入專
精化的專業倫理中，才能以擬情的理解進入兒童的心理世界，愛護兒
童，樂於運用專業能力開展兒童的心靈世界。對於這篇論文，本聶爾
教授認爲歐克思似乎是想運用韋伯（M. Weber）的理想類型概念來
重建教師人格在歷史發中的歷史形像之變遷，這對於師範教育的研究
實在是一個值得嘗試的途徑。不過，他也以爲理想類型概念在教育現
象的解釋上應該有所限制。海特格教授則批評歐克思對什麼樣的知識
可以有助於教師人格之形成未作清楚的說明，國民小學教師應具何種
特殊性以與其他學校教師有別，亦未作交待。巴爾勞復（Th. Bal-
lauf）也以爲按照理想類型概念，教師的特殊責任顯然難以加以描
述。

　　5月21日下午討論了最後一篇論文，敏斯特（Münster）大學本聶
爾（D. Benner）的〈未可完成的現代性教育學之省思〉（Uber-
legungen Zur unvollendbaren Pädagogik der Moderne）。這篇
論文以哈伯瑪斯（J. Habermas）對於「現代性」的哲學討論（參閱
J. Habermas, Der Philosophische Diskurs der Moderne, Frank-
furt am M.: Suhrkamp, 1985）作出發，討論當前時代教育科學中，
教育知識與教育實踐的鴻溝。哈伯瑪斯的「現代性」討論係想透過對
黑格爾以來西方哲學之理性批判與反省，試圖重建歐洲的認同體。哈
伯瑪斯省察到政治、經濟、文化各領域的現代化，使得科學、道德以
及藝術分離成爲各自獨立的領域，每一個領域都有其內在的邏輯。在
專業專家制度化的情況下，理性出現了認知——工具、道德——實踐、
美感——表現的結構，每一個結構統之於專家特殊的邏輯運作，專家
文化與大衆文化之鴻溝遂難避免。教育學在逐漸走向後現代化
（Post-Moderne）的社會中，也產生同樣的斷層現象，也就是教育學
系統的、經驗的知識之內在邏輯與職業導向之教師專業理性無法聯
結。發展溝通理性也應重視文化傳承才能彌補未來可能益愈加大之教

育理論與實踐的鴻溝。對於這篇論文，瑞澈爾教授首先質疑所謂的「現代」和「後現代」之科學性的定義如何？代與代之間的「傳承」（tradieren）而非「接受」（rezeptieren）的關係又是指的什麼？麥爾－德羅（K. Meyer-Drawe）則批評本聶爾只圍繞著理性危機在討論，而實際上非理性因素侵入教育學領域才更真正值得嚴肅的加以討論。

綜觀此次會議，正如其一貫的理想，以精緻深入為主。因此發表的論文僅有4篇，各篇的討論各占半天，發言相當踴躍，對於每篇論文句句斟酌，鉅細靡遺。就內容言，從十九世紀的教師人格理想以迄於後現代社會可能出現的教育理論與實踐之鴻溝，涵蓋層面相當廣泛，引發不少值得繼續深入探討的課題。

比較教育理論與理論變遷
——記第七屆世界比較教育會議

前言

第七屆世界比較教育會議（VIIth World Congress of Comparative Education）於1989年6月26日至6月30日在加拿大蒙特婁大學（Universite de Montreal）舉行。中華民國比較教育學會在理事長伍振鷟教授的率領下，首次組團參與這個兩年一次的世界比較教育學術盛會。

集結世界各國比較教育學者與社團，共聚一堂，研商各國教育理論與實踐問題，其理念可遠溯至1960年加拿大比較教育學者（J. Katz）首度提出國際教育年（International Year of Education）的構想，1961年美國比較與國際教育學會（Comparative and International Society of the USA）原則上贊同這個構想，1963年在漢堡（Hamburg）舉行的聯合全國教科文組織專家會議（Unesco Hamburg Meeting of Experts）嚴肅的討論國際教育年的觀念，教科文組織並於1967年通過1970年為國際教育年。國際教育年理念具體實現於1968年由加拿大J. Katz、日本M. Hiratsuka、美國S. Fraser和G. Read、韓國Sun Ho Kim，以及歐洲J. A. Lauwerys等人所組織的比較教育學會國際委員會(International Committee of Comparative Education Societies)，積極策劃國際性的比較教育學術會議。第一次世界比較教育會議於國際教育年（1970年）8月17至21日在加拿大渥太華（Ottawa）召開。比較教育學會國際委員會於同年改名為世界比

較教育聯合會（World Council for Comparative Education），次年正式定名爲世界比較教育學會聯合會（World Council of Comparative Education Societies）。1972年這個世界性的組織向聯合國教科文組織申請登記爲非政府的諮詢機構，會址設於瑞士日內瓦。除了積極參與教科文組織各項教育研究與諮詢會議活動外，這個世界性的組織並由其所屬會員國兩年一次舉辦世界比較教育會議，1989年由加拿大主辦，係自1970年以來的第七屆會議。

中華民國比較教育學會爲加入這個世界性的組織，已經努力多年（參閱《比較教育通訊》，創刊號第二期及第五期的報導），惟學會名稱問題，迄未能如願。今年我國以非會員國能獲柬邀組團參加，實係比較教育學術界共同努力的成果。我國代表團由伍振鷟教授領隊，張欣戊和楊深坑兩教授宣讀論文，葉學志教授評論。葉教授因故未能成行，改由羊憶蓉教授評論，羊教授並曾於會中宣讀論文。伍理事長在會中與各國代表多方接觸，增加各國對我國比較教育研究之瞭解，爲我國加入這個世界性的組織再拓寬廣之前途。筆者論文 "Tao, Logos and Communicative Rationality in Educational Process" 也獲邀收入《比較教育理論與理論變遷》論文集中，將於明年以西班牙文在馬德里出版。筆者也以個人身分加入研究委員會，成爲方法論研究小組成員。是則本次中華民國比較教育學會組團與會，成果尚稱可觀。謹將會議經過、研究委員會未來展望略予說明，並將方法論小組所發表之論文稍加評介，或可略窺世界比較教育研究趨勢。

會議經過

如前所述，中華民國比較教育學會對於參與這個世界性的組織，向極重視。本次會議接獲邀請函後，即廣泛徵求論文，經多次會商後，決定由張欣戊、劉興漢及筆者撰寫論文，劉興漢臨時有事未能與會。

6月26日伍理事長與筆者抵達蒙特婁時已經錯過了歡迎酒會。次日

早上，前往開會地點蒙特婁大學教育學院註冊時，即有不少中共學生在門口散發傳單，強烈譴責中共天安門武力鎮壓學生暴行。面對國際與論制裁，中共猶多方尋找機會舉辦國際會議，以避免孤立，特別是1991年第八屆世界比較教育會議在北京舉行，這也是中共此種努力之一。學生強烈的質問，類此以坦克和機關槍來對付學生的政府還談得上什麼教育？難道是屠殺的教育？牢獄的教育？因此，中共學生要求與會學者共同抵制第八屆世界比較教育會議在北京舉行。事實上，早在學生抗議之前，已有不少學者強烈質疑1991年大會在北京舉行的妥適性，其中尤以法國Michael Debeauvais（也是1982年至1987年世界比較教育學會聯合會主席）對學生的要求支持最力。不僅促成破例容許中共學生代表在6月30日下午全體大會中上台報告中共教育，指責中共天安門暴行，大會並通過對中共暴行的譴責。同時執委員也議決，1991年世界比較教育會議原訂於北京舉行之議，暫時擱置，等到1990年7月在西班牙馬德里舉行的歐洲比較教育會議，執行委員會再行決定1991年的開會地點。這對中共比較教育學界無異是個相當重大的打擊，因為為了準備1991年的會議中共已經籌劃經年，主題、海報、申請表等均已印妥，此次會議開議之前月餘並已派先遣人員前來加拿大參與會前準備工作，以資觀摩學習。未料執委會作此決定，使得中共所有策劃工作幾乎盡付泡影。

中共學生的抗議活動除了在中共代表團成員心頭抹上的一團陰影外，並沒有影響整個會議的進行。6月23日開幕典禮由世界比較教育學會聯合會主席Vandra Masemann主持，會中除主辦單位及蒙特婁大學副校長Rene Simard致歡迎詞及來賓致詞外，並為已故世界比較教學會聯合會發起人Joseph Katz默禱致哀，由加拿大比較及國際教學會前主席（1977- 1979）及日本比較教育學會會長Tetsuya Kobayashi發表對Katz的頌詞。大會主題演講由加拿大國際發展署前任署長Paul Gerin Lajoie擔任，講題「明日教育之挑戰：發展、溝通和語言」。

整個議程的安排，除開幕、閉幕儀式外，每天上午10:30-12:00均為全體大會，演講者均為比較教育著名學者或各國重要教育學術機構負

責人。其餘每天上午一場，下午兩場分組討論，每一場分組討論又各分為23-25小組，每小組提出的論文約2-3篇，4天會期總計發表論文700餘篇。由於同時進行的場次太多，會議的進行顯得有點零亂。論文的內容更是五花八門，除了世界比較教育學會聯合會之原研究委員會所組織的幾個小組論文如〈比較教育研究理論與理論變遷〉（方法論小組組織而成，E. Epstein和J. Schriewer負責發表論文18篇）。〈教育與工作〉（「教育與工作」小組組織而成，Candido Gomes與Edmund King以及Raymond Ryba負責發表論文12篇）等，組織比較富於體系外，其餘各場次的論文均聽任各地學者自行組織討論。以下謹就個人參與討論之「理論與理論變遷」小組部分論文略予評介。在評述論文之前宜先就研究委員會的性質略予介紹。

研究委員會緣起及其未來展望

世界比較教育學會聯合會在1970年成立之初，即積極結合各國比較教育社團與個別學者參與共同研究計畫，並尋求聯合國教科文組織的支助，其中較為有名的是「青年教育研究計畫」。參與這個研究計畫的國家越來越多，因而1987年巴西里約熱內盧（Rio de Janeiro）舉行的第六屆世界比較教育會議即嚴肅的討論，擴充各國比較教育社團與個別學者的參與的可能途徑。除了拓展原有的「青年教育」小組之外，並進一步的組成「國家教育研究政策」、「婦女與教育」、「比較教育方法論」、「工作與教育」等小組，同時也決定各比較教育學術期刊編輯人定期聚會，以互通最近比較研究動態資訊。

研究委員會原由英國著名比較教育學者Edmund King擔任主席。6月30日委員會開會時，King以年事已高，難以勝任組織協調重任，因而向委員會辭卸主席之職，並提議由年輕力壯且與巴西政府關係良好之巴西學者Gondido Gomes接替其職，獲得全體與會委員的通過。

Condido Gomes也在會中發表其對研究委員會未來工作方向的建議。他認為這個委員會未來在促進比較教育研究上更應扮演主動積極的角色。為達此目的，下述相關的工作亟待展開：

1. 促進從事有關相同論題研究者之間的接觸與交流，可以運用國際會議場合調查學者之研究興趣，正在進行中的研究與最近的出版，編成指南，提供給委員會成員與有興趣者，以作為互通信息之用。
2. 委員會居間策動促進學會與學會、學者與學者之間出版品與論文的交換。
3. 精編比較教育研究趨勢之文獻，以供參考。

　　除了上述工作外，研究委員會未來應該特別強調的研究重點領域是「教育與工作」及「研究與國家教育政策」。前者，Gomes主張應該突破人力供求的狹隘觀點來考量，宜從社會心理學和人類學的角度來打開教育與職業過程的黑箱子。運用質的研究方法來妥適的處理青年失業、職業乖離、工作過程的轉變對工作滿意降低的影響、科技變遷對教育與職業的影響、開發中國家的技術轉移對教育的影響等重要課題。

　　就「研究與國家教育政策」的關係而言，Gomes認為目前亟待開展的研究課題是從研究成果使用者的範疇來探討使用者對於比較教育研究的反應。運用自然主義式的研究途徑（naturalistic studies）當較易於澄清研究者、政治家與執行者之間的關係。各種決策理論也宜從這個觀點來找尋經驗證據加以考驗，並對政策形成過程作更周全而審慎的探討。

　　以上Gomes對研究委員會的政策宣稱，從實踐層面來看，首先面臨的困難問題是世界比較教育學會聯合會有沒有辦法找到足夠的經費來支持各項研究計畫？其次是參與研究計畫的成員如何在學術領域中互相支援？就理論層次來分析，Gomes對於兩個重點領域的說明可以發現，這個研究委員會對於比較教育研究方法已經不全然滿足於量化分析，而試圖在方法論上作一種深度的省察，這個工作就落在方法論

小組身上。有關方法論小組的工作及其部分成果以下再作進一步的評析。

理論與理論變遷：方法論小組的工作與成果

比較教育是否可以成爲一門學術（discipline）？早在1950年代不少比較教育學者就已指出比較教育面臨了學科認同上的危機（discipline identity crises）。這些討論的深層問題實際上比較教育方法論基礎問題，1984年第五屆世界比較教育會議召開，以B. Holmes, E. Epstein和J. Schriewer爲首的一群比較教育學者即深感於這個問題的深入討論對於比較教育研究的開展非常重要，因而研議群策群力就比較教育方法論的各層面進行討論。1987年第六屆世界比較教育會議在里約熱內盧舉行，世界比較教育學會聯合會研究委員會成立，原已雛形粗備的方法論小組遂順理成章的成爲其中相當重要的小組，成員在會議中所宣讀的論文也已於1988年以「比較教育的理論與方法」爲書名出版。

此次世界比較會議中，「比較教育理論與理論變遷」小組討論所發表的論文基本上是研究委員會方法論小組兩年來的工作成果。從這些論文的內容來看，可以發現方法論小組成員的興趣核心已漸由比較教育方法論本身的探討，轉移到社會科學理論在實質的比較教育研究中的運用問題。探討的範圍因而擴充，含蓋解釋教育體制起源、發展、運作及其社會後果與危機的理論，也包括可以解釋非正式教育或社會化過程的理論，其中就筆者所參與討論之論文有下述幾篇較值一述，茲略予評論如下：

「理論與理論變遷小組」的討論由希臘籍世界銀行代表George Psacharopoulos的「比較方法論」揭開序幕。正如前已述及，本次方法論小組所提論文全著眼於比較教育方法論本身的探討，這篇論文也不例外，只就近兩年來兩個比較重要的比較教育學術期刊所發表的論

文檢討其方法論問題。據其分析，近年來比較教育論文大部分是描述性（歷史性的敘述），較少分析與數量處理上的嚴格確實，缺乏統計上的檢證或假設。他以為在數十年前統計資料缺乏的情況下，這種研究還算可以。但是目前各國涉及教育問題的普查資料都已經相當完備，比較教育研究的研究，有必要講嚴格確實，以別於以往印象式的國與國之間的比較。顯然地，Psacharopoulos仍然站在實徵主義的立場，強調量化處理的重要。相對而言，教育過程的歷史、文化因素，並未在論文中討論。

哥斯大黎加教育部顧問Carlos E. Olivera所提論之「比較教育之矛盾世界」雖然也站在實徵論的立場認為嚴格的量化處理誠然可以解決比較教育中的某些困惑，但充其量只是事實的排比而已，並沒有解決近年來比較教育研究在知識論與方法論上日益尖銳的對立，其癥結所在乃在於比較方法缺乏理論基礎，為克服此項困難必須先解決下列五項問題：

1. 比較研究是否足以談得上法則以導向真正的科學知識？
2. 透過比較所得的知識是否真正的客觀？真正的科學？
3. 經過比較而得到經驗驗證的知識是否真正能夠預測未來的行動？
4. 從系統理論的觀點來看，內在於一個社會制度中所探究的知識是否能夠達到科學客觀有效性的要求？
5. 從知識社會學的角度來看，以比較為基礎的研究，一方面要求客觀、孤立化的研究，另一方面又須涉入，如此一來客觀有效的知識和實際教育政策的運行之間是否能夠兼顧？

為了解決上述問題，Olivera建議形成一種所謂的「教育學」（educology），以專門檢討有關「教育」的知識性質問題。實際上，這個構想並不新鮮，早在1972年W. Brezinka出版《從教育學到教育科學》（*Von Padagogik zu Erziehungswissenschaft*）即已提出educology的觀念。問題是有沒有專屬於教育領域之研究方法、語言與知識體系列到目前為止恐怕仍有爭論。

加拿大拉威爾大學（Laval Universite）教授Claude Deblois的〈教育行政的可採擇的觀點及比較研究〉一文則探討了比較教育行政的方法論問題。在這篇論文中他檢討比較教育行政學實徵論導向的缺失，進而指出當前比較教育研究的理論運動（Theory Movement）逐漸接受現象學、詮釋學以及批判理論的影響；在討論教育行政時，並不就行政本身而言行政，而是把組織與行政當作一種社會建構（socially constructed）的人文世界，透過文化觀點來加以分析（cultural analysis）。

西班牙馬德里國立空中教育大學教授Gabriela Ossenbach-Sauter的〈拉丁美洲教育制度之建立〉一文從十九世紀末（大約在1870–1900年間）拉丁美洲國家教育制度形成過程，批判當代「依賴理論」（Dependency Theory）在比較教育研究解釋力的不足。她指出依賴理論只能把拉丁美洲國家的形成放到十九世紀整世界貿易市場架構來解釋，相對的，卻忽略了拉丁美洲國內在的政治事實。從教育制度的形成過程而言，最具影響力的因素是獨立國家的形成、社會的世俗化、進步意識型態的普遍流行以及中產階級的緩慢發展。在說明這些因素時，Ossenbach-Sauter也特別指出所謂國家、中產階級、寡頭政治……等與十九世紀歐洲大陸的用法與意義並非完全相同。

德國法蘭克福大學教授，也是方法論小組的召集人Jurgen Schriewer，在其〈系統觀念與制度形成過程之研究〉一文和Ossenbach-Sauter的論文一樣同屬教育制度之社會文化歷史分析的範疇，不過規模遠較前文宏大，理論體系也較為完備。在這篇長達70餘頁的論文中，Schriewer首先說明Fritz K. Ringer的教育制度史的研究觀點：要深入瞭解教育制度的特色與運作，制度史的分析為不可或缺的工作。Schriewer進一步指出從比較教育的觀點來看，建立教育發展的歷史解釋模式，較之純粹的描述尤為重要。在建立解釋模式時，Magaret S. Archer以為截至目前為止，僅及於說明論據並未十分充分的表面現象，對於教育制度之「形式生成」（morphogenesis）過程無法深入分析。基於這樣的背景，Schriewer融貫了Niklas Luhmann的系統理論提出一套理論架構來迎接這些挑戰。這個理論架構並以十九世紀

德國和法國職業教育制度複雜的歷史發展事實來加以證實。

　　屬於後設科學理論探討之論文有日本早稻田大學教授鈴木愼一的〈空間概念在比較教育方法的意義───一個後設方法論的分析〉以及挪威柏爾根大學 (University of Bergen) Hildur Ve的〈教育計畫與理性歧義〉。前者指出舉世各國在現代化的衝擊，空間概念也作了不同的分割，在此種空間分割化的趨勢下，亟待重建空間發展的理論假設，這些理論假設的轉變至少應包括下述四個指標：(1)人的圖像由經濟人 (homo economicus) 轉移到全人 (whole man) 或是眞人 (real man) ；(2)社會的圖像由契約組合模式轉移到共生社區 (contrivial or symbiotic community) 模式；(3)組織圖像由「依賴和保護」的模式轉移到「獨立與自主」的模式；(4)環境的圖像宜由「消耗」的模式轉移到「保存」的模式。鈴木教授進一步指陳這些空間概念之理論重建對於比較教育科學變遷的重新評估相當重要，因爲在文化交流頻繁的現代，制度化的空間概念顯然是可比較性 (Comparabilioy) 是更爲重要的基準。

　　Ve教授的論文提出「技術科層體制理性」 (Technicalbureau-cratic rationality) 和「責任理性」(Responsible rationality) 的劃分來作爲斯堪地那維亞福利國家教育計畫比較的基礎。技術──科層體制理性強調效率、預測與控制。「責任理性」則強調性別、社會階級及區域的平等，並發展組群的感情。Ve並以斯堪地那維亞各國教育計畫文獻爲例證，說明這兩種理性概念作爲工作模式在比較教育上的應用價值。

　　以上係就筆者參與討論的部分論文之簡要分析，從這些論文可以窺知近年來研究委員會方法論小組工作重點略有三端：其一，關心在進行比較研究時實際運用的實質理論之解釋力，概念之普遍化及其經驗檢證的可能性問題；其二，關心理論與方法之間的互動問題，特別強調社會科學理論及其哲學假設在實際進行比較研究時推演過程之重新評估；最後，從後設科學分析 (metascientific analysis) 觀點來檢討比較社會研究在理論發展與形成過程中的地位與功能。

結語

　　本屆世界比較會議與會人士多達800人，宣讀論文700篇，分組討論同時進行多達25場，由於人數太多，場次龐雜。因此，組織顯得相當零亂，有些原訂之參觀活動臨時取消亦未事先通知，以致不少學者迭有怨言，頗值我國以後舉辦國際會議引以為戒。

　　再就研討主題而言，通觀多數論文類多未能圍繞本屆會議主題——語言、發展與溝通。即就組織較為嚴密之方法論小組而言，召集人Schriewer事後與筆者閒聊也承認主題不夠統一，討論仍欠深入，甚至有一個場次原訂有三篇論文宣讀，結果有兩人缺席，他自己事先都不知道，令人遺憾。

　　從比較教育之研究導向來看，方法論小組的論文大多對比較教育流於各國教育制度之介紹提出嚴厲的批判，認為比較教育宜在理論與方法之間、理論與實際教育政策之間作深層的方法論省察，才能使比較教育研究獲得更客觀實質的知識，也才能使比較教育成為決策過程的可靠依據。反觀我國比較教育研究，根據蔡清華先生的分析，以文獻分析的方法研究之論文多達97.8%，對單一國家教育制度作介紹者多達74.7%（參閱蔡清華，〈中華民國台灣地區比較教育研究之檢討〉，「比較教育研討會引言報告」，頁15），類此情形，實質的比較都談不上，遑論乎方法論的省察；今後我國比較教育學界似宜強化比較教育方法理論模式的檢討與建立，並藉之以進行較為深層的比較研究，而非僅止於資料的排比而已。以實際的研究成果呈顯於各種國際會議，才能見重於國際士林，這也是我國比較教育學會要能進入國際組織，活躍於國際比較教育學術界最重要也是最根本的途徑。

社會變遷、後現代與比較知識的
多樣化

　　——記第卅五屆美國比較與國際教育學會年會

前言

　　教育與社會變遷的基本關係向為比較教育學者所關注。對於此課題的研究，1960年代以及1970年代早期，學者關心的焦點係以「現代化（modernization）理論」模式，試圖為教育與社會的基本關係提出合理化的解釋。隨著後工業社會的來臨，電子視訊快速膨脹，空間上的咫尺千里，時間上的瞬息萬變，使得「現代化」理論所持之社會隱含穩定的理性結構之觀點面臨嚴肅的挑戰。正如美國比較與國際教育學會主席Val D. Rust在他的年會主席演說詞「後現代主義及其在比較教育上的意義」所強調的，現代化理論正在崩潰之中，比較教育學者勢須擴展視野，跳出理性中心，歐美中心主義的圍限，以較為含容的觀點來檢視教育在社會世界中所扮演的角色和地位。這也是本屆年會主題：「教育與變遷中的社會實況」所要討論的核心課題。

　　本屆年會發表論文380餘篇，參加者除美國學者外，另有歐、亞、非、澳等地區學者與會，我國則有伍師振鷟的〈挑戰與回應：台灣光復與教育政策之發展〉，及筆者的〈社會動態發展與教師實習階段之國際比較〉兩篇論文在會中發表。以下謹就會議經過以及圍繞著大會主題之數篇論文略加評介，以窺近年比較教育研究趨勢。

會議經過

　　筆者於3月13日抵達開會地點匹茲堡大學校區內的假日旅館時已近午夜11時，正好遇到B. Holmes, Ed. King, W. Mitter, J. Schriewer等舊識剛從世界比較教育學會聯合會執行委員會餐會會場中走出，相隔不到一年，異地又重逢，仍是十分驚喜。其中，W. Mitter談及今年9月赴韓開會，有順道訪華的可能性。J. Schriewer則問及《比較教育理論與方法》中譯版的出版進度，以及筆者前歲在蒙特婁所發表論文修改的進度，以便能趕在西班牙文版印行時補入。頗感慚愧的是這兩項工作，均因筆者過於忙碌而未能如期完成，筆者也特別感謝B. Holmes，去年赴西班牙開會時，順道為我安排訪問倫敦近郊的教師中心。我告訴他這次發表的論文，部分是根據去年訪問教師中心所得的資料。B. Holmes聽後，十分高興，認為學者互訪，資料流通也是世界比較教育學會聯合會所要完成的重要功能之一。

　　次日早上報到後，大會安排參觀匹茲堡大學國際研究中心附屬中學和附屬小學。兩所均以尊重多元種族與文化促進世界互相理解與和平為其旨趣。

　　3月14日下午至17日上午，除了15日邀請Ed. King作Claude A. Eggerston的紀念專題演講，與16日美國比較與國際教育學會的主席演說，以及美國比較教育學會及世界比較教育學會聯合會事務性的會議之外，其餘時間均分為11個分組討論，兩個圓桌討論組同時進行。重要的討論主題略如下述：

　　*1.*因應社會變遷，以社區為基礎的國際教育。
　　*2.*學校的控制：績效與管理之兩難困境。
　　*3.*意識形態之死：比較教育何去何從？
　　*4.*西歐教育與社會變遷。

5. Catalonia的教育。

6. 全民教育——一個持續性的對話。

7. 南非種族隔離下的教育。

8. 教育對社會與種族運動的貢獻。

9. 1992年歐洲單一市場展望與移民專業人員之教育平等。

10. 女性主義對國際教育研究之關心。

11. 性別、教育與經濟重組。

12. 德國統一與教育。

13. 因應社會變遷的草根教育。

14. 高科技對民主參與的支持。

15. 高等教育與國家的比較分析。

16. 現代日本教育的歷史。

17. 1990年代國際組織展望。

18. 印尼長程教育計畫。

19. 中國現代化與教育。

20. 比較教育五彩繽紛的現狀。

21. 課程研究新趨勢與內容分析。

22. 德國現代教育制度的興起。

23. 學校爲基礎的國際研究。

24. 社會變遷與生命歷程。

25. 以大學爲基礎的國際研究。

26. 批判理論與比較教育研究。

　　另外未自行組團形成討論組的個別論文，則由大會依論文性質歸
爲個案討論組，其重要者有亞太地區教育與社會變遷、高等教育、師
範教育、性別與教育及就學的關係、種族與教育等。伍師振鷟的論文
安排於亞太地區教育與社會變遷一組，筆者論文則屬師範教育一組。

　　從上述主題來看，可見討論範圍相當廣泛，這或許符應了V. Rust
在主席演講所稱的後現代現象？再者，這次會議也安排數場歷屆主席
及世界比較教育會議主席共聚一堂的專題討論。不管就研究內涵或方

法論導向，均可見這些世界比較教育著名學者觀點之多采多姿，頗值一述，以下謹就主席演講及與演講相呼應的「比較教育認知的多種途逕」一組之討論略予評述。

後現代與比較知識的多樣化

V. Rust曾於1990年來華演講，幾次交往中，只覺得其為人幽默風趣，尚不知其哲學根柢深厚。演講前夕正好大會安排泛舟餐會，在甲板上逮到機會開他玩笑：「我也唸了不少討論後現代的作品，可是總是搞不懂你是怎麼把後現代和比較教育強拉在一起，該不會是亂點鴛鴦譜吧？」他也回敬：「你明天來聽我的演講就懂了，而且包你變得更聰明，現在暫時保密。」

隔天演講一開始他仍不失一貫的幽默。他說：「在演講的過程中同時播放幻燈片，一方面可以讓各位瞭解後現代建築與藝術，但最重要不可告人的動機是讓各位分分心，免得挑我演講中的錯誤。」

在演講中，Rust首先指出後現代主義是1980年代學術界最受爭議性的論題，可是在比較教育研究社群中卻幾乎對之完全忽略，在這篇講演中他認為後現代主義應該成為比較教育探討的中心概念。在說明後現代主義受到後結構主義、後現代建築以及古代實用主義與後結構主義聯結共同對現代科學與社會知識批判的影響以後，Rust認為後現代除了時期上的意義之外，也代表了一種對事件說明與詮釋的另一種論辯方式與理論導向，而與現代世界的各種理論導向爭衡。要想對後現代世界的各個層面作討論殊為不可能，Rust因此謹就四組重要問題，討論其與比較教育的關係。

後設敍述之集權主義特質

Rust引述Jean-Francois Lyotard「後現代情境」中對後現代主

義者的定義，指出後現代主義者係對後設敘述（metanarratives）質疑的人。現代性知識論基礎的後設敘述（類如指引一個學科或專業領域思想與實踐之典範paradigm）總是帶有集權主義的特質，亦即對於真理與知識的觀察總是訴諸抽象原則與理論建構，而非直接的主觀經驗。尤有甚者，試圖以自己的觀點與規則強加於其他敘述。Rust指出後現代世界是反中心與不斷變遷的世界，面對多元化的當代社會，宜有多彩多姿各種各類的敘述來加以描繪，而非訴諸提供普遍規準的哲學思想體系。在這種觀點的挑戰下，比較教育學者應該審慎的檢討推動自己工作的後設敘述是否隱含著某種程度的理論恐怖主義（theoretical terroism），否定了偶然性、價值、奮鬥以及人類的主動力量。當然，這也不意味著比較教育學者應該否定所有的後設敘述，以致陷入不具普遍效準的局部框架中；而是合法性的後設敘述均應對個人與社會具有開放性，提供表達各種紛歧觀點的分析形式，鼓勵批判性的思考。Rust特別贊同世界比較教育學會聯合會主席V. Masemann的呼籲：「承認各種各類比較知識的合法性」。比較教育工作者的主要工作是決定何種認知途徑符應了何種需求與利益，而不是決定某種普遍的效準。

對待「其他」（族群）的問題

　　由於打破後設敘述的極權性格，後現代主義也突破了歐洲中心主義的格局。過去追求現代化者誤以啓蒙運動的規畫具有優越性，其它族群則被貶低。Rust引述Anderas Huyssen的說法，認爲啓蒙運動和內在和外在帝國主義（inner and outer imperialism）的文化有密切的關係。這種帝國主義已經面臨各種解放（liberation）和自決（Self-determination）運動的挑戰。其中如種族運動、少數族群運動、區域運動、各種生活形式族群、同性戀者權力、婦女運動、非核世界、生活權力立法、宗教對抗……等皆形成極大活力。教育也不能自外於這股鉅大的自主運動，家長與學生參與學校校政的要求與日俱增。少數族群的利益必須在政治體制的重組下予以重視。後現代主義

者認爲群衆導向的社會（mass-oriented society）已經過時了。決策機制必須加以改變，容許多元統治（multiple rule），而非多數統治（majority rule）的體制存在。因應這種少數族群運動，比較教育學者必須重新檢討學校的體制與功能。在邁向現代化的進程中，學校被視爲普遍化的制度，促進統一化的理想，助長民族主義民族自尊等目標遭到後現代主義者強烈的質疑。學校教育、課程發展、教科書寫作不僅只要聽到（hear）「其他」（Other）的聲音，而且要開始傾聽其他的聲音。比較教育學者必須詳細的省察何種論辯（discourse）代表了何種利益或權力結構。

技術發展下的資訊社會

Rust指出早在1970年代，D. Bell就已指出在後工業社會，知識與資訊已逐漸取代工業產品，成爲社會組織的軸心原則（Axial Principle）。在電子視訊不斷發展下，我們所處的世界已經不再是一個眞實的世界，而是一個虛擬的世界。影響與眞實已難分辨，這種虛擬的影像世界，挾其無遠弗屆的威力，已經突破了疆界的限制，資訊已非少數人所獨享。比較教育學者面對資訊泛濫的衝擊，勢須重新檢討學校教育的新定義，而新技術到底是一種新的解放力量，或者成爲商業利益下的剝削工具也須審愼思考。如何防止商業資本主義集體化傾向入侵教育領域，是比較教育學者在後現代社會中所亟面臨之挑戰。

後現代的藝術與美學問題

商業資本主義的集體化傾向侵入美學與藝術領域是美學產品的商品化。後現代主義者對此趨勢的反應略有二端：其一爲反現代：過去在現代化的要求下，美學與藝術從科學、道德與法律分離孤立。批判理論學者甚至以爲不管高級文化或低級文化幾乎均成爲現代化下標準化、統一和理性化下的犧牲品。F. Jameson則以爲美學產品與商品融爲一體，成爲跨國經濟宰制世界的工具。比較教育學者必須有所警醒

學校是否淪爲文化工業下，爲了經濟利益而成爲社會控制的工具。其二，相對於反現代的態度，有些後現代主義者採取一種比較持平的觀點，認其本身有能力超越時間與空間、歷史與地理，能夠融貫過去與現代、遠方與近處，整合不同傳統。高級文化和常民文化之鴻溝因而消除，比較教育學者必須把美學的討論引入教育探討中，詳細省察學校教育對政治上的文化政策之意涵，評估學校對高級或常民文化之護衛功能。

Rust主席演講似乎也顯現了美國比較教育學界研究主題與方法論上的多樣化趨勢。這種多樣化的趨勢從這次分組討論主題涵蓋層面之廣可以看出來。更可以從集歷屆比較教育學會主席於一堂之「比較教育中的認知途徑」這一討論組看出比較教育研究方法之多采多姿。

在這一討論組中，主持人前世界比較教育學會聯合會主席E. Epstein首先把比較教育的歷史發展作了簡要的回顧，指出當前比較教育仍處於一種學科認同的危機。在此情況下，集各種不同理論導向之比較教育菁英於一堂，來共同討論比較教育的認知途徑，當可爲未來比較教育之發展開啓一個更寬廣的視野。

匹茨堡大學教授，也是印尼教育顧問D. Adams首先指出比較教育必須強調同質性的區域研究，以便爲教育計畫提供可靠的知識基礎。英國倫敦大學比較教育學者Edmund King仍一本其生態環境脈絡主義（ecological contextualism）的立場，認爲比較教育研究必須考慮教育制度所處之時、空背景因素。希臘後裔G. Psacharopoulos則強調其實徵主義的立場，認爲比較教育欲臻嚴格確實必須運用統計技術，傳統所謂的觀察一個國家和另一個國家之間教育的差異，有如放棄現代醫療技術而用江湖郎中的草藥來治病一樣。匹茨堡大學教授R. G. Paultson嘗試把比較教育研究社群分爲實徵主義、辯證唯物論、批判理論、詮釋論及後結構主義／後現代主義、批判的實在論、女性主義、新功能論、新馬克思主義以及後現代之實用主義，比較分析其間對於認知途徑、可靠的知識、研究者的角色、喜歡用的隱喻、對實在界看法、研究目標、教育目標、學校知識產品等議題的看法。Paulston也指出近年來，實徵主義和詮釋學傳統有互相排斥的情形。然而，堅

持某種認知途徑而排斥其餘，失之武斷，未能掌握各個知識社群以及世界文化內在以及其間交互作用的動態關係。比較教育學者需要在一種普遍共同理解的典範，容許異質性、開放性以及對他人研究導向的容忍。這種觀點頗為世界比較教育學會聯合會主席V. Massmann的贊同，而提出了多元化的比較認知途徑的呼籲。

結語

一提起美國，給人浮光掠影的印象總是辦事條理、講究效率，學術上帶有技術主義導向。然而，稽諸此次年會之安排及其討論情形，此種印象未必全然正確。

先就比較教育方法論導向而言，V. Rust的主席演講就顯示其所對歐洲當代結構主義、後結構主義以及批判理論的深入洞察。R. G. Paulston的論文更將當代世界各種思潮對比較教育方法的可能貢獻，作簡明扼要的分析。就連批判理論的比較教育上的意義也成為一個小型的討論組加以研討。是可見美國比較教育學界似亦有意融攝歐陸哲學之長，以作比較研究方法之深度反省。我國比較教育研究一向專注於外國教育制度之介紹，較乏理論深度，實有待學界，共同努力，培育這一方面的人才。

再就會議發展論文主題而言，可見其關心焦點似乎甚為重視少數種族之文化與教育問題。這與Rust所宣稱的後現代現象及中心化傾向與反歐美中心主義是否有關，不得而知。然而，多元文化與多元語言似為世界各國比較教育學者共同關心的課題，去歲歐洲比較教育會議，這個問題也是一個爭議性的焦點。我國各地方言複雜，在未來的教育規劃中，恐亦難免面對同樣問題，值得比較教育學者深入研究，籌謀解決之道。

最後就議程之安排而言，並未顯示美國人辦事之效率，反而顯得雜亂無章。第一天的參觀活動，知道的人甚少，不得不在報到處臨時

拉差。歡迎酒會人聲吵雜，沒有明確的節目表，致詞人數度被吵鬧聲打斷。最糟糕的是專題講演人Edmund　King的名字被誤印成Brian Holmes，弄得Holmes一臉尷尬，碰到熟人詢問，忙於澄清。類此情形，值得我國舉辦大型研討會引以為鑑。

價值理論與教育哲學的新發展

　　第二屆國際教育哲學會議於1992年11月30日至12月4日在馬德里空中大學舉行,是項會議由聯合國教科文組織贊助,會議主題爲「價值學與教育」,與會者包括來自英、美、德、墨西哥、義大利、西班牙等地學者300餘人,發表論文70餘篇。筆者以〈教育研究之價值學省察〉一文應邀在會中宣讀。

　　11月30日開幕典禮由馬德里空中大學校長Ricordo Marin Ib'anez主持,在致詞中他表示在邁向後現代社會,價值多元化的訴求,引發了教育走向何去何從的基本問題,有待結合哲學、教育以及社會科學界共同研討。開幕典禮結束後,每天上、下午各有2篇專題演講及四個分組討論,分別爲:

1. 價值學與教育:從歷史學、人類學與形上學角度探討價值之本質與意義變遷。
2. 價值之個人與社會層面:探討個人倫理與社會關係。
3. 教育政策與美感價值:探討美學與教育過程之關係。
4. 教育制度與專業倫理:探討家庭、學校、專業教育工作者、大衆傳播之倫理規範。

　　這四個分組,正呼應本次大會試圖從多角度來爲價值標準混淆的現代社會找尋教育定向之旨。比其中D. C. Philips, Eckard König, David E. Cooper以及John Wilson等人的論文引起熱烈的爭論與討論,頗值一述。

　　D. C. Philips係美國Standford大學教授,原習生物,後轉科學的哲學與教育哲學,對社會科學的哲學,尤其Kuhn和Popper之間的論辯素具研究,在其發表的論文〈客觀性與主觀性教育研究之理想〉,首

先指出現代社會科學與教育研究以「價值中立」（value neutrality）為客觀性的規準已廣泛的引發質疑。他這篇論文的題旨在於闡釋即使研究未守價值中立，也未失其客觀性，就不致陷入相對主義的困境。一般人之所以會以為不守價值中立即會喪失客觀，流於相對，乃在於對客觀性、相對性、主觀性等的意義產生混淆所致。Philips認為研究的執行須考慮到相對的觀點或概念架構，就此意義而言，所有研究均屬相對，但就其本身研究架構內仍有其自為完美的客觀性，研究的相對性只是不同研究者採取不同價值觀而已。為支持其論點，Philips運用了下述五個論證：

1. 價值是社會科學和教育研究探討的對象。
2. 很多情況下，研究者受到價值的影響。
3. 有些價值已經滲入研究者的觀念架構以及知識的探討中，也因而使研究產生偏差。
4. 研究者須作選擇，亦因而運用了價值。
5. 研究者須作評價與批判，因而須有某些價值標準。

針對上述論點，德國Paderborn大學教授E. König在發表其〈教育理論的倫理學基礎〉之前，提出一些批評。他認為價值為社會科學研究之內容以及研究者會受價值影響，應無可置疑，但後三個論點，他認為頗有商酌的餘地。König基本上從科學建構論的觀點作出發，認為任何知識的建構均有某些價值基礎，作為後設規範（meta-norm），以導引觀念的建立、假設形成以及理論的建構。這些作為後設規範的價值，成為研究者觀念架構的一部分，不能遂而說此種研究就是相對的。任何一種教育理論均不可免的建立在某些價值基礎上。

Philips和König之間的爭論，筆者認為癥結在於對價值本質有不同的認知所致，須從價值理論的爭論作一釐清，才能澈底解決。筆者的〈教育研究之價值學省察〉即試圖從價值理論的爭論中釐清價值的本質意義，以討論其在不同研究導向所居的地位，最後歸結到即就實徵主義的教育研究亦不否定價值係教育研究之主要內容，惟須將作為研究內容之價值敘述和價值中立之方法論後設規範分開。價值敘述仍

須藉由價值中立之檢證原則加以檢證。筆者的質疑是檢證原則本身豈非為一種價值規準？這種規準實際上是一個研究社群中透過理性溝通與論辯而達致。頂奇怪的是在討論時，質疑者均未針對論文主題——價值的性質及其在教育研究中的地位，卻獨對筆者在文中一筆帶過之哈伯瑪斯溝通理論引發熱烈的討論，此亦可見哈伯瑪斯影響之廣泛。

就價值作為教育內容之討論而言，D. E. Cooper和J. Wilson兩篇論文也正好處於相對立場，而引發極大討論。Cooper的論文〈多元主義、文化與課程〉採取價值相對論立場，認為現代教育的重要趨勢之一是課程中的文化多元主義，期使受現代教育能夠熟悉各種不同文化中的價值。他分別從「兒童中心」、「後現代主義」和「不同社群之文化認同」三個角度來論述。而事實上，三種論點也有極為紛歧的見解，如後現代主義既主張價值的無政府主義，就很難接受所謂「社群的文化認同」概念。

牛津大學Mansfield College院士J. Wilson的〈道德教育初階〉一文，基本上也主張所有理性人所持道德觀應有同等的地位與價值。但他卻認為道德教育要有進步首先需要克服的相對論的障礙，誤以為道德沒有「正確答案」（right answers），而私心自用，想以自己價值強加別人。因而，他認為道德教育不宜以特殊的價值內容為基礎，而宜教導學生具備理性的觀念、態度及推理論證的技巧，來進行道德思考與行動。質言之，道德教育的主要目的不在於給予學生一組有關於道德的正確答案，而在於啟發學生善用理性態度與技巧的方法過程。因此，在方法上也不排除嚴格的紀律與直接的教學。在討論中被詢及其與L. Kohlberg理論之差異時，Wilson的答覆是，基本上他與Kohlberg同樣尊重道德的理性原則與道德論證的方法過程。但Wilson本人則以為道德未必然產生於衝突情境，故教學方法上除了討論以外，也兼採示範、紀律的訓練、角色扮演等多種方法並用。

綜觀本次會議，大多數論文均對當前教育亟須面對的價值定向問題，提出深刻的批判與反省。討論的範圍從方法論、價值的本質、課程、道德教育、美感教育、價值在制度層面的表現以迄於大眾傳播媒體所傳達的價值觀等，可以說把教育上所涉及的價值問題，作了面面

俱到的討論。可惜主辦單位考慮欠周全，除少數場次有英文、西班牙文同步翻譯，較能深入討論外，餘皆僅靠主持人口頭撮述問答要義，難免曲解主講人與詢問者之原義。類似缺失，實足為我主辦類似國際性會議引以為戒。

多元文化下的教育與文化認同
—— 記第十六屆歐洲比較教育會議

前言

　　隨著歐洲共同體的建立及其力量之不斷增強，歐洲各國教育也面臨了亟待解決之基本課題：即是否有一種超越國家之上的歐洲認同有待建立？或者各國基於本身的歷史文化建立獨特的國家認同？事實上，歐洲各國種族、語言、文化複雜，統一或紛歧與多樣化早爲歐洲各國教育界所共同面對，也是1970年代以來歷屆歐洲比較教育會議重要論題，1983年的歐洲比較教育會議更以「教育與文化的紛歧」作爲大會的主題。近年來，一方面由單一市場到統一歐洲的聲音甚囂塵上，另一方面隨著東歐自由化與前蘇聯的解體，各民族自主意識成爲一股沛然莫之能禦的潮流。國家認同與超越國家之上的歐洲共同意識之間的衝突與統合成爲歐洲各國教育共同面臨的挑戰。科技的進步、經濟發展的需求及國際責任的承擔更使歐洲各國教育在追求自主與歐洲共同理想之間，甚難抉擇。這可能是本屆會議以「文化價值、國家認同、經濟與全球責任之挑戰」作爲研討主題的主要原因。

　　本屆會議在丹麥哥本哈根大學舉行，與會人士來自世界各國約300人，發表論文140多篇。筆者得國家科學委員會資助，在會中宣讀〈後傳統認同與文化多元主義〉論文一篇。我國與會者尙有林清江、顏秉璵、羊憶容、王秋絨等教授，林、顏二師更代表中華民國比較教育學會參加世界比較教育學會聯合會（WCCES）執行委員會，爲我國會籍之維護打了漂亮的一仗。不僅中共要求我更改會籍名稱未能得逞，

執委會更決議：任何更會會籍名稱只能出諸各會員國內部自己決定，外人無從干預。在現時的情況下，中共已不適合承辦第九屆世界比較教育會議，執委會正式對外宣布，第九屆世界比較教育會議延期，另擇南非或澳洲舉行。這對中共屢次試圖用政治來干預學術，不啻當頭棒喝。以下略述會議經過，並就筆者參與討論之部分加以評論。

會議經過

筆者於民國84年6月23日抵達哥本哈根，在大會安排的旅館Cab-Inn的接待處遇見法國P. Debeauvais也正在辦理check-in手續。Debeauvais是前世界比較教育聯合會主席，猶憶第八屆世界比較教育會議在加拿大舉行時對我並不十分友善。民國83年來台參加國際比較教師範教育學術研討會後，對我國致力於比較教育學術研究留有深刻印象。在櫃台前他就主動提及中共在馬德里並未反對我國入會於先，現在卻又以拒辦第九屆世界比較教育會議為要挾，要求我國更改會籍名稱，頗為不解。我則告訴他這是中共慣以政治干預學術的又一明證。我國之加入世界性的組織，志在推展比較教育研究，並不理會政治問題。這可以從各種國際性的比較教育會議我國大多有學者前往宣讀論文可以見之。

會議之進行，除了六場專題演講及Lauwerys紀念講座外，每天並有九個分組討論同時進行，閉幕典禮則由羅馬大學教授D.Palomba報告綜合結果。這九個分組討論探討的主題如下：

1. 教育與文化認同（歐洲、國家以及地方層級的認同問題）。
2. 教育權與機會的政策及社會流動。
3. 教育、歐洲內部流動與國際移民。
4. 教育、工作與科技。
5. 成人教育類型與終生學習：文化與經濟層面。

6. 當代課程、歐洲化與文化間的關係。

7. 歐洲教育的理念：文化傳統。

8. 統一的過程：類型與結果、統合與分離。

9. 發展中國家的教育挑戰。

以上各分組中第一組探討的主題，在現階段歐洲的教育發展中尤顯重要。正如前述，歐洲在加速整合的過程中教育所扮演的角色為何？有待深入探討。教育是否應導向統一的歐洲認同之建立？或者維繫地方獨立自主？集體認同對人權與公民資格培育的利弊得失；歐洲的認同與導向歐洲化的教育理念又是什麼？這些問題在這一組中有極為熱烈的討論，以下就這一組的討論情形略予評述。

族群認同與歐洲化的教育理念

第一分組的討論共有五場，發表論文18篇。除了少數論文探討學校生活、教學用語等微觀層面外，本組的討論大部分圍繞著文化認同、族群差異與歐洲整合下的教育理念。

本組兩位主持人是Glasgow大學的N. Grant教授和Athens大學的M. Eliou教授，有趣的是兩人對文化認同的理念並不一致。Grant的地方意識似乎特別強烈，去年他就曾在世界比較教育全體會議上公開抗議大會把蘇格蘭學者列在英國名單下，今年分組討論一開始，他就拿出一張歐洲地圖，指出Scotland，Britain和UK之間並不相等。同樣的，同屬於歐洲這個地理概念仍有甚多殊異的種族、語言和文化，在倡導歐洲整合的教育理念時，也應對少數族群的文化加以尊重。Eliou在她的論文「文化認同的矛盾應用」則指出文化認同固為極具現實性的訴求，然則運用不當，往往衍生為意識形態，成為種族紛爭的根源，巴爾幹半島多年來的戰火就是文化認同意識形態化的悲劇例證。

Eliou所指出的文化認同上的弔詭現象也是法蘭克福國際教育研究所研究員Botho Von Kopp的論文「文化認同與教育：歐洲少數組群之教育類型」所要開展的主題，他認為歐洲種族與文化複雜一方面發展出獨具特色之歷史文化，另一方面卻成為權力遊戲的一部分，危及歐洲的和平與福祉。少數民族問題結合偏激的民族主義成為政治鬥爭的工具。因此尋求一種合宜的少數民族教育組型，透過教育來遏阻仇恨與衝突是當前歐洲教育相當重要的課題。Croatia的Zagreb大學教授Zlaa Godler則以Croatia為例證，說明教育在建立歐洲認同與彰顯Croatia民族文化特色之間所面臨的矛盾與衝突。Godler指出Croatia在追求歐洲認同的過程中已經在政策層面與學校課程中避免挑起種族情結。她的辯解卻引起了與會者不少質疑，質疑者大抵從當前Croatia, Servia和Bosnia之間鬥爭不斷現象懷疑其所謂以共同的歐洲核心價值來抿除種族之間的仇恨是否屬實。

不管如何爭論，質疑者的共同預設是有沒有一種可以促進歐洲和平與繁榮的核心價值作為共同教育理想？世界比較教育學會聯合會秘書長Raymond Ryba的論文〈紛歧中的統一：教育中的歐洲層面之謎〉一文即對此問題有深入探討。他指出近年來歐洲各國致力於在普通教育課程發展屬於歐洲的教育理念，這些努力的重要性在於不只是提供青年更寬廣的發展機會，更重要的是可以加強歐洲各國的團結合作，使各國捐棄過去敵意，在自由、人權和和平的理想下建立一個繁榮的歐洲共同體。遺憾的是過去各國之間對於何為教育的歐洲層面迄無共識，因此各國之努力未彰成效，所幸Maastricht條約第一二六條已經把教育含蓋進去，為各國施行歐洲化的教育提供了法理架構，1993年秋刊布之「教育的歐洲層面綠皮書」以及1994年初Ruberit的擴充1995至1999歐洲教育建議均為歐洲化的教育開展了充滿希望的遠景。

David Coulby的論文〈歐洲文化：統一與斷裂〉的看法就沒有那麼樂觀，他指出所謂的超越國家的歐洲概念基本上仍是個政治建構，這種建構與各地地方文化，甚至於各國民族文化均難免於衝突。他舉述希臘課程之規定以至於教科書的指定，德國Essen大學教授Sigrid Luchtenberg指出，只有以「民主、社會正義和人權尊重」作為

基本原則來進行教育規劃，才能統合地方文化認同、歐洲化教育及全球觀點的教育。這個論點和筆者「後傳統認同和文化的多元主義」一文旨趣相通，筆者嘗試以J. Habermas的溝通理性的宏揚，透過慎思明辨的民主課程，建構成熟的政治文化，才能使各族群在發展本身的文化認同之餘，不忘普同的人類核心價值，自尊尊人，以從容的態度開展合宜的世界觀教育。

結語

　　正如Von Kopp與Sutherland等人對筆者論文的批評，不管溝通理性、實質正義或人性尊嚴，都只不過是推展多元文化教育的高遠理想而已，眼前最急切的應是如何以具體的實踐策略，來使多元文化教育不致流於各行其是的混亂狀態。這種批評的論點似乎也正切中了台灣教育亟待面對的基本課題。社區意識的提倡、鄉土教材的編選如何與合宜的國家與文化認同並行不悖，正是當前我國教育所面臨的最迫切的問題。

　　我國在追求國家與文化認同的過程中，所面臨的不只是像歐洲各國那樣只是內在族群之間的衝突與統合而已，更嚴重的是中共無所不用其極以各種不同的手段孤立我國在國際社會的活動，遏阻我國國際人格之形成。以這次哥本哈根舉行的世界比較教育學會聯合會執委會為例，中共竟不惜以拒辦第九屆世界比較教育會議做要挾，要求我中華民國比較教育學會改名，企圖貶低我為其地方分會。幸賴我比較教育學術活動年年不斷，即使世界性或歐美等地區域性比較教育研討會均有我國學者論文宣讀，已在國際比較教育學界建立某種程度的聲望。因此中共政治干預學術的企圖不僅未能得逞，反遭停止在北京舉行世界比較教育會議之厄運。今後我國更應以堅實的學術研究做後盾，寬籌經費，培育更多學識、器度與外語能力兼善的人才，積極參與國際學術活動，才能建立為各國學界所共同敬重的國際人格。

教育史研究新動態

——第十八屆國際教育史學會議

參加會議經過

國際教育史學常設會議 (International Standing Conference for the History of Education) 成立於1978年，每年均在世界不同地點舉行，今年為第十八屆會議，現任主席為倫敦大學教育研究所教育史教授Richard Aldrich，國內多位教育史同道曾拜其門下學習。Aldrich曾來台訪問，對筆者相當友好。會議休息時間他向筆者說明執行委員會曾詳細討論筆者去年在柏林會議的建議，成立「教育史在師資培育中的地位」永久工作小組之可能性，並請秘書長致函筆者草擬工作小組的活動計畫，可惜筆者並未回應。

去年在柏林舉行的第十七屆大會，筆者以過去多年在師資培育方面多次在國際會議上發表論文，獲邀主持「教育與專業教育之歷史回顧」小組討論。在綜合討論報告中，筆者有感於世界各國的師資培育有一種反理論的基本傾向，很多理論課程包括教育史均排除於師資培育學程之外，因此在報告的結論中建議成立「教育史在師資培育中的地位」工作小組，以透過國際合作研商教育史教材的革新。沒想到這項建議，得到執委會熱烈的回應，來函請求撰寫工作計畫書，以列入組織章程。筆者也曾約集部分國內同道，研商在國際教育史學會成立研究小組之可能；惟因國內專研教育史的人不多，加上教育史並非筆者專長領域，因而作罷。

今年的會議在波蘭的Cracow教育大學舉行，主題是「變遷社會

中的學校教育」。波蘭正值政、經、社會急遽變遷，教育也受重大衝擊，今年又是Cracow教育大學創校五十週年，承辦國際教育史學會議應是別具意義。

此次會議正式議程開始前有兩個永久工作小組的會前會議，亦即「性別與教育史工作小組」（International Standing Working Group on Gender and the Histroy of Education），以及「教育史研究與教學永久工作小組」（International Standing Working Group for the History of Education as a Field of Research and a Teaching Subject）。前者探討性別在教育史發展過程中，婦女在教育研究領域專業領域地位之變遷。後一工作小組關心的是教育史這一個研究領域，在研究性大學中的地位及教育史教學方法與課程之改進。

正式議程於8月6日下午三點開始。大會籌備主席C. Majorek，Cracow大學校長F. Kiryk，Cracow市長J. Majchrowski和國際教育史學會理事長Richard Aldrich均致詞表示，在急遽變遷的現代社會中，今年以「變遷中的學校教育：歷史及比較的觀點」（Schooling in Changing Societies Historical and Camparative Perspectives）作為主題，實在別具意義，教育到底是社會變遷的手段或目的？怎樣的變遷才合乎理想？為導向合理變遷整體教育宜如何規劃？這些問題均有賴教育史家從長遠的歷史角度來加以省察。

開幕典禮後，即由加拿大Lethbridge大學教授專題演講「教育史學係自由與自律之詮釋：過去、現在與未來」（Educational Historiographies as Interpretations of Freedom and Autonomy: Past, Present and Future）。這篇演講中Mazurek強調歷史描述充滿了典範的爭論（paradigmatic debates），這些爭論又和教師的專業自主與公共學校教育政策的導向有密切的關係。有些研究者持教學與學校教育自主自律的看法，有些則否。在教育史研究中，這些爭論也促進方法論探究的不斷演化。

8月7日至8月9日上下午各有兩場五組同時進行之小組討論及一場兩篇同時進行之專題演講。總共發表論文一百四十篇。這五組分組討

論分別爲：

1. 社會經濟變遷與教育關係之歷史考察。

2. 政治變遷之教育後果的歷史分析。

3. 教育改革的歷史發展。

4. 教育理論與教育哲學如何改變教育實際？

5. 歷史描述與方法論的發展。

其中第五組由加拿大 Albert 大學教授 H. Hodysh 和波蘭科學院院士 L. Zasztowt 共同主持，這一組發表的論文十六篇，反映了當前社會科學方法論上質與量的研究之間的論爭也見諸教育史的討論。而十二篇專題演講中，也有三篇涉及此項問題，顯示方法論的探討是當前教育史研究之重要課題。以下即就教育史方法論研究相關論文略予評述。

國際教育史學會會長 Aldrich 在其演說「個人在教育改革中的角色」中，運用了統計分析，分析下述四種辭書所列的教育家在教育改革所扮演的角色，這四種辭書分別是：

1. Morsey Z. et al., (1993-1994) *Thinkers on Education,* Prospects XXIII1/2-XXIV3/4.

2. Smith, G. L. Smith J. K. et al. (1993) *Lives in Education. A Narrative of People and Ideas,* New York: St. Martine's Press.

3. Aldrich R. and Gordon P. (1989) *Dictionary of British Educationists.* London: Woburn.

4. Gordon P. and Aldrich R. (1997) *Biographical Dictionary of North American and European Educationists.* London: Woburn.

Aldrich 就辭書中出現人物的年代背景及其貢獻加以統計分析，得出教育史人物從國際性眼光來看，總是對全人類作出超越地區價值之普遍性貢獻，而不同時期的個人貢獻從史的觀點來看，總帶有延續

性。而近年來，正式教育不斷擴充的結果，個人在形成或再造教育制度的角色已經不像以前那麼重要。在後現代社會裡，每一個個體皆以教育改革者的身分，運用現有制度，形成自己本身的分認同。Aldrich的分析雖然自稱質量並重，但統計方式甚爲粗糙，而選材的說明也似乎甚爲牽強。

另一篇同樣涉及教育史學方法論的專題演講，是北伊利諾大學教授Glenn Smith的「量子物理與認知活動：物理大師對教育史之意義」（Quantum Physics and the Act of Knowing: Implications of the Wu Li Masters for Education History），則採取不同於Aldrich的方法論途徑，認爲過去的歷史研究往往採取牛頓物理學的思考模式，有失偏頗；他認爲所有歷史均爲想像的活動（all history is an act of imagination），只有發揮高度的想像，才能將教育史的研究導向迥異於以前的新境界。

類似的論爭也見諸第五分組「歷史描述與方法論發展」的小組討論。西班牙Alcala de Henares大學的M. M. del Pozo Andre's教授及荷蘭鹿特丹大學的J. F. A. Braster教授兩人合寫的〈統計在教育史之運用：1901年馬德里識字教育與社會結構之個案研究〉（The Use of Statistics in History of Education: A Case Study about Alphabetization, Education and Social Structure in Madrid, 1901）一文，就指出，過去教育史學界一直以教育史缺乏可靠的資料，將之視爲人文學來處理，阻礙教育史科學研究之發展。他們這篇論文就以西班牙馬德里本世紀初的識字、教育與社會階層結構之間的關係，運用統計上的相關分析、共變分析與迴歸分析等技術，說明了統計技術可以成爲很有用的歷史解釋工具。

加拿大Albert大學教授H. W. Hodysh的〈教育史之重建：加拿大經驗之轉變〉（Restructuring the History of Education: The Transformation of a Canadian Experience）一文則不贊同統計方法，他認爲教育史研究的變遷不僅是學科內部方法論的轉移，也受到制度層面的影響。因此，他以Thomas Kuhn典範爲概念架構，分析加拿大教育史學界社群的文化及其與學科變遷的關係，發現教育史研

究方法論之轉移深受制度力量的衝擊。作者認爲這樣的研究架構不僅局限於加拿大教育史學界而已,而應具有普遍有效性,可用以分析其他地區教育史研究之發展。只是作者自己也承認,他對教育史研究社群之特質及其他社群之間的互動關係之說明,仍有所不足。

研究社群之間的互動關係或溝通,似可用N. Luhmann的自我生成(Autopoietic System)系統理論來說明。筆者的〈教育學院之歷史分析與國際比較〉(School of Education: A Historical Analysis and International Comparison)一文,即嘗試以魯曼系統論的概念架構,來解釋說明美英德各國教育學院發展的歷史過程。教育學作爲一個系統而言,內在有一種自我分化、自我精緻化的功能,而能融攝系統之外的要素,使得其組織結構益趨完備,成爲大學中重要的研究和教學學科,也使得教育學院在大學組織中,獲得其自身的學術地位。然而,隨著後現代主義橫行,商品邏輯凌越教學專業,卻有使教育學研究系統喪失自我創生功能之危險,教育學院也在美英德各國大學體制中功能萎縮,學術地位低落。這種分析雖對整體教育學而發,不過如果把教育史作爲教育學領域自我分化後的次系統(subsystem),Luhmann理論的分析模式,應可適用於教育史研究。

心得與建議

此次教育史學會議的特色之一,在於設立「教育史描述與方法論」討論小組。從前述幾篇方法論專題演講及討論的分析,可以發現社會科學中的方法論論爭,同樣見諸教育史研究中。相較於國際史學界的發展,我國教育史的研究似仍有待加強。嚴謹的研究已甚缺乏,對教育史研究本身進行方法論省察,更是難得一見。

隨著師資培育多元化,各大學紛紛設立教育學程,教育史爲重要的教學科目;而有關於教育史這門學科的結構及其教學方法之深入探討,仍甚爲少見。建議國科會和教育部輔助經費強化這一方面的研究,

進而成立相關專業社團，由教育史哲專業社團負責人，回應國際教育史學會的要求，在該學會下成立「教育史在師資培育中的地位」永久工作小組，以提昇我國教育史研究與教學水準，並增加我國教育史學界與國際教育史學界的互動機會，提高我國教育史研究之國際地位。

知識形式與比較教育

比較教育叢書　02

著　　　者／楊深坑

出 版 者／揚智文化事業股份有限公司

發 行 人／葉忠賢

總 編 輯／孟　樊

執行編輯／范維君

登 記 證／局版北市業字第 1117 號

地　　　址／台北市新生南路三段 88 號 5 樓之 6

電　　　話／(02)2366-0309　2366-0313

傳　　　真／(02)2366-0310

網　　　址／http://www.ycrc.com.tw

E – mail ／tn605547@ms6.tisnet.net.tw

郵政劃撥／14534976　揚智文化事業股份有限公司

印　　　刷／偉勵彩色印刷股份有限公司

法律顧問／北辰著作權事務所　蕭雄淋律師

初版一刷／1999 年 10 月

 I S B N ／957-818-042-X

定　　　價／新台幣 400 元

國家圖書館出版品預行編目資料

知識形式與比較教育／楊深坑著. -- 初版. --
    臺北市：揚智文化, 1999 [民 88]
        面；   公分. --（比較教育叢書；2）

    ISBN   957-818-042-X（平裝）

    1.比較教育學 – 論文, 講詞等

520.907   88010297